京都文教大学地域協働研究シリーズ ③

# 旅行者と地域が創造する「ものがたり観光」

## 宇治・伏見観光のいまとこれから

片山明久 編著

ミネルヴァ書房

# 巻　頭　言

　浄土宗の宗門関係学校である本学は，大乗仏教の菩薩の精神「四弘誓願」を建学の理念としているが，これを易しく言い換えれば，「ともいき（共生）」と表現できる。「ともに生かしあう／ともに生き活きする」という意味である。昨今，大学の使命は，教育・研究・社会貢献といわれているが，この三つを建学の理念「ともいき」で考えると，本学の進むべき方向性は自ずと定まってくる。

　教育と研究，研究と社会貢献，そして社会貢献と教育のともいき，さらには教育・研究・社会貢献の三者のともいきが考えられるが，それを実現したのが COC（Center of Community）の取り組みであった。これは文部科学省の「地（知）の拠点整備事業」（大学 COC 事業）のことで，地域の拠点となる，特色ある事業を展開する大学に補助金を出す制度だが，本学は10倍近い難関を突破し，2014年度に採択された。

　私が副学長をしていた2013年，建学の理念を具現化するためにこの補助金を活用しようと考えて申請に踏み切ったが，その年は残念ながら不採択。しかし翌年，学長就任を機に再チャレンジして見事に成功し，以来 5 年間，皆で力を合わせ，必死で駆け抜けてきた。

　本学は開学以来，「現場主義教育」を重視してきた。学びの特色は，フィールドワークや参与観察など，「現場での学び」と「大学での学び」を往還しながら知を深めていくところにあったので，COC 事業の展開は必然だったとも言える。このCOC 事業採択を機に，様々な「ともいき」を加速させ，その精神を具現化してきたが，今回それを「研究成果」としてシリーズで発刊できることは，学長として望外の喜びだ。脇目も振らずがむしゃらに走ってきた 5 年間，研究成果の発刊は私にとって抽象的な夢でしかなかったが，それが今，夢ではなく現実になった。

　本事業に関わってくださった教職員，学生，そして地域の人々に，ただただ感謝するばかりである。京都府南部という限られた場所ではあるが，ここに大学と地域，産・官・学・民の「ともいき」の輪が実現した。願わくば，この輪がさらに広がり，またこの研究成果が他の地域において「ともいき」の輪を発生させる参考になれば幸甚である。

　2019年 7 月

京都文教大学学長　平岡　聡

# 叢書刊行にあたって

　本シリーズは，2014（平成26）年度から開始された，文部科学省の補助事業である京都文教大学「地（知）の拠点」事業（COC事業およびCOC＋事業）並びに地域協働研究教育センターの研究支援によって実施された「協働研究＝地域志向ともいき研究」の成果を中心に構成されている。とくに，第1巻から4巻までは，大学を核とした地方創生をめざす「地（知）の拠点」事業の本学としての中核を成す，地域のニーズと大学のシーズをつなぐ5年間で，延べ81件の共同研究の成果に基づくものとなっている。

　「地域志向ともいき研究」は，本学の建学の理念である「共生＝ともいき」を地域で具現化する取り組みであり，その制度設計自体に様々な工夫と特徴がある。研究者，行政，企業，NPO，地域団体，住民などの多様な主体が研究班を構成し，地域に関わる研究に取り組むことで，地域課題の発見や把握，研究，課題解決を考案試行し，実践的に研究している。

　従来の大学での「地域に関する研究」は，各研究者の専門性や関心にもとづいて，地域を対象やフィールドとして展開されてきた。あるいは，自治体や地域団体などの依頼により，地域課題の解決のために，専門性や学術性を持つ学識者として関与するといった形式が一般的であった。しかし「地域志向ともいき研究」では，従来の「連携」や「協力」という枠を超えて，異なる立場の人々が，協働し互いの立場を融合し，地域課題の解決にむけて研究に取り組んでいる。

　毎年度当初に公募される共同研究は，地域連携委員やセンター所員により，その研究目的の適切性や研究の意義，メンバー構成，研究計画，予算，研究成果の還元方法などについて細かく審査される。その上で，採択された研究は，学生に対する「教育」への接続や還元を意識すると共に，一般の方々にも公開講座やリカレント講座などを通じて，成果が積極的に還元されることを目指し

地域課題 ?

大学の
シーズとのマッチング

共同（協働）研究

研究会

分析

調査

実践

視察

中間意見交換会

対話・共有

取組の深化

まちづくり
ミーティング

新たな
地域課題への取組

対話・共有

地域ニーズの吸い上げ

研究成果の報告・発信

地域課題解決に向けての取組

社会への還元

教育への還元

ともいき講座　行政への提言

セミナー・研修会

ている。

　年度末には，全研究の研究成果報告会を実施し，専門家による講評の他に，市民との意見交換の場も設けている。これらの報告会を通じて提案された提言のいくつかは，すでに具体的な政策や事業に展開している。また同時に開催する「まちづくりミーティング」は，地域課題の把握の機会として機能するだけでなく，研究テーマの発見にも重要な役割を担ってきた。今回のシリーズは，本学における「地域志向ともいき研究」の知見を，広く他地域にも活用して頂くため，地域課題のテーマに関わる一般理論と他地域での参考となるであろう事例の考察の両方を組み込んだ構成にしている。

　立場や世代など様々な違いを持つ人々が，互いの意見に耳を傾け，認め合い，助け合い，知恵を寄せ合う。そのためのハブ＝結節点として，大学は機能していきたい。本シリーズの成果が，地域での活動に携わる方々の少しでも参考になることを願っている。

（本書は2020年度京都文教大学研究成果刊行助成金を受けて出版された）

2020年12月

京都文教大学副学長・地域協働研究教育センター長　森　正美

# は じ め に

　京都文教大学の地元である宇治・伏見は，平等院や伏見稲荷大社を有する人気の高い観光地である。毎日たくさんの観光客が訪れ，それぞれの街の魅力を楽しみ，街に賑わいを生み出している。また近年では外国人観光客の姿が日本人以上に目立つようになった。それに伴い，高級品としての宇治茶や伏見のお酒の認知度も飛躍的に高まっている。彼らが地域にもたらす経済効果も非常に大きい。まさに本学の地元である宇治・伏見は，今日の観光の最前線なのである。

　そのような街で，本学は地域の観光と関わりながらさまざまな地域連携を行ってきた。地域との協働研究では，「地域の観光資源開発と地域振興」や「観光の質的向上」，そして近年では「ものがたり観光」の研究などを続けてきた。また学生が地域の観光に関わりながら学ぶプロジェクト型の学びは，2000年代初頭より現在まで形を変えながら続いている。さらに地域連携学生プロジェクトでは，毎年多くの学生が，宇治茶，宇治・伏見を舞台にしたアニメ作品，ロゲイニング（まちあるきの新しい楽しみ方）などの活動を通して，地域の方々と協働している。

　これらの活動を通して，私たちは地域の観光に関わるさまざまな知見をもつことができた。しかしながらこれらの知見は，往々にしてその活動の報告書として残されるのみで，他の研究や次の研究に十分に接続されているとは言えない。この点は本学の地域連携研究において解決しなければならない課題であった。

　本書は，この課題に対する一つの答えである。同じ地域の観光ではあるが異なる観光題材の論考を集めることで，相互参照が進むことを意図した。また活動をできるだけ理論化，一般化し，他に参照しやすい記述となるよう心掛けた。

　本書は 7 つの章で構成されており，それぞれに本論とコラムを配している（最終章は除く）。本論は本学教員の他，3 名の専門家（地域の文学・歴史，観光

ビジネス，地方行政）にご執筆いただいた。異なる立場の執筆者の記述を組み合わせることで，地域の観光をより多面的に理解していただけるようにした。またコラムは，地域における歴史愛好者，伝統文化の実践者，地域の商店街理事長，地域イベント主催者，アニメ聖地巡礼者，地域の吹奏楽団の主宰者といった個性ある活動の最前線におられる方々にご担当いただいた。観光の現場の躍動感ある状況をお感じいただけると幸いである。

　最後に社会学者の遠藤英樹の言を引きたい。

　　昨日までの見知らぬ者であっても，今日は旅の中で出会い，食事をともにし，異なる価値観を持ちながらも楽しい会話の花を咲かせる。そういう中で，意識せぬ間に，「他者」を慈しみ，愛おしみ，赦し，「他者」とともに生きるあり方がどういうものなのかを私たちは学ぶことができる。観光は，そうした力を秘めている（遠藤英樹・堀野正人編著『観光社会学のアクチュアリティ』晃洋書房，2010年より）。

「21世紀は観光の時代」と言われる。国際観光到着数は11億人を超え，人間は世界中で激しく「移動する民」になっている。そのような社会ならばこそ，その最前線に住む私たちは，観光を通して「「他者」とともに生きるあり方」を知り，「地域の知」として蓄積していかなければならないのではないか。
　そのような思いを込めて，本書を世に送り出したいと思う。

2020年12月

編著者　片山　明久

# 旅行者と地域が創造する「ものがたり観光」
——宇治・伏見観光のいまとこれから——

## 目　次

叢書刊行にあたって

はじめに

第1章　文化としての「宇治茶」と観光……………………………………… 1

　　1　農村部における「観光」への注目　1

　　2　宇治茶の現状と課題　2

　　3　宇治茶の価値の再発見　7

　　4　世界遺産登録推進の動き　15

　　5　宇治茶と観光の新たな展開　19

　　　コラム1　「聖地巡礼」と「宇治茶」の相互作用と可能性　28

第2章　『源氏物語』ゆかりの地・宇治を訪れた人びと…………… 31

　　1　『源氏物語』宇治十帖と総角の古蹟　31

　　2　「ちはやぶる」宇治から「憂し」へ　33

　　3　能《頼政》と宇治　40

　　4　源氏物語のなかで暮らす　「あらまほしきもの」　45

　　5　「源氏」的なる世界へ　50

　　　コラム2　「ちはやぶる宇治」の物語　55

第3章　なにげない街こそ観光資源…………………………………… 58
　　　　　──まちあるき観光的「ロゲイニング」の試み

　　1　京都文教大学の地域連携学生プロジェクト　58

　　2　商店街の活性化を目指して
　　　　──商店街活性化隊しあわせ工房CanVasの発足と推移　59

　　3　ロゲイニングとの出会い　63

　　4　「宇治ロゲ」のはじまりと進化　69

　　5　現代観光における「価値創造」──ロゲイニングが示すもの　80

　　　コラム3　ロゲイニング観光の試み　90

第4章　観光ビジネスから見た宇治・伏見 …………………………………… 93

1　宇治・伏見は「ものがたり観光」の宝庫　93

2　宇治・伏見観光における「宝の再発見」と「宝の商品化」　94

3　成功の決め手は「連携」——プラットフォーム産業の必要性　105

4　産官学連携と人材育成——プラットフォーム産業の要件　113

5　京都のオーバー・ツーリズムに触れて　118

　コラム4　歴史をつなぐ，人をつなぐ——京都向島・伏見・福知山にみる

　　　「市民まつり」のかたち　121


第5章　宇治観光の課題と可能性 …………………………………………… 124

1　宇治観光の要素　124

2　宇治観光の現状と課題　127

3　宇治観光の可能性　145

　コラム5　宇治川の鵜飼——ウッティーと共に挑む「放ち鵜飼」　151


第6章　旅行者と地域が創造する「ものがたり観光」 …………… 154

1　地域の観光振興を目指して——観光分野における協働研究　154

2　現代観光の質的変化——価値消費志向から価値創造志向へ　159

3　観光における「価値創造志向」の探求
　　——「ものがたり観光研究会」の活動を通して　163

4　宇治市におけるコンテンツツーリズム　170

5　旅行者と地域が創造する「ものがたり観光」　176

　コラム6　演奏で楽しむ宇治のものがたり　184


第7章　「宇治・伏見観光とまちづくり」実践の「地域文化観光論」
　　　　的考察——「ものがたり」としての「地域との協働」 ……………… 187

1　「大学・学生との協働」という「ものがたり」　187

2　宇治橋通り商店街「まちづくり」プロジェクト　189

3　宇治・伏見の観光　196

4  「地域文化観光論」的分析　200

  5  活動で得たもの　213


おわりに　215

索　　引　217

# 第1章
## 文化としての「宇治茶」と観光


## 1　農村部における「観光」への注目

　現在の日本では，少子高齢化，人口減少など，社会的・経済的活動の維持を困難にする状況がある。それと同時に，都市部とくに首都圏の人口と経済・政治機能などの一極集中が改善されていない。<sup>(1)</sup>そのため，都市部から離れた地方の村落部においては，コミュニティの機能維持が困難となる「限界集落」化がますます進行し，2015年には『地方消滅』（増田，2015）が大きな話題を呼んだ。

　日本各地の人口減少を食い止め，若年層の東京首都圏などへの人口移動の抑制，地方の産業再生と経済の活性化を目指し，政府は2015年に「ひと・まち・しごと創生総合戦略」を打ち出した。この全国的な「地方創生」の流れの中で，各自治体も，その地域事情に合わせた「ひと・まち・しごと創生戦略」を提案することが求められ，その戦略内容に応じて政府の補助金が配分された。これらの戦略においてとくに注目をされるようになったものに，それぞれの地域の特性を打ち出すための「地域ブランド化」と，「観光業の振興によるまちづくり」がある。

　従来から後継者問題などの課題を抱えていた農林水産業においても，地方創生戦略において担い手を確保することは，最重要課題と考えられている。その方策として，農林水産業だけで収入が安定するような雇用形態を目指す農業法人の導入や，農作物を加工品に変えて付加価値を高め収入を増やす「六次産業化」などがとくに注目されるようになった。しかし，このような農業セクターを革新する方法には，その地域における農業生産構造の変換という大きな壁が

存在する。

　一方で観光分野においては，「アグリ・ツーリズム」や「エコ・ツーリズム」など，これまでとは異なる新たな体験価値を重視したツーリズムが登場し，既存の名所旧跡などをもたない農山村地域においてもツーリズムの可能性があると見なされるようになった。以上のような状況から，地域振興の新たな「切り口」としての「観光」に可能性を託そうとする地域が増えている。

　本章では，筆者の実践的関与も含めて，京都府の「宇治茶」をめぐるさまざまな取り組みや動きを事例として分析し，宇治茶の価値を「生業」としても「文化」としても再評価し発展継承していくために，「観光」が果たす役割の重要性を明らかにする。また，それら一連の活動を支えるために，「文化遺産」という概念が，どのように地域の内外，さらにはローカルな地域とグローバルな世界を接続しようとしているかについてもふれ，現在生じているさまざまな課題や今後の展開についても考察する。

## 2　宇治茶の現状と課題

　宇治茶と観光の関わりについて論じる前に，宇治茶そのもののもつ特性を整理しておきたい。それはつまり，宇治茶は，800年の歴史の中で育まれてきた農産物であり，商品であり，嗜好品であるだけでなく，宇治茶をめぐる文化や伝統が他の日本茶とは一線を画するブランド力を宇治茶に与えているということである。また，そのブランド力や価値が，国内だけでなく，広く海外でも評価されるようになってきている。

### （1）宇治茶の定義
　宇治茶とは，「歴史・文化・地理・気象等総合的な見地に鑑み，宇治茶として，ともに発展してきた当該産地である京都・奈良・滋賀・三重の四府県産茶で，京都府内業者が府内で仕上加工したもの」（京都府茶協同組合，平成19

〔2007〕年商標登録）と定義されている。一般には，京都で生産される茶，あるいは宇治で生産される茶が「宇治茶」とイメージされるかもしれないが，その生産と流通の歴史と現状を踏まえ，業界団体が種々の議論を経て上記の定義に合意した。この定義では，生産地として4府県を範囲として，（集積・）仕上加工地としては京都府に限定している。重要な位置づけをもつ「仕上加工」について補足説明する。

　宇治茶は，まず農産物として生産され，その「茶葉」が「製茶」され「荒茶」という加工物になる。その「荒茶」は，個別農家で製茶される場合もあるし，共同の製茶場で製茶される場合もあるが，ほとんどの「荒茶」はその時点で農家の手を離れ，直接あるいは茶市場を介して問屋に買い付けられる。さまざまな特徴をもった「荒茶」を「問屋」が仕入れ，茶葉の部位を仕分け，茶葉の特徴を生かしてブレンドし，最終段階で少し焙煎する「火入れ」などの「仕上加工」を施して，商品として出荷する。このブレンドの過程は，宇治茶業界では「合組」と呼ばれ，産地ごと，品種ごと，あるいはその年の作柄による味わいや香りなどの違いを微妙に配合し，商品の銘柄ごとに最適な仕上がりに組み合わせていく技術として，大変重視されるものである。つまり，高度な「仕上加工」の技術が宇治茶としてのブランド価値を維持することに寄与している。

　このように，宇治茶は，「生産」「製茶」「合組」「仕上加工」のすべての過程を経て製品となる。これらの技術を800年の歴史の中で改良し続けることで，その伝統と文化を築いてきたのである。宇治茶といえば，抹茶スイーツのブームもあり，抹茶をイメージする人が多いかもしれないが，実は抹茶（その原料は碾茶）だけでなく，現在日本で「緑茶」として飲まれている「煎茶」「玉露」などの製法も含めてすべて宇治茶生産地域で開発され全国に広がったものである。その意味では，これらの生産技術，生産方法による風味の多様性なども含めて宇治茶の魅力の一つと言える（図1-1）。

　また，喫茶文化の観点からは，これらの多様な茶種を美味しく味わうための喫茶法，さらには「茶道」という形式にまで高められた宇治茶の伝統も，宇治茶を楽しむという観点からは非常に重要である。また宇治茶は歴史的にはその

3

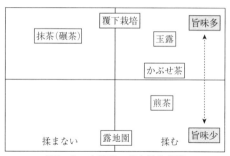

図1-1　宇治茶の基本的な茶種
（出所）　筆者作成。

時々の権力者に保護されることで高級茶としてのブランドを構築し，その後近代化，現代化の中で，さまざまな革新を経験してきている。歴史的にゆかりのある建造物や石碑など歴史的遺物も存在し，祭事や年中行事なども現在まで受け継がれている。

### （2）宇治茶の現状と課題

　宇治茶は，上記で述べたように長い歴史を背景とするブランド力を有しているが，生産の観点からみると，決して安定的な状況ではなく，さまざまな課題を抱えている。

　まず，全国的にみると，宇治茶の知名度に比べて，京都府の茶生産量は多くない。静岡県，鹿児島県，三重県，宮崎県に次いで，全国5位の生産量である。農家戸数自体は全国的に減少しているが（図1-2），栽培面積を拡大することで生産維持を目指そうとしている。しかし2015（平成27）年の販売農家1戸あたりの栽培面積は，鹿児島県4.3ha，宮崎県2.8ha，三重県，京都府は1.7haとなっており（日本茶業中央会，2018），規模拡大はあまり進んでいないことがわかる。また，2013年の京都府茶業振興計画の検討資料によると，府内の年齢別生産農家戸数をみると60歳以上の高齢者が占める割合が高く，将来の京都府農業の担い手不足が心配され，茶園管理の受け皿づくりが課題として指摘されている。

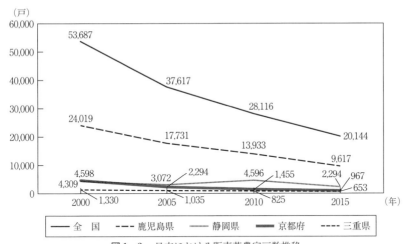

**図1-2　日本における販売茶農家戸数推移**

（出所）　農林水産省『農林業センサス』より筆者作成。

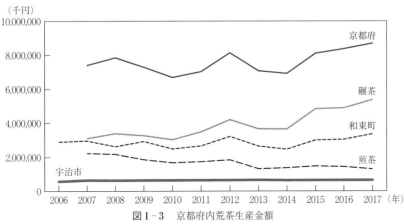

**図1-3　京都府内荒茶生産金額**

（出所）　京都府茶業統計より筆者作成。

　京都府茶業統計に基づき，2006～2017年の京都府全体，茶種ごと，宇治市と和束町の生産金額の推移を整理したものが以下のグラフ（図1-3）である。長期的にみると「煎茶」の金額が減少している一方で，碾茶（抹茶の原料）の生産量が増えている。宇治市内では茶園の面積の拡大は見込めないので生産金額は横ばいだが，和束町では碾茶の生産量の増加にほぼ比例するように生産金額

5

が伸びている。

これは，近年の「抹茶スイーツ」ブームにより，加工用の碾茶（抹茶）の生産が，従来の煎茶産地にも拡大していることに起因する。煎茶の買い取り価格の低下，お茶を急須で飲む習慣の減退による茶葉消費量の減少なども相俟って，従来は煎茶栽培に従事してきた茶産地でも，茶農家の生存戦略として，加工用碾茶への生産転換が進んでいる。またそれに伴い，碾茶の製茶工場が新たに建てられるなど加工用碾茶の需要の高まりが明確になっている。

一方，「気候変動が宇治茶に与える影響」などの研究結果に対して危機感を共有した，茶業関係団体および行政関係機関などが，2014（平成26）年に宇治茶ブランド拡大協議会を設立し，茶園への温度計や自動測定器の設置などを進めている。これは，宇治茶産業の競争力強化とブランド力向上に向け，生産者を核とする茶業界が一丸となって新たな事業展開体制の確立を目指すもので（宇治茶ブランド拡大協議会，ホームページ），地球規模の課題に対する生産現場でのきめ細やかな対応の試行であり，農家からも高く評価されている。

抹茶ブームは海外にも波及している。世界での茶の生産量は，2000年代に入って約10年で約1.5倍の伸びになっている（京都府，2016）。世界全体で「茶」の消費量が増えている。日本から海外への緑茶の輸出量と輸出額をみると，1988年には635t だったものが，2008年に急激に増え1701t になった。その後2351t（2012），2942t（2013），4108t（2016），4642t（2017），5102t（2018）と量が増え，輸出額も33億4400万円（2008），66億1000万円（2013），101億1600万円（2015），143億5700万円（2017），153億3300万円（2018）と大きく伸びている（〔公社〕日本茶業中央会，2018，2020）。

このような海外でのニーズは，ハーゲンダッツやスターバックスなどの世界的ブランドによる抹茶メニューの普及はもちろんのこと，抹茶の健康効果などの機能性に注目し，抹茶を「スーパーフード」として位置づけるトレンドも後押ししていると考えられる。しかしながら，茶の輸出には，「農薬規制」というグローバルな障壁があり，日本国内の茶がすべて簡単に輸出できるものでもない。しかし世界中のスイーツに「MATCHA」が用いられ知名度が上がるこ

とで，本物の抹茶を求める人々が京都を，宇治茶の産地を訪れるというツーリズムへの影響が発生している。

　茶業界は，生産管理体制を標準化した「宇治茶GAP」の導入を進め，さらには「GLOBAL-GAP」などの取り組みも推進しようとしている。GAP（Good Agricultural Practice）とは，農業生産工程管理と訳され，肥料農薬の使用量，時期など全ての生産履歴を記録し，食品安全，環境保全，労働安全など持続可能性を確保するものである。農家の中には，いち早く減農薬・減化学肥料に取り組み，輸出基準に対応可能なように，従来の「慣行栽培」から「有機栽培」への移行を図っているところもある。

　このように，グローバルなニーズや人の交流，消費のスタイルや好みによって，生産地における栽培や農産物の提供の仕方は変わってくるものである。それぞれの産地におけるツーリズムも，外部からの観光者と生産者が直接触れ合うなどの影響により変化し，その変化がさらなる変化を茶栽培にもたらすという循環を生み出すであろう。

## 3　宇治茶の価値の再発見

　宇治茶業界は，宇治茶消費の低迷に危機感を覚え，「急須でお茶を」という取り組みを始めた。しかし抜本的な解決には至らず，今度はペットボトル茶の開発によって，茶飲料の消費を伸ばそうという取り組みが開始された。もちろんペットボトル茶の普及だけでは，「文化」としての宇治茶の魅力が発信できないという議論もあったが，まずは「茶」という飲料に人々の親近感を呼び戻すことが第一歩だという意見もあった（京都新聞2012年5月3日）。さらに茶業界は，抹茶スイーツ，ペットボトル飲料などの新たな商品の開発に希望をつなごうとしていたが，そのこと自体には当初から宇治茶業界でもさまざまな意見があった。

　そんななか，宇治市に所在する京都文教大学では宇治茶の価値を再発見し，発信しようとする地域プロジェクトを学生たちと開始した。このプロジェクト

は，地域文化である「宇治茶の文化」を次世代に継承しようとする教育的な活動であると同時に，それまで「宇治茶」に関わることの少なかった若い世代の視点で宇治茶の新しい楽しみ方を提案しようとするものであった。

## （1）若い世代と宇治茶をつなぐ活動
### ──地域連携学生プロジェクト「宇治☆茶レンジャー」

京都文教大学の地域連携学生プロジェクト「宇治☆茶レンジャー」は，2009年から活動を開始し，宇治茶を通じたコミュニケーションで，地域の人々をつなぐ，また生産者や茶商をつなぐということを目的として活動している。学童保育教室や地域イベントなどで，「急須での宇治茶の淹れ方ワークショップ」を実施するなど，さまざまなイベントを実施している。そのなかで，とくに観光に関わる「親子で楽しむ宇治茶の日」というイベントを構成する「宇治茶スタンプラリー」と「聞き茶巡り」の概要を紹介し，それらの企画が宇治茶観光に与えた影響について考察する。

### 1）宇治茶スタンプラリー

宇治茶について初心者だった学生たちが宇治茶について自ら学び，若者からの視点で宇治茶の魅力を発信するために，宇治茶に関わる歴史的場所，店舗，茶園などのポイントを親子で歩きながら，クイズスタンプラリーの形式で学んでもらう企画を実施した（図1-4）。

宇治市教育委員会の協力を得て，宇治市内の小学生全員にスタンプ帳を配布し，子どもたちに宇治茶に関心をもってもらうことはもちろん，子育て世代の保護者にも改めて宇治茶の魅力を伝えることをねらっている。2019年には，10回目を迎えたが，現在は京都府茶業会議所「宇治茶振興助成金」の支援を受けながら，茶業団体が連携する宇治茶消費イベントに参画し同日開催をしている。

この取り組みの初年度の2010年度には，イベントへの協力を依頼するために茶業団体，行政，商工会議所，観光協会，地元商店街代表による実行委員会を立ち上げ会合を開いた。そこで初めて顔を会わせ名刺交換をする関係者が少な

くない様子に，いかに地元でありながらそれぞれが縦割りに観光に従事してきたかを目の当たりにした。やがてこれらの団体関係者が「オール宇治」でイベントを実施することが当たり前になったが，「宇治茶」という地域文化を中心に据えたことで可能になったネットワーク構築の瞬間を強く記憶している。

図1-4　長い行列ができた宇治茶スタンプラリーのゴール

　スタンプラリーの参加者数は，少ない年でも2000～3000人，全国お茶まつりが開催された2013年には1万人にのぼった。アンケートでは，地元住民でさえよく知らない宇治茶について学ぶ貴重な機会として好評を得た。また，京阪電気鉄道とも初期から連携しており広報効果により大阪方面からの参加者も獲得してきた。ただ2017年の「お茶の京都博」以降は，「宇治茶イベント」が目新しくなくなっているのか，参加者が宇治市在住者中心になってきている。


　2）聞き茶巡り
　「聞き茶巡り」とは，2010年から開催している大人気のイベントで，参加者にオリジナル茶器，巾着，無料試飲券を実費で購入してもらい，協力店舗のお茶屋さんを訪れ，お茶の説明を聞きながらお茶を試飲するという企画である。中宇治地域の茶商団体の全面的協力を得て開始し，それまで個人客が訪れることがほぼなかった問屋にも大勢の客が訪れ，さらにその後のリピーター獲得にもつながったという画期的なイベントである。
　それまで茶商にとっては当たり前だと考えられていたお茶の試飲販売は，じつは消費者にとっては余りなじみのないスタイルであった。温泉地で複数の湯

を手形を持って回る方法を参考にし，試飲を通じて自分好みのお茶を見つける宇治茶の楽しみ方を，「聞き茶巡り」という仕掛けで再発信した。なかなか入りにくいと思われていた問屋や店舗に「茶器と巾着」を持つことで入りやすくし，店主とゆっくり話しながら自分好みの茶を求めるという旧来の宇治茶販売のスタイルを体験してもらい宇治茶の多様性や奥深さにふれてもらうことを意図した。参加者はもちろん，茶商からもこの企画は大好評であった。

　ここ数年は，フリーで店舗を回ってもらうだけでなく，学生によるガイドと組み合わせることで，宇治茶が根付いたまちの魅力や文化的景観の価値を合わせて理解してもらえるように工夫している。しかしながら，インバウンド客（訪日外国人観光客）を中心に客が増えている茶商の店舗では手間を取られる「聞き茶巡り」への参加を見合わせる店舗も出ていることから過渡期を迎えているようにも感じている。宇治茶スタンプラリーも聞き茶巡りも，観光客の多くを占めるようになってきているインバウンド客には対応できておらず，「観光」という視点では課題となっている。


　3）宇治☆茶レンジャーの活動の波及効果
　宇治茶スタンプラリーが大成功を収めたあと，複数の商店街でさまざまな「スタンプラリー」が開催された。しかしながら，スタンプを集め，景品や特典を手に入れるスタンプラリーはその後ほとんど実施されなくなっている。

　クイズ形式で，宇治茶について学ぶことができ，親子で会話も楽しめる宇治茶スタンプラリーは，目的と対象が異なるのである。宇治茶スタンプラリーは，むしろ宇治市の小中一貫校で実践されている「総合学習・宇治学」の取り組みとの関連の方が強く，小学校3年生という年齢設定もスタンプラリーという形式との親和性が高いと思われる。地元の子どもたちや若い子育て世代に，宇治茶の継承のための体験をしてもらいたいというねらいが生きているといえる。

　また現在，宇治市観光ボランティアクラブでは，「宇治茶」をテーマとしたガイドプログラムを実施しているが，その名称は「宇治茶巡り」である。さらに，お茶の京都博のイベントや，京都府日本茶インストラクター協会のイベン

トでは，先述の「聞き茶巡り」で宇治☆茶レンジャーが使用してきたオリジナ
ル茶器と同じ形の朝顔椀にそれぞれのデザインをプリントした茶器が作成され
使用されている。

　聞き茶巡りでは，「宇治茶を楽しむ」ということがイベント参加の目的とな
っている。複数の茶商の店舗では，自ら抹茶を挽いたり茶を淹れたりする経験
ができるような新たな施設や空間を提供するようになっているが，「宇治茶を
楽しむために宇治に行く」という体験型観光の質をさらにどの程度まで高める
ことができるのかは今後のさらなる課題である。


## （2）宇治市における宇治茶振興

　宇治市観光動向調査では，観光客に対して宇治への来訪目的を尋ねているが，
2012年時点では，宇治茶に対する関心が高まってはいたものの，従来通りの調
査項目を踏襲しており，宇治茶に関する質問項目は一つだけしかなかった。ま
た宇治への来訪目的は，「平等院」への一極集中が顕著であった。しかし，宇
治の観光振興にとって平等院以外の主軸を設定することは当然必要だと考えら
れた（図1-5）。

　宇治市では，2013年から2022年までの10年間の期間を設定し，「宇治茶に染
める観光まちづくり——みんなで淹れるおもてなしの一服」をコンセプトに据
えた『宇治市観光振興計画——前期アクションプラン』を策定した。

　筆者は，この計画策定委員会の委員，さらに素案を作成するための専門委員
会の座長を務めたが，専門部会には，寺社仏閣関係者，鉄道事業者も含む観光
事業者が集ったが，茶業関係者からの積極的な意見はあまり聞かれなかった。
一方，平等院関係者からは，これからの宇治観光は「平等院」だけでは無理で
あるという明確な発言があり，旧来の観光スタイルからの脱却が急務であるこ
とが認識された。

　当時は宇治茶についてはすでにペットボトルや抹茶スイーツの流行はみられ
るようになっていたが，その後急激にインバウンド客が増えるという認識はな
く，今思えば不十分な部分もあるアクションプランであった。しかしそれでも

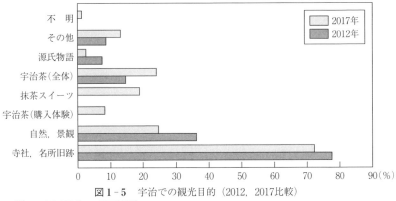

**図1-5** 宇治での観光目的（2012, 2017比較）

（注）　n=2481(2012), n=2153(2017)。
（出所）『宇治市観光動向調査報告書』(2012, 2017)。

旧計画にはなかった「宇治茶」に注目したプランを打ち出すことができ，「宇治茶ブランド活用戦略」として，「宇治茶に染める観光の推進」「宇治茶を活かした新たな食文化の開発・提供」「宇治茶を守り，後世に伝える事業の推進」という3つの柱に13の施策を盛り込んだ。宇治市観光協会も，パンフレットを大幅に改訂し，抹茶をメインビジュアルに据えたポスターと共に，「宇治茶」を中心とした構成に変更した。

　「宇治茶」を中核に据えた『宇治市観光振興計画——前期アクションプラン』の成果を評価し，計画改訂の資料とするために，「宇治市観光動向調査」を2017年に実施した。そこでは，宇治を訪れた観光客に「宇治茶や抹茶スイーツに触れたか」を尋ねている（図1-6）。抹茶スイーツを食べたり，宇治茶を飲んだりしたという観光客の割合は多いが，宇治茶に関わる体験をしたという回答者はたった1％しか存在していない。

　宇治茶や抹茶スイーツを購入した割合は，それほど高くはないが一定割合は存在している。回答内では，喫茶経験が購入意欲に結びついているかどうかは読み取れないが，「宇治茶に関わる体験をした」の体験割合があまりにも低いことから，体験を通じて宇治茶を購入してもらうというサイクルが機能していないことは明らかであった。土産物や飲食対象としての宇治茶や抹茶スイーツ

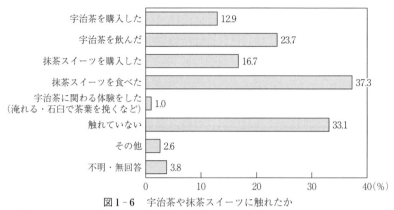

図1-6　宇治茶や抹茶スイーツに触れたか

（注）　n=2,153。
（出所）『宇治市観光動向調査報告書』（2017）。

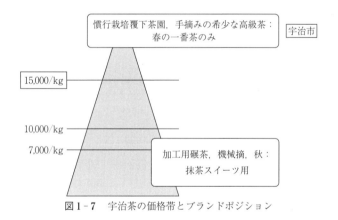

図1-7　宇治茶の価格帯とブランドポジション

については提供できているが，宇治茶の文化やスタイルについては十分に提供できていないことが，この調査結果から明らかになった。

　宇治市は，地方創生総合戦略のなかで，「宇治市内産宇治茶のブランド化」を掲げていた。図1-7は，宇治茶全体の中での，価格帯分布による特性である宇治市生産組合と宇治茶商は宇治市内産宇治茶のブランド化を目指し，宇治市内の覆下茶園で栽培された「碾茶」と「玉露」をブレンドした「碾玉」を開発し販売した。しかし価格設定や販売方法などにも課題があり，結果的には

観光客に販売継続していく仕組みを構築することができなかった。


### （3）「お茶の京都」

　京都府における地域振興策として，「海の京都」「森の京都」と京都府山城地域を対象とする「お茶の京都」という計画が，提案された。

　これに先立ち2013年に，59年ぶりに宇治市で「全国お茶まつり」が開催され，宇治茶づくしの1日として4万8000人の来場者があった。これは茶業団体，地元商店街，行政，商工会議所，観光協会などが協力して実行委員会形式で開催した，宇治茶の大きな消費イベントとなった。ちょうど京都府では，宇治茶世界遺産登録推進のための調査が開始されていた頃であり，全国お茶まつりの成功を受けて，「宇治茶」が地域活性化，とくに観光振興や賑わい創出の核になり得るという認識が共有された。

　そして，2017年度をターゲットイヤーとして，首都圏，京都府内各地，地元の山城地域で，さまざまなイベントが開催され，各市町村に「交流拠点」と呼ばれる施設が新設された。またそれらのイベントの企画運営は，東京の業者によって実施され，地元は自治体を通じて京都府に要望したり協力したりする当該年度とその前年度の事業費だけで5億5000万円という大がかりなイベントであった。

　京都府の公式発表では，2017（平成29）年度の「お茶の京都博」来場者は，約146万人だったそうだが，各地で「宇治茶」に関する取り組みが実施されたために茶業関係者にとっては多忙な1年だった。

　そして，この「お茶の京都博」が終了した後も，地域の観光振興を担う組織として2017（平成29）年3月に設立されたのが「お茶の京都DMO」である。DMOとは，Destination Management / Marketing Organization の略称で地域の多様な関係者を巻き込みつつ，科学的アプローチを取り入れた観光地域づくりを行う舵取り役となる法人（観光庁HP）であり，京都府南部の市町村エリアを対象とする活動を行う組織として確立された，お茶の京都DMOである。お茶の京都DMOは，地元自治体と京都府との共同出資によってつくられた会

社である。

　お茶の京都DMO設置直後の4月に，『日本茶800年の歴史散歩——京都・山城』が「日本遺産」に認定された。「日本遺産（Japan Heritage）」は地域の歴史的魅力や特色を通じて我が国の文化・伝統を語るストーリーを認定し，総合的に整備・活用することで地域の活性化を図ることを目的として設置されたもので，2017（平成29）年が最初の認定であった。

## 4　世界遺産登録推進の動き

　石見銀山（2007），富士山（2013），富岡製糸場（2014）など，近年多くの日本の文化遺産が，世界遺産として登録されている。「世界遺産登録」のニュースは，つねに「観光」との関連で語られる。実際に，「富士山」への観光客は，登録以降増え続け，夏期の登山者数の制限を実施しなければならないほどの増加となっている。また観光客のマナー違反によって動植物，自然環境の保全にも課題が生じ，さまざまな規制を実施しなければならない事態ともなっている（富士登山オフィシャルサイト）。

　一方京都では，2013（平成25）年に「和食；日本人の伝統的な食文化」がユネスコ無形文化遺産に登録され，一気に世界遺産に対する関心が高まった。ちょうどその頃は，2011年の東日本大震災後の観光客の減少に歯止めがかかり，アジア圏の観光客に対するビザの緩和が実施された時期とも重なっており，2013年には年間インバウンド観光客数が1000万人を突破した。

　「ヘリテージ・ツーリズム（［文化］遺産観光）」に関しては，世界各地で地域との関係性や活用に関する研究がある。山村（2012）は，「文化遺産の管理・活用・公開の第一義的な目的は，その重要性と保護の必要性をホストコミュニティとビジター双方に理解してもらうことである」として，「文化遺産の保護・継承に向けた"理解者・支援者""ファン・サポーター"づくりに取り組むべきだ」と述べている。

　宇治茶の世界遺産登録推進の動きが開始され，筆者自身も，地元地域（上記

の山村の表現で言えばホストコミュニティ）における"理解者・支援者""ファン・サポーター"づくりを推進する「プラットフォーム」の活動に関わるようになった。本節では，その実践も踏まえ，宇治茶の世界遺産登録推進運動と観光の動きの接点について論じる。

### （1）宇治茶世界遺産登録に向けた調査研究

　和食（当初は京料理）の世界遺産登録が検討されていたほぼ同時期に，京都府では，2011（平成23）年度に「登録可能性検討委員会」，2012（平成24）年度から2013（25）年度には登録検討委員会を設置し，2014（平成26）年には京都府と関係市町村が文部科学省に「宇治茶生産の景観」登録申請のための共同提案書を提案した。

　京都府では，山城広域振興局に事務局を設置し，山城地域の自治体や茶業団体を構成員とする「宇治茶の郷づくり協議会」により，宇治茶振興を目的とするさまざまな事業を実施してきていた。それらの事業とも連携しながら，宇治茶の世界遺産登録を推進することになったのである。

### （2）宇治茶世界遺産登録推進プラットフォームの活動

　世界遺産登録には，地域コミュニティや住民の理解と支援が不可欠になる。京都府では提案書作成の作業は進んでいたが，地域での住民向けの活動主体は標記の「宇治茶の郷づくり協議会」以外には存在しなかった。

　そこで，京都府農林水産部がコーディネートをし，茶業関係者，地元自治体，NPO，マスコミ，メディア関係者，学識経験者など多様なメンバーで，世界遺産登録推進をサポートすることになった。筆者は京都府からの依頼で，このプラットフォームの代表として議論をまとめる役割を依頼された。筆者はその依頼を受けるにあたり，次の点について府の同意をとりつけておいた。すなわち，単に宇治茶は価値があるから世界遺産登録それ自体を目標にするのでも，世界遺産登録することによる観光利用を目指すのでもなく，世界遺産登録を推進することで危機的状況の宇治茶生産とそのコミュニティの維持を考えるべき

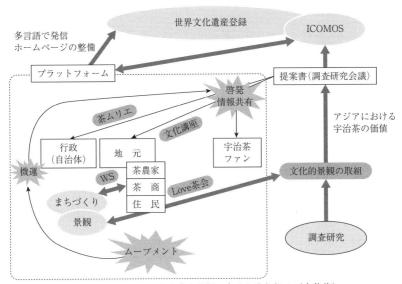

**図1-8　宇治茶世界文化遺産登録に向けた取り組み（全体像）**
（出所）2019年度宇治茶世界遺産登録推進プラットフォーム会議資料より。

だということである。つまり，啓発・情報共有活動を通じて宇治茶ファンを育てることで，宇治茶の生産を守っていこうとすることにつなげることをねらいとしていた（図1-8）。

　プラットフォームで会議を重ね，「日本茶のふるさと『宇治茶生産の景観』維持・活用戦略」として，「戦略Ⅰ　生業が支える日本茶のふるさと『宇治茶生産の景観』維持戦略」，「戦略Ⅱ　普遍的な価値のある『宇治茶ブランド価値発信』戦略」，「戦略Ⅲ　宇治茶生産の景観が結ぶ『感動と共感の場づくり』戦略」の3つの戦略を策定し，メンバーが世話人として主体的に活動する仕組みを構築した。

　活発な議論の中では，担い手育成の重要性，世界への宇治茶の発信の必要性，高品質の宇治茶の存在をわかりやすく訴求するための「プレミアム宇治茶」[3]という概念の設定など多くのアイデアが提案された。

　さらに宇治茶について関心をもってもらい，その価値を知ってもらうために，京都文教大学を会場として「宇治茶文化講座」を開催することにした。年度ご

とにテーマを決め，5～6回の講座を開催し，提案書のための調査事業の成果を社会に還元する機会にもした。講師による講義とその講義に関わる宇治茶の試飲をセットにし，2017年度からは世界遺産登録候補地である茶産地へのフィールドワークを組み込んでいる。毎回定員を定めているが，キャンセル待ちが続出する大人気の講座になっており，「宇治茶を語れるファン」が増えて，ファンがファンを生むサイクルができているように思う。

　各年度ごとのテーマは以下のようになっている。「宇治茶の多様性にふれる（2014）」「宇治茶の生産・流通・革新にふれる（2015）」「深まる，広がる，宇治茶の世界（2016）」「宇治茶を学ぶ，宇治茶を楽しむ，宇治田原，中宇治フィールドワーク（2017）」「宇治茶再耕，再考，再訪，南山城，城陽フィールドワーク（2018）」「宇治茶ニューウェーブ，和束，木津川フィールドワーク（2019）」。とくにフィールドワークは，茶産地ごとの個性や茶の担い手を発掘し，ゆくゆくは地元でツアーとして定型化していくヒントになることもねらって企画を組み立てている。新型コロナの影響を受けた2020年度は，「こころと身体にやさしい宇治茶」をテーマに，オンライン形式で実施し，遠方や海外からの参加者が増えるなどの新たな展開をみせている。

　また宇治茶に関しては，事業者単位のホームページでは多言語対応が一定は進んでいるが，宇治茶全体や産地に関してまとまったホームページはほとんど存在していなかった。世界への発信を強化するために，多言語対応のホームページを作成し，さらに増加するインバウンド客に店頭で対応できるよう宇治茶販売に特化した指差し会話シートを作成し，誰でも使えるように公開した。

　さらに市民啓発のために，「宇治茶世界遺産シンポジウム」を開催したり，子どもたちのために「やましろのたから授業」を小学校で実施したりするなど，宇治茶や地域の魅力に触れてもらう機会を数多く設けた。

　また，「お茶の京都」の構想が登場する以前には，宇治茶に関わる観光商品を地域住民が主体的に開発することができるように，ワークショップを開催し試行実施も支援した。それらは，宇治茶生産の景観を維持すると同時に，現地を訪れ，よりいっそう宇治茶をサポートしたいと願う交流・関係人口の創出を

目指すものであった。

　さらには，SNS を活用して，Facebook で「宇治茶 love」というアカウントを開設し，恒常的に宇治茶に関わる情報を発信するための仕組みをつくった。2020年 1 月現在で6000人弱のフォロワーがいるが，このアカウントでの広報を通じて2018年度，2019年度には「宇治茶 love 茶会」と称して，宇治茶ファンの集いを京都市内と南山城村で開催した。

## 5　宇治茶と観光の新たな展開

　ティー・ツーリズムといわれる世界的な流れがある。ティー・ツーリズムは，観光の文脈においては，「スペシャル・インタレスト・ツーリズム」と呼ばれる部類に入るもので，「茶」という特定のモノを中心としてさまざまな場所や体験が組み合わされて経験が提供され，「茶」に関心のある観光者にとっては特別な満足感を提供するものとなっている。

　2007年に出版された Jolliffe 編の *Tea and Tourism: Tourists, Traditions and Transformations*（『茶と観光——観光客，伝統，変容』）では，インド，スリランカ，中国，ケニヤにおける「茶と観光」の関係性の論稿に加えて，イギリス，カナダなどの西欧諸国における状況も踏まえ，ただ「茶を体験する」という消費への注目から，生産の現場も含んだ「茶産地が目的地」となるなどティー・ツーリズムが変容する様子について論じた論文が所収されている。そのなかで，台湾や雲南省の例を踏まえ，Han は，ティー・ツーリズムの多様な形態や要素として，以下のようなものをあげている。列挙されている要素をカテゴリー分けしつつ紹介する（Han, 2007, p.66）。

　体験形態としては，茶のエコツアー，セミナー／ワークショップ，イベント，祭りなどがあり，訪問先となる目的地としては，茶市場，茶園，茶陶生産地，茶に関する記念碑，茶販売所，茶の競売所，茶の交易路などがある。また茶に関するモノとしては，茶そのものだけでなく，茶道具，茶の土産物等があげられている。これらの要素を組み合わせて，その地域ごと，また観光客のターゲ

ットに合わせた「ツアー」が組み立てられているのである。さらに Han は，ティー・ツーリストの類型として，「茶愛好家（Tea hobbyists）」「茶収集家（Novelty seekers）」「文化／エコ・ツーリスト（Cultural/eco-tourists）」の 3 類型をあげている（Han, 2007, p.67）。

　これらの 3 類型の人々が先にあげたさまざまな要素を組み合わせながら，茶を体験し，楽しみ，観光者として茶産地や茶にゆかりのある場所を訪れているのである。その際には，茶が嗜好品として消費される対象であるだけでなく，「文化的なツール」となり，人々や場所をつなぐ媒介として機能しているといえる。

　このような世界的な動きとも連動するように，宇治市内以外の宇治茶産地でも，さまざまなティー・ツーリズムの動きが生まれつつある。いやむしろ，宇治市以外の茶産地においてこそ，その地域の茶業あるいはその地域の生活そのものの存続に対する危機感から，より多様でユニークな動きがみられるようになってきている。今後の宇治茶振興および宇治茶と観光のさらなる展開につながる事例を取りあげ，それらの活動の課題や可能性について若干の考察を加える。

## （1）農村民泊，農家レストラン

　農村民泊は，「一回泊まれば遠い親戚，十回泊まれば本当の親戚」をキャッチフレーズに展開してきた九州の安心院町（NPO 法人安心院町グリーンツーリズム研究会ホームページ）などの例が有名で，農家に宿泊し，農業体験などやホームステイ的な交流を提供するツーリズムであると同時に，人口減少に悩む農村地帯に「観光」という活動を通じて，交流人口とファンを呼び込む仕掛けとして注目されてきた。農家にとっては，自分たちの日常の延長を「体験」として提供することで，現金収入を得られる機会ともなる。

　京都府では，農林漁業者などが自宅などの一部を客室として活用し，農林漁業体験を提供する小規模な宿として，「農林漁業体験民宿」の設置を支援しており，宇治茶生産地域の京都府南部にも 6 カ所が開設されている（京都府山城

広域振興局地域づくり推進室ホームページ）。それぞれが個性のある宿として小規模に展開しており，和束町では，４カ所がすでに経営されている。

　その中のひとつ，「茶農家民宿えぬとえぬ」を2018年12月に訪問し，経営者の北紀子さんと運営に協力している母親の北恭子さんにお話を伺った。

　「えぬとえぬ」は，紀子さんの自宅に隣接し以前に祖母が暮らしていた木造民家を改修し，１日１組限定の宿泊を受け入れ，茶づくしの料理を提供する「茶農家にしかできない宿」をコンセプトに2017年７月にオープンした。

　もともと，旅行でゲストハウスなどに滞在することが好きだった紀子さんは結婚し子育てをしながら，地元で何かできることがないかを考えていた。ちょうどその頃「お茶の京都博」のプロデューサーと出会い開業を支援してもらえることになり，「お茶の京都」のターゲットイヤーのタイミングに合わせて開業したという。自らの料理の腕前，実家の茶業，母の日本茶インストラクターの経験を生かして，自家製の茶とそれを生かした体験や料理を提供し，のんびり過ごしてもらうことを大切にするスタイルで展開している。規模を大きくすることよりも，少しずつできる範囲で満足度の高いサービスを提供することを重視しているという。

　このように，和束町では，大型の宿泊施設を誘致するのではなく，農家民泊のスタイルで複数の宿泊施設が個性を生かして営業している。また，地域としては，近接の南山城村や笠置町とも協力して，地域での観光ネットワークが構築されてきており，和束町活性化センター内に設置された京都山城体験交流協議会がコーディネート業務を担っている。茶文化体験，田舎・農業体験をセールスポイントとして，国内外から修学旅行生を民泊に受け入れるなどしており，規模としても，2018年には一度に約300名の受け入れを実施するまでになっている。これらの受け入れによる利益は，地域住民にとって貴重な副収入になっていると共に，自らの地域をどのように外部の若者に伝えるかを考える機会にもなっているという。

### （2）世界につながる宇治茶体験──「京都おぶぶ茶苑」

　「京都おぶぶ茶苑」は，『日本茶を世界へ』を掲げ，日本茶（和束茶，和束産宇治茶）の生産から海外への販売までを実施，また海外から受け入れたインターン生を通じ，日本茶の魅力を世界にPRしている。

　京都おぶぶ茶苑は，学生時代のインターン経験から1997年に大学を中退して和束町の茶業に飛び込んだ生産者の喜多章浩氏と，東京でサラリーマンをしていた松本靖治氏，喜多氏と同級生の松本氏の弟が創業した和束町の事業所である。最初は，喜多の茶をインターネット販売するためのビジネスを展開していたが，のちに，減農薬・減化学肥料で栽培した自園自製の荒茶を海外に販売するようになり，茶畑オーナー制度を導入し，オーナーに定期的に茶園での農作業体験を提供する機会を設けると共に，さまざまな荒茶を届けている。さらに，国内外のインターン生を受け入れ，茶づくりを学んでもらうと共に，国内外への発信を担う役割を果たしてもらっている。おぶぶ茶園の関係人口のつながりは，国内外に広がっている。

　そのような試行錯誤を経て，茶畑での作業や茶摘みなど，田舎の風景の中で「茶」を楽しむティー・ツーリズムのプログラムが充実していった。ホームページをみると，多言語対応されていることはもちろんのこと，いきいきとした動画や写真が散りばめられ，ユーモアあふれる親しみやすい内容で，初心者や若者でもアプローチしやすい雰囲気を大切にしていることがよくわかる（京都おぶぶ茶苑ホームページ）。それは一見して，お茶屋のサイトというよりも，体験型観光を提供する旅行社のサイトという風にみえなくもない。

　2020年1月11日に，京都府との共催事業「宇治茶文化講座」のプログラムで，25名の一般参加者と共に，代表松本氏，リトアニア出身の従業員シモナ・ザバツキーテ氏の進行解説で，実際に体験型プログラムに参加した。非常に初歩的な茶種の解説と試飲がゆったりとした時間の中で提供された。また茶畑やその近くにある茶工場も整備された近代的なものではなくというよりも，手作り感のあるなつかしさや古さが残されており，ゆったりとした雰囲気のなかでカジュアルに見学や体験ができるところが親しみやすさに繋がっているのだと感じ

た。

　おぶぶ茶苑の取り組みの新しさは，放棄茶園になりそうな茶園を引き受けて実生茶園として栽培したり，古い小型の製茶器を譲り受けて製茶し，結果として自園自製の価値を再定義している点だ。集団化や機械化によって失われた個性のある茶の栽培と製造が可能になっており，熱心な宇治茶ファンには喜ばれることだろう。このようなおぶぶ茶苑の取り組みは，農業経営としても，大変注目すべき展開であり，農業技術通信社による「新・農業経営者ルポ」にも紹介されている（農業ビジネスホームページ）。

　おぶぶ茶苑の取り組みは，ツーリズムによって体験型メニューを提案し，インターン生だったものがおぶぶ茶苑の従業員や発信者になり，新たな栽培の可能性を生み出し，世界へ日本茶を届けるサイクルが回っている良い事例だといえる。

### （3）景観と観光の両立──和束町の葛藤

　2019年になって，和束町では，「和束町の生業景観を守っていくために」という「マナーガイド」を和英2カ国語で作成し，ホームページで公開するだけでなく，印刷したリーフレットを観光施設や案内所で配布している。

　和束町は，京都府内の茶の生産量45％を支える茶産地であり，292戸の茶農家数と，595.1ha の茶栽培面積を有している（2017年）。2016（平成28）年の茶生産総額は30億3800万円で，2017（平成29）年は33億6200万円となり，前年比111％の増加をみている。

　2008年には，宇治茶の生業景観が京都府景観資産第一号に登録され，NPO法人「日本で最も美しい村」連合にも加盟している景観の大変美しい町である。とくに2017年度「お茶の京都博」のメインビジュアルに和束町内の茶畑景観が採用され，さらにインスタグラムなどのSNSの流行により，美しい和束の茶畑のビジュアルが広く拡散したことにより，わざわざ茶畑を観るために訪れる観光客が増えた。そして，その「観光化」による影響に対して，茶生産者，即ち茶農家からは，さまざまな課題が提示され，その結果，以下のようなマナー

ガイドを広く発信することになった（和束町ホームページ）。

① 茶畑は私有地であることから無断で入らないこと
② 茶作業中に近くまで来て写真を撮らないこと。作業中の農業者を撮影する場合は肖像権を厳守すること
③ 茶葉や茶の生産に係る道具に触れないこと
④ 路上駐車はしないこと（農作業車の通行の妨げになります）
⑤ その他，農作業の迷惑になる行為はしないこと

　実際に茶農家さんにお話を聞くと，作業中に勝手に写真を撮られたり，茶畑に入ってこられて作業が中断したりと，いろいろと問題があったようであった。このような現象は，「観光公害」と呼ばれるものの一つであり，地域における「持続的な観光」の観点からは地域によるマネジメントが必要となる事態であり，行政担当課が苦肉の策を講じていることがわかる。
　和束町における観光消費額をみてみると，2017（平成29）年には，対前年比414.4％の7億8300万円を記録しており，2017年の「お茶の京都博」によって，一気に観光客が地域に押し寄せたことがわかる。観光消費額が増加することは地域経済にとっては好ましいが，その増加のスピードに受け入れ体制の整備が間に合わなかったことで，このような事態が引き起こされたと推測することができる。和束町では，これまでにも茶生産と村の生活を守るためにさまざまな努力を積み重ねてきており，小さな町の先進モデルともいえる。現在の町の抱える課題をどのように解決していくかは，今後の持続的な観光地域づくりのあり方を示すモデルになっていくだろう。

## （4）道の駅お茶の京都みなみやましろ村

　人口2652人（2015年）の京都府唯一の「村」である南山城村に，2017年4月「道の駅お茶の京都みなみやましろ村」がオープンし，約1年で来場者50万人，売り上げ目標を1億円上回る4億8000万円を1年2カ月で達成するほどの大人

24

気のスポットとなっている。

　「村茶」と銘打った，オリジナル商品やスイーツを製造販売している。おしゃれなデザインと「土の産」という明確なコンセプトで，レベルの高い商品を提供している。また地元の茶，農産物，野菜も多数販売しているばかりでなく，高齢化と人口減少が進む村民の買い物施設としての役割を担うべく「村民百貨店」も併設している。

　この道の駅の活況を活かして，南山城村では今後の観光地域づくりに取り組もうとしているところである。2018年度には宇治茶文化講座のフィールドワークを実施し訪問し，2020年2月には旧田山小学校などを活用して，地域の若手茶農家と協力して世界遺産登録推進プラットフォーム主催の宇治茶 love 茶会を開催した。宇治茶の主産地の一つである南山城村で，さまざまな「ひと」「こと」「もの」「場」などのシーズが可視化されつつある状況であり，今後の展開がますます注目される。


## （5）新たな展開を目指して

　本章では，長い歴史と文化を持ち，地域で育まれてきた「宇治茶」というもの，宇治茶を楽しむための喫茶や消費のスタイル，宇治茶に関わるさまざまな文化，さらに宇治茶を生産することにより培われ守られてきた地域における「生産景観」が，さまざまな文脈で再評価されていることを論じた。

　とくに，世界文化遺産登録推進という世界と関わる大きな目標をもって活動が展開されるなか，その資産となる「宇治茶生産の文化的景観」を守り継いでいくために，その価値を理解する人々を育て，生産の仕組みを支援する必要があることが明らかになった。

　「観光」の文脈で，宇治茶の味わいや美しい景観を楽しみその魅力を体験することは，これまで大切に守られてきた宇治茶の文化的景観を維持・活用していこうとする思いをつなぐ貴重なきっかけとなるのである。

　今後も，宇治茶産地での「観光」「ティー・ツーリズム」は，新たな展開を続けていくだろう。そこではさまざまな魅力が改めて再認識されると共に課題

も発生するだろう。時代の変化の中で「観光」が果たす積極的な役割も受け入れつつ，地域における持続性を維持することを可能にする観光まちづくりのマネジメント手法が求められている。今後も実践的関与を続けつつ，宇治茶生産を維持するための関わりを続けていきたい。


## 注

⑴ 日本総人口１億2621万人，東京都1393万人（総人口の11％），首都圏１都３県3661万人（同28.8％）（2019年）。
⑵ 詳しくは，橋本素子（2016；2018）を参照のこと。一次資料に基づく歴史的根拠を提示した宇治茶の歴史がよくわかる。宇治茶の世界遺産登録提案書の歴史部分（とくに中世）の調査結果が反映された内容となっている。
⑶ 2019（平成31）年度から京都府で認証制度を創設し，「プレミアム玉露」として，16業者44点が選定された。


## 参考文献

宇治市『宇治市観光動向調査報告書』2012年。
────『宇治市観光振興計画　前期アクションプラン』2013年。
────『宇治市観光動向調査報告書』2017年。
────『宇治市観光振興計画　後期アクションプラン』2018年。
京都新聞「宇治茶第１部ブームの足元で①抹茶スイーツ」2012年５月２日。
────「宇治茶第１部ブームの足元で②VSペットボトル」2012年５月３日。
京都府『京都府茶業統計』京都府農林水産部農産課，2006-2017年。
公益社国法人　日本茶業中央会，2018年公開情報。
公益社国法人　日本茶業中央会，2020年公開情報。
農林水産省『農林業センサス』2015年。
────「茶業及びお茶の文化の振興に関する基本方針　現状と課題」2020年（https://www.maff.go.jp/j/seisan/tokusan/cha/attach/pdf/kihonhou-18.pdf　最終確認2020年７月10日参照）。
橋本素子『日本茶の歴史』淡交社，2016年。
────『中世の喫茶文化：儀礼の茶から「茶の湯」へ』吉川弘文館，2018年。
増田寛也　『地方消滅　東京一極集中が招く人口急減』中公新書，2015年。
森正美「宇治茶と和食：世界遺産登録から考える「公正」『総合社会学部ガイドブック──社会をのぞく15の方法』23-30頁，京都文教大学，2014年。
────「観光まちづくり人材を人類学的手法で育てる」橋本和也編著『人をつなげ

る観光戦略——人づくり・地域づくりの理論と実践』ミネルヴァ書房，2019年，72-95頁。

山村高淑「先住民文化遺産とツーリズム」（シンポジウム「先住民文化遺産とツーリズム：北海道の可能性」記録）2012年。

Han, Paul Leung Kin, 2007, "Tea Traditions in Taiwan and Yunnan" in Jolliffe ed., 2007, pp.53-68.

Jolliffe, Lee ed., 2007, *Tea and Tourism: Tourists, Traditions and Transformations.* Cannel View Publications.


（URL）

宇治茶ブランド拡大協議会（http://www.gfkyoto.jp/uji/sub1.html　最終確認2020年5月13日）。

宇治茶指差しシート‐公益社団法人　京都府茶業会議所（https://www.ujicha.or.jp/wp/wp-content/themes/ujicha/pdf/yubisashi.pdf 最終確認2020年5月13日）。

NPO法人安心院町グリーンツーリズム研究会（http://www.ajimu-gt.jp/page0102.html　最終確認2020年5月13日）。

京都府宇治茶世界遺産登録推進プラットフォーム（http://ujicha.kyoto）。

京都おぶぶ茶苑（https://www.obubu.com/　最終確認2020年5月13日）。

京都府農産部「茶業振興計画」関連資料2013（https://www.pref.kyoto.jp/nosan/documents/shinko-keikaku-sanko-siryo.pdf）。

京都府山城広域振興局農林商工部　地域づくり振興（https://www.pref.kyoto.jp/yamashiro/no-chiiki/nokaminsyuku.html　最終確認2020年5月13日）。

「茶農家民宿えぬとえぬ」（https://ochanokyoto.jp/spot/detail.php?sid=700　最終確認2020年5月13日）。

農業ビジネス（https://agri-biz.jp/item/detail/7839　最終確認2020年5月13日）。

富士登山オフィシャルサイト（http://www.fujisan-climb.jp/manner/index.html　最終確認2020年5月13日）。

和束町役場地域力推進課（http://www.town.wazuka.lg.jp/contents_detail.php?co=cat&frmId =2586&frmCd =22-6-0-0-0　最終確認2020年5月13日）。

和束町ホームページ（http://www.town.wazuka.lg.jp/cmsfiles/contents/0000002/2709/guide.pdf）。

## 「聖地巡礼」と「宇治茶」の相互作用と可能性

夷
（舞台探訪者コミュ
ニティ会員）

宇治を舞台としたアニメ『響け！ ユーフォニアム（以下，『ユーフォ』）』では，背景に茶畑が登場したり，登場人物が抹茶ソフトクリームを楽しむシーンがあるが，宇治茶との直接的な関連性はそれほどない。しかし，筆者が『ユーフォ』聖地巡礼者の行動や宇治茶業関係者を取材・研究する中で，宇治茶そのものと聖地巡礼，双方の今後の発展を考える際に興味深い発見があった。第一に，宇治茶が持つ嗜好品としての発展可能性である。第二に，『ユーフォ』聖地巡礼現象における「お茶のまち・宇治」ならではの「聖地」という「場」の創出についてである。

『ユーフォ』ファンは比較的若年層が多く，宇治を複数回訪問する中で，宇治そのものの魅力を発見することに意欲的になるファンも存在する。そういった層に対して伝えていきたい日本文化である，宇治茶本来の楽しみ方と魅力，宇治茶そのものの可能性についてこれから考えたい。

宇治は古くから高級茶の産地として幕府，大名，茶人に愛された。江戸時代末期には碾茶（抹茶）の生産で行われていた覆下栽培で採取された高級茶葉を転用することで，「玉露」が開発された。茶商は茶農家から荒茶を仕入れ，これを合組（ブレンド）することにより茶商独自の銘柄を生み出す。宇治茶の「高級品」としてのブランドイメージは，こうして生み出された高級抹茶，玉露などの存在により絶えず再生産されているものであるが，本来の味を引き出すには茶の点て方，淹れ方（温度・時間管理など）に関する知識が必要となる。例えば玉露は，適切な温度と作法で淹れられることにより渋み成分を極力抑え，茶が本来もつ旨味成分を抽出したものとなる。日常消費されるお茶とはまったく異なる玉露の「旨味」は独特であり，その味覚の複雑さから「嗜好品」として位置づけることができるだろう。

さて，話が少しずれるが，近年「若者のビール離れ」が叫ばれて久しい。事実，統計上でもビールに発泡酒等を含めた酒類大手数社による出荷数量は減少の一途をたどっている。一方で，クラフトビールはクラフトビール祭りや専門バーが増加しており，生産量も対照的に右肩上がりとなっている。この牽引役となっているのは比較的若い世代であり，彼らは「量より質」を好む傾向にある。ビールはかつての「酔うもの」から「味わうもの」へ，つまり高度な嗜好品として位置づけられるようになったことがわかる。

日本茶もまた，珈琲や紅茶などの普及に伴い飲用茶葉は消費量が減少傾向にある。

珈琲及び紅茶は日常品であるとともに，嗜好品として愛好家が一定数で存在しており，海外産の高級豆や茶葉を用いた喫茶店・カフェは日本全国に点在している。それに対し，日本茶はペットボトル入り緑茶及びスイーツ用の抹茶粉末の生産が好調である一方で，「急須で茶を淹れる」文化が家庭から衰退しつつあり，この現状には多くの茶業関係者が警鐘を鳴らしている。しかし，宇治茶の最大の特徴は嗜好品としての魅力にあり，上述したように比較的若い世代が飲料に嗜好性を求める傾向にあるとしたら，宇治茶もまた珈琲や紅茶同様に「マニア」と呼べるファン層を拡大させる可能性をもっているのではないだろうか。

　次に，「お茶のまち・宇治」という視点で『ユーフォ』聖地巡礼現象における「聖地」という「場」の創出について考えたい。現在わが国では海外観光客の急増を受け，地元住民との摩擦である「観光公害」が注目されているが，これは観光名所に限らず

聖地巡礼で注目される土地においてもしばしば散見される問題である。そもそも「地元（ホスト）」と「観光客（ゲスト）」はいかなる関係にあるべきなのだろうか。

　日本が持つホスピタリティ精神として「おもてなし」の心が提唱されているが，その歴史をたどると，中心にあるのは500年以上かけて日本に培われた「茶の湯」の精神文化だと筆者は考える。鎌倉時代，栄西によって茶は本格的にわが国に導入されたが，禅の精神と美意識が結びつき独自の精神文化が形成されるのは，室町時代末期の武野 紹鷗（たけ の じょうおう）及び安土桃山時代の 千 宗易（せんのそうえき）（千利休）らによって大成された「侘び茶（わ）」からであろう。

　「茶の湯」とは「亭主（ホスト）」と「客（ゲスト）」が織りなす茶会という一連のセレモニーである。亭主は心の限り趣向を凝らした茶室の空間を演出し，客はその意図を理解して，亭主の「もてなし」に応えるべき教養が必要とされる。茶の湯の心構えを表す名言の一つとして「一座建立」という言葉がある。すなわち，主客が心で通じ合い，充実した茶会を実現し，まさに「一期一会」ともいえる茶会とすることである。

　宇治には観光客向けの本格的茶室があるが，お茶屋の軒先でも主人が自ら客に茶を振る舞うことは珍しくない。宇治で茶を商う人々には「茶の湯」がもつ「おもてなし」の精神文化が根付いており，その体験が訪れる者の感動を誘う機会も多いのではないだろうか。

　以上を総括すると，「茶の湯」そのものがもつ「おもてなし」の精神文化は，聖地巡礼における地元（ホスト）と聖地巡礼者（ゲスト）の関係性を考察する新しい視座を与えてくれる。その一つが「一座建立」の精神である。そこにおいては，聖地巡礼におけるホストとゲストの関係は専らホストが用意したものをゲストが消費するだけでなく，ホストの「おもてなし」に感じ入り，ともに「場」を作り上げていくゲストの教養や姿勢が問われてくることになる。まさに，「聖地」とは「主客共創空間」であり，ホストとゲストは共に楽しみながら，一定の緊張関係の中で充実した時間と空間を作り出していくものだといえよう。

　この「茶の湯」の「おもてなし」の精神文化を最も色濃く残している地域が宇治であり，『ユーフォ』聖地巡礼現象とはそういった特別な空間に生まれた観光の新形態であるというところに，さらなる展開を期待したい。

# 第2章
## 『源氏物語』ゆかりの地・宇治を訪れた人びと

---

## 1　『源氏物語』宇治十帖と総角の古蹟

　紫式部よりも少しあとの世代，1008（寛弘5）年に誕生した菅原孝標女は，『更級日記』という回想録に，『源氏物語』に対する思いや宇治に立ち寄ったときのことを記している。菅原孝標女は，1017（寛仁元）年，上総介に任じられた父・菅原孝標とともに上総国（現在の千葉県）に赴き，約1000年前の1020（寛仁4）年9月帰京する。『更級日記』は，京の都への旅からはじまる。かつて住んでいた京都に帰れば，『源氏物語』が読めると一心に願い，少女のころより『源氏物語』に憧れ，読み耽ったことが随所に描写されている。登場人物のなかではとくに夕顔，浮舟に親近感を抱いていた。

　そして1046（永承元）年10月，奈良の長谷寺の参詣の折，宇治を経由した。以下のようにある。

　宇治の渡りに行き着きぬ。（中略）紫の物語に宇治の宮のむすめどものことあるを，いかなる所なれば，そこにしも住ませたるならむとゆかしく思ひし所ぞかし。げにをかしき所かなと思ひつつ，からうじて渡りて，殿の御領所の宇治殿を入りて見るにも，浮舟の女君の，かかる所にやありけむなど，まづ思ひ出でらる。

　憧れの宇治の地に立つと，浮舟が住んでいたのはこういうところなのかと思いを馳せる。帰路に再び宇治に立ち寄った際には以下のようにある。

いみじう風の吹く日，宇治の渡りをするに，網代いと近う漕ぎ寄りたり，

　　音にのみ聞きわたり来し宇治川の網代の浪も今日ぞかぞふる


　宇治川の網代に打ち寄せる波の数まで数えてしまうほど，じっと宇治川をみ
つめたのであろう。大好きな物語の舞台となった憧れの地を訪れると，さまざ
まな思いをめぐらし，凝視してしまう。今日の私たちも共感できる言動を実に
いきいきと描写している。『更級日記』は『源氏物語』に対する憧れの念を述
べた記録として古く，貴重である。

　そんな思いを抱かせる『源氏物語』ゆかりの地，宇治とはどのようなところ
なのか。『源氏物語』五十四帖のうち，巻四十五橋姫から巻五十四夢浮橋は，
主な舞台が宇治に移ることから，特に「宇治十帖」の名で親しまれている。宇
治十帖は光源氏が没したあとの物語である。「匂ふ兵部卿・薫る中将」と並び
称された光源氏の孫の匂宮と光源氏の子とされる薫（実は柏木と女三の宮との子）
の二人の貴公子と，大君・中の君・浮舟という宇治の八の宮の姫君たちが織り
成す恋物語が展開する。現在も，毎年秋には，宇治十帖の各巻名を冠した古蹟
をめぐる「宇治十帖スタンプラリー」が開催され，たとえ『源氏物語』を読ん
だことがなくとも，宇治十帖の各巻名，各古蹟は，宇治市民，宇治を訪れる人
びとにとってお馴染みの場所である。[(1)]

　宇治十帖の古蹟のひとつ総角（あげまき）の古蹟は，宇治上神社から宇治市源氏物語ミ
ュージアムに至るさわらびの道の途中にある。こここそ，近年，アニメーショ
ン『響け！ ユーフォニアム』の「聖地」として知られる大吉山（仏徳山）の登
り口である。この古蹟付近には，万葉の歌碑，与謝野晶子宇治十帖歌碑がある。
さらに2019年4月より宇治市源氏物語ミュージアムで上映しているアニメーシ
ョン『Genji Fantasy　ネコが光源氏に恋をした』の最初と最後の場面となる
重要な舞台でもある。この地に立つと，『万葉集』『源氏物語』，そして与謝野
源氏，さらにアニメまで，宇治ゆかりの文学作品を通観し，味わうことができ
る。それだけではなく，宇治という地が物語の舞台となり，和歌に詠まれ，い
かに親しまれたのか，さらに新たな作品を生み出してきたか，深く考えさせら

れる空間なのである<sup>(2)</sup>。

　先人たちは，宇治という土地をどのように捉え，訪れたのか。『源氏物語』の作者によって，突然宇治が舞台として選ばれたわけではなく，選ばれた背景，前提があるはずである。宇治はどのように，文学作品，すなわち「ものがたり」に描かれているのか。人びとが抱くイメージ，まなざしについて，まずは『万葉集』『古今和歌集』『源氏物語』等々で詠まれた和歌や本文から考察し，宇治のイメージの変遷について検討したい。

　結論から先に述べると，宇治の歴史や文学を形成する重要な要素であり，特徴として，「虚実ない交ぜ」という以上に，「嘘から出た真」「真から出た嘘」を往還し，新しいものがたり，文化が育まれているといえる。すでに，「たとえ虚像であっても，宇治の歴史的イメージを形成するひとつの要素として，重要な役割を果たしている」「虚が実を生むことさえあると考えられる」と指摘しているが（宇治市歴史資料館，1995），本章は，各々のつながり，過程にも注目し，さらに積極的に評価したい。

## 2　「ちはやぶる」宇治から「憂し」へ

### （1）「もののふの八十」宇治川，「ちはやぶる」宇治

　宇治には，山があり，川がある。この風光明媚な地は，水運・陸運ともに交通の要衝でもあり，歴史的にも文学的にも豊かな土壌である。市域を宇治川が流れ，山崎のあたりで，桂川・木津川と合流し，淀川となって大阪湾へと流れる。陸路では，古代より宇治は交通の要衝と知られる。大和から山背（山城）・近江を経て，東山道・北陸道へと至るルートに位置していた。平安時代以降は，京都と奈良を結ぶ大和街道が通り，多くの人びとが往還した。そして宇治川と交わる。宇治橋は，近江国瀬田の唐橋，山城国山崎橋とともに，古くから著名な橋と知られ，同時に軍事上の要でもあった。宇治橋をめぐる合戦といえば，源平の内乱がことに有名である。防御する側は宇治橋の橋桁を引いて遮断した。それゆえ攻撃する側は先陣を争った。そこで数々の先陣争いの物語が語り継が

れたのである。

　また宇治は，平安京から少し離れた風光明媚な土地ゆえ，平安時代初期には，天皇が遊猟し，離宮が築かれた。のちに貴族の別業（別荘）も築かれた。そして1052（永承7）年，藤原頼通は，父藤原道長の別業を寺に改め，平等院とし，翌年に阿弥陀堂（鳳凰堂）を建立した。先の1052年は，まさに「末法」の元年であった。末法とは，釈迦入滅から，正法・像法に次ぐ時期で，仏の教えがすたれ，教法だけが残る最後の時期で1万年続くと信じられた。当時の貴族たちは極楽往生を願い，阿弥陀如来を祀る仏堂を盛んに造営したのである。

　このような宇治を詠んだ和歌としてよく知られているものに，

　　わが庵は都の辰巳しかぞ住む世をうぢ山と人はいふなり

という『古今和歌集』仮名序にある喜撰の和歌がある。「私の庵は都の辰巳，すなわち東南に位置する宇治にあり，このようにおだやかに暮らしています。それなのにここ宇治は，憂き山だと世間の人にいわれます」という内容で，「宇治」と「憂し」が掛詞になっている。『古今和歌集』以降，和歌の世界では，宇治といえば「憂し」となった。

　ところが『古今和歌集』以前の『古事記』『日本書紀』『万葉集』で詠まれる宇治は，必ずしも「憂し」ではない。順を追って確認していこう。

　『宇治市史』第1巻によると，『古事記』『日本書紀』『万葉集』において，宇治周辺を詠んだ歌謡は60余首あるという。そして，『万葉集』には，地名「宇治」を詠んだ歌が18首あり，そのうち「宇治川」・「宇治の渡」を詠んだものは16首と多く，宇治川を中心とする宇治の景勝が，古代の人々に与えた感動の深さをうかがい知ることができると指摘する。

　先に紹介した総角の古蹟付近にある万葉歌碑で詠まれているのは次の歌である。

　　そらみつ　大和の国　あをによし　奈良山越えて　山背の　菅木の原　ち

　　はやぶる　宇治の渡り　岡屋の　阿後尼の原を　千年に　欠くることなく
　　万代に　あり通はむと　山科の　石田の社の　皇神に　幣取り向けて　我
　　は越え行く　逢坂山を　　　　　　　　　　　　　　（『万葉集』巻13，3236）

　大和国から奈良山を越えて，綴喜を通り，宇治を経て，山科から逢坂山に行
くという道行きの歌である。このルートは，現在の奈良から滋賀に行く幹線路
である。「そらみつ」大和，「あをによし」奈良とあるように各々の地名に枕詞
が冠されている。「ちはやぶる宇治の渡り」とあるように，宇治には「ちはや
ぶる」という枕詞が用いられている。
　次に，柿本人麻呂の和歌を紹介しよう。近江国志賀の都，つまり大津京の変
貌ぶりを目の当たりして，宇治を経て，大和に帰るときに詠んだものである。


　　もののふの八十宇治川の網代木に　いさよふ波の行くへ知らずも

　　　　　　　　　　　　　　　　　　　　　　　　　　（『万葉集』巻3，264）


　この歌は「八十宇治川」とある一方で，「いさよふ波」に無常観のようなも
のを漂わせている。
　宇治にかかる「ちはやぶる」「もののふのやそ」とは，どのような意味があ
るのだろうか。
　まず，「もののふのやそ」についてであるが，「もののふ」とは朝廷に仕える
氏族のことで，その氏族はたくさんいる，つまり「八十氏」であることを示す。
その上で，「氏」と「宇治」を掛けて，朝廷に仕える氏族がたくさんいるよう
に，宇治川の分流もたくさんあることを表現している。
　次に，「ちはやぶる」は，漢字では「千早振」と書き，一般的には「神」に
かかる枕詞として知られるが，宇治の枕詞でもある。「千早振る」，すなわち勢
いのある宇治川の様子を表現している。つまり，「もののふのやそ」と「ちは
やぶる」はともに宇治川の流れを描写しており，川の流れが速く勢いがあるこ
とに由来する。

646（大化２）年，道登によって，宇治橋が架けられたという由来を記す「宇治橋断碑」は，「浼浼横流，其疾如箭」（「浼々たる横流，その疾きこと箭の如し」）という文句から始まり，激しく流れる宇治川の様子を活写する。[(3)]

　万葉人にとっての宇治とは，必ずしも「憂し」ところではなく，蕩々と流れる宇治川の印象が強かったことがうかがえる。ただ，『宇治市史』第１巻によると，宇治は，奈良の都からほぼ一日行程のところに位置しており，宇治川という最大の難関を控えている。大和から来た旅人にとっては，宇治川の急流や巨椋池が涯てもなく広がっている様子は不安や淋しさを呼び起こすもので，明朗爽快な風光ではなかったと指摘する。

　宇治にかかる枕詞としての「ちはやぶる」は，『古今和歌集』でも詠まれる。


　　　ちはやぶる宇治の橋守汝をしぞ　あはれとは思ふ年を経ぬれば

　　　　　　　　　　　　　　　　　　　（『古今和歌集』雑，読人しらず，904）


　この和歌は，一連の長寿を詠んだ歌として収められている。宇治橋には，壬申の乱の際，橋を守護する橋守がいたこと，そして，宇治橋は古くて長い年月を経ているということを前提に，詠み手も，橋守に仮託された相手も互いに長寿である事を詠んだものである。この歌は，後述するように宇治の詠んだ代表的な和歌として，後世に読み継がれる。[(4)]


## （２）記紀における菟道稚郎子と『古今和歌集』仮名序

　交通の要所に位置する宇治は，ひとたび戦争が起こると，勝敗をきめる重要な戦場となる。『古事記』『日本書紀』に記載されている仲哀天皇の後継者争い，つまり応神天皇の即位前夜の争いの記述によると，九州から幼子・誉田別命（のちの応神天皇）を擁して大和に帰還した神功皇后の軍と，皇位継承を目論む異母兄・忍熊王が宇治の地で戦う。しかし忍熊王軍は武装解除して，総崩れになり，近江に退却する。忍熊王は「瀬田の済」で沈み，数日後，その亡骸は宇治川で発見されたという。この敗走ルート，すなわち宇治—山科—逢坂山

―粟津―瀬田は，後世の幹線路である。この合戦は，宇治における戦争の嚆矢
である。

応神天皇のあとの後継者争いも宇治が要となる。記紀に従うならば，父・応
神天皇の寵愛を受けて皇太子に立てられた菟道稚郎子は即位をせず，異母兄の
大鷦鷯尊（のちの仁徳天皇）と互いに皇位を譲り合った。そうした最中，異母
兄の大山守命が挙兵したが，菟道稚郎子に討たれる。兄弟はその後も互いに
皇位を譲り合い，菟道稚郎子は大鷦鷯尊が即位できるよう，自ら命を絶ったと
いう（『日本書紀』）。ことの真偽はともかく，宇治という地は，応神・仁徳天皇
が基盤とする河内に対して拮抗する勢力があったことは確かであろう。

この逸話は，『古今和歌集』仮名序にも登場する。

　　難波津に咲くや木の花冬こもり　今を春べと咲くや木の花

という和歌の解釈について，以下のように続く。

　　難波津の歌は帝の御初めなり，
　　　大鷦鷯尊の帝の難波津にて皇子と聞えける時，春宮をたがひに譲りて位
　　　に即きたまはで，三年になりにければ，王仁といふ人の訝り思ひて，よ
　　　みて奉りける歌なり，木の花は梅花をいふなるべし

とある。仁徳天皇を，春を魁ける梅になぞらえ，今こそ梅の花が咲くときだ
と，仁徳天皇の即位を促し，讃えた歌である。次に続く「安積山」の歌ととも
に「歌の父母のやうにてぞ手習ふ人の初めにもしける」とされ，最初に習い親
しむ和歌である。手習いにも用いられていることは，出土品からもうかがえる。
和歌を詠む人には，この「難波津に」の和歌だけではなく，その前後の物語，
すなわち仁徳天皇即位前後の経緯，菟道稚郎子の物語も広く知っていたことで
あろう。そうした皇子がいた地として宇治のイメージも生じ，宇治十帖へとつ
ながる。1472（文明4）年に成立した一条兼良の『花鳥余情』という『源氏物

語』の注釈書には，宇治の八の宮のモデルとして菟道稚郎子を挙げている。宇治の八の宮は，桐壺帝の第八皇子で，光源氏の異母弟である。橋姫巻によると，「世に数まへられたまわぬ古宮」とある。実は光源氏が京都を離れ，須磨にいる間に，朱雀帝の皇太子に担ぎ出されるが，光源氏が政界に復帰したことにより冷遇され，宇治で仏道修行にいそしんでいた。

### （3）都の辰巳の宇治の橋姫

　先の『古今和歌集』仮名序にある喜撰の和歌「世をうぢ山」によって，『古今和歌集』以降，宇治＝「憂し」，さらに「恨めし」地として理解される。

　『源氏物語』巻四十六 椎 本の冒頭にも，「恨めしと言ふ人もありける里の名」とある。椎本巻の冒頭については，後述する。

　宇治十帖が描く宇治を考える上で，忘れてはならない重要な要素として，宇治の橋姫の和歌がある。

　　狭 筵 に 衣 片敷きこよひもや我を待つらむ宇治の橋姫

（『古今和歌集』恋四，読人しらず，689）

　宇治の橋姫とは宇治橋の守り神である。現在，橋姫神社は，県 通りに鎮座しており，1870（明治3）年に洪水で流されるまでは，宇治橋の西詰にあった。宇治橋に限らず，近江国（現在の滋賀県）瀬田の唐橋など古代に遡る橋には，橋姫が祀られ，異境からの来訪者たちを見守り，時には侵入者を防ぐ。

　この和歌では，宇治に住む女性を橋姫になぞらえている。そして宇治十帖のなかで，登場人物たちは「橋姫」になぞらえて歌を交わす。この歌があったからこそ，宇治十帖が成立しうるのである。まさに宇治十帖のテーマソングである。

　巻四十五橋姫において，薫と大君は，次のような和歌を贈り合う。そして，この和歌が，巻名「橋姫」の由来になっている。

橋姫の心を汲みて高瀬さす棹のしづくに袖ぞ濡れぬる　（薫）
　さしかへる宇治の川長朝夕のしづくや袖をくたしはつらん　（大君）


　巻四十七総角では，匂宮と中君が，橋姫や宇治橋に託して，次の和歌を詠む。


中絶えむものならなくに橋姫のかたしく袖や夜半にぬらさん　（匂宮）
　絶えせじのわがたのみにや宇治橋のはるけき中を待ちわたるべき　（中の
　君）


　そして，巻五十一浮舟では，浮舟をめぐって，薫と匂宮との間に緊張感が漂
うなか，薫が浮舟のことを思い，「衣かたしき今宵もや」とつぶやいたことを
きっかけに，宇治で薫が浮舟と会っていたことを匂宮は悟り，宇治へ急ぐ。そ
して，匂宮と浮舟のふたりは宇治川を小舟で渡り，耽溺の時を過ごす。『源氏
物語』のなかでも，ドラマチックな名場面である。この劇的な場面のきっかけ
になるのも「狭筵に」の和歌であり，繰り返し登場し，読者たちに印象づける
のである。
　『源氏物語』宇治十帖によって，「待つ女＝橋姫」像は，より強固なイメージ
をもって定着する。『新古今和歌集』には，人待つ「宇治の橋姫」の歌を本歌
とした歌が，多く詠まれている。なかでも，『小倉百人一首』にも選ばれてい
る，後京極摂政前太政大臣こと九条良経の和歌も，「宇治の橋姫」という
語は出ないが，この歌を本歌としている。


きりぎりす鳴くや霜夜のさ筵に衣片敷きひとりかも寝ん

（『新古今和歌集』秋下，518）

# 3　能《頼政》と宇治

## （1）宇治に源頼政の幽霊が現れる 5 月 26 日

　私たちが，どこか名所を訪れたとき，ここはあの物語の舞台，今日はあの事件の起こった日などと思いを馳せることは，よくあることであろう。特別な日にわざわざ訪れることもある。このような特別な日，特別な場所で起こった物語として，能の「複式夢幻能」がある。

　能の現行曲は約250曲ある。物語の構成から現在能と夢幻能の二つに分けることができる。現在能は，主人公（シテ）が現実世界の人物で，物語は時間の経過にしたがって進行し，今日の演劇やドラマと同じである。

　これに対して夢幻能は，神，鬼，亡霊など現実世界を超えた存在が主人公である。神社仏閣，歴史や文学にゆかりのある土地を訪れた旅人（ワキ）の前に主人公（シテ）が化身の姿で現れ，名所の由緒来歴などを語る前場と，シテが本来の姿で登場し，思い出を語り，舞を舞う後場で構成される。前後二部構成で，シテがワキの夢に現れるという設定から複式夢幻能，夢幻能と呼ばれ，世阿弥が作り出した。ワキは，たんなる舞台上の登場人物ではない。観客の代表として舞台に上っているのであり，観客である私たちも一緒にワキの視線で名所を訪れ，夢のなかで物語の主人公に出会うのである。

　世阿弥は，『風姿花伝』第六，花修のなかで，

　　仮令，名所・旧跡の題目ならば，そのところによりたらんずる詩歌のことばの，耳近からんを，能の詰めどころによすべし。

と述べる。能の作品では，各地の名所旧跡が舞台となり，またその地が能楽ゆかりの地，「謡蹟」として親しまれている。

　能《頼政》は，『平家物語』巻四，橋合戦・宮御最期を本説とし，シテは源頼政である。1180（治承 4 ）年，源頼政は以仁王とともに平氏打倒を企て，諸

国の源氏に以仁王の令旨を伝え挙兵する。ところが，頼政は宇治橋をめぐる戦いで敗れ平等院で自害する。能《頼政》は，頼政の命日である５月26日，頼政の霊が現れ，ワキの旅僧に宇治の名所を教え，平等院扇の芝に案内し，戦の様子や，扇を敷いて自害したことなどを語り，成仏を願って芝の草陰に消えていくという内容である。

　能《頼政》の前場は，源頼政終焉の地である宇治の名所旧跡を余すところなく盛り込んでいる。ワキの道行にはじまり，シテ・ワキの問答では，「喜撰法師が庵」「槙の島」「橘の小島が崎」「恵心の僧都の御法を説きし寺」「朝日山」「平等院」「釣殿」という宇治の名所や「山吹の瀬」「柴小舟」という和歌の景物が描かれ，「げにや名にしおふ，都に近き宇治の里，聞きしにまさる名所かな」という文句の通りである。さらに後場でも，三井寺から平等院まで逃げ延びた以仁王一行の道中における名所も謡いこまれている。まさに名所尽しである。

　源頼政について語る際，平等院の扇の芝で自刃したという逸話は欠かせないものになっている。今日，平等院では，毎年５月26日に「頼政忌」の法要が営まれている。本曲でも，シテはワキを平等院に案内し，さらに扇の芝を紹介する。ワキが「何と宮戦の月も日も今日に当りたると候ふや」と驚愕するように，前場は，頼政の命日である５月26日に，頼政が果てたという平等院扇の芝の由来を語ることが眼目である。

　扇の芝は，江戸時代の地誌には，欠かすことのできない宇治の名所となり，今日に至る。記録を遡ってみると，1502（文亀２）年２月28日，公家の三条西実隆が，春日詣の帰りに立ち寄ったという記録が，実際に扇の芝を目にした記録のなかで古いものといえる。三条西実隆の私家集『再昌草』には，以下のようにある。

　廿八日，還向の道，宇治の平等院にまかりよりて侍しに，頼政卿が扇の芝の桜のさきたるをみて
　　さきにほふ梢をとへは苔の下の　その名も花にあらはれにけり

扇の芝を描いた古い事例として，狩野永徳筆の『洛外名所遊楽図屛風』がある（京都国立博物館，2007）。この作品は，永徳の20代の作品と言われ，制作年代は16世紀半ばである。四曲一双の屛風で，左隻に春から夏の宇治，右隻に秋から冬の嵯峨を描く。左隻には宇治川と平等院を中心に宇治の名所や景物を描き，画面のほぼ中央に扇の芝が描かれている。人びとがこれを取り囲んで眺めているのも見逃せない。頼政の生涯，ものがたりに思いを馳せていることであろう。

## （2）夢のうき世の「中宿」の

　宇治は『源氏物語』や『平家物語』が重奏して，さまざまな名所が登場している。能《頼政》は『平家物語』を本説としつつも，『源氏物語』，とくに宇治十帖を引用していることは，すでに指摘されているところである。ここでは，宇治十帖の椎本巻を紹介しよう。

　さて相良亨氏は「中宿」という語に注目し，舞台となっている中宿たる宇治が，前世と来世の間の空間と設定されているとしたうえで，次のように指摘する。

　　あわれな存在があわれな空間に存在するというところに，この曲の基調があるのではなかろうか（相良，1990）。

　天野文雄氏も「中宿」という語に注目し，《頼政》の主題を明確に指摘している。

　　彼自身（引用者註，源頼政）が七十年あまり過ごしてきたこの世自体が，前世と来世との中間に位置する「あはれ」な時空であることにたいする感慨となっていることであろう。そのような，現世を「あはれ」なものとする頼政の認識─それは当然作者世阿弥の認識でもある─は，舞台を「中宿」としての宇治に設定して，その「中宿」に現世が「中宿」であることを重ねるとい

う趣向によって，《頼政》一曲の主題として明確にうち出されているとして
よいであろう（天野，2009）。

　この「中宿」という語は，『源氏物語』では，巻四夕顔にも出るが，巻四十
六椎本の冒頭では宇治で中宿りしたとある。少し長くなるが，引用しよう。

　二月の二十日のほどに，兵部卿宮初瀬に詣でたまふ，古き御願なりけれど，
　思しも立たで年ごろになりにけるを，宇治のわたりの御中宿りのゆかしさに，
　多くはもよほされたまへるなるべし，恨めしと言ふ人もありける里の名の，
　なべて睦ましう思さるる，ゆゑもはかなしや（下線は筆者）

　この椎本巻の冒頭は，宇治の特徴が凝縮されている。「中宿り」「恨めし」に
注目しよう。
　まず「恨めし」については，『古今和歌集』仮名序にある喜撰の和歌に詠ま
れる「世をうぢ山」から，宇治＝「憂し」「恨めし」となったことは先述した
通りである。
　次に，「中宿」という語句であるが，『源氏物語』椎本巻では，匂宮は，長谷
寺に参詣する途中に，光源氏より息子の夕霧が伝領した宇治の別業に立ち寄り，
休憩をしたとある。宇治は京都と奈良の中間に位置し，休憩する場所である。
『蜻蛉日記』でも，藤原道綱母は未明に京都を発し，昼前後に宇治に着き，宇
治の別業で休憩している。
　一方，天野文雄氏が指摘するように，能《頼政》では，この「中宿」がキー
ワードになる。その前提には椎本の本文がある。《頼政》では，旅僧（ワキ）
は，京都から奈良に向かう旅の途中に宇治に立ち寄る。ここで，老人（シテ）
に出会い宇治の名所旧跡を案内してもらう。
　中入り前には以下のように続く。

　夢の憂き世の中宿①の，夢の憂き世の中宿の，宇治の橋守年を経て②，老い

の波もうち渡す③，遠方人④に物申す，われ頼政が幽霊⑤と，名のりもあへ
ず失せにけり（下線，丸数字は筆者）


少し詳しく見ていこう。

①ワキの旅僧は，京都と奈良の間の宇治で一休みしているのに対して，シテ
の老人は前世と来世との間に彷徨って，「中宿」している。

②「宇治の橋守年を経て」の典拠は，先に見た『古今和歌集』の

　　　　ちはやぶる宇治の橋守汝をしぞ　あはれとは思ふ年を経ぬれば

である。ここでは，頼政が老齢であったことも意味する。

③「うち」は「波」，「渡す」は「橋」の縁語。

④「遠方」とは，「宇治」を指す語でもある。

⑤「うち渡す遠方人に物申すわれ」から「われ頼政が幽霊」を導く。
これは，『古今和歌集』の旋頭歌を引いている。

　　　　うちわたす遠方人にもの申すわれ　そのそこに白く咲けるは何の花ぞ
　　　　も　　　　　　　　　　　　　　　　　　　　（『古今和歌集』旋頭歌，1007）

このように，能《頼政》の中入り前は，宇治を詠んだ和歌を用いながら，宇
治の特徴を余すことなく表現した名文である。


　　いさ白波の宇治の川に，舟と橋とはありながら，渡りかねたる世の中に，住
　　むばかりなる名所旧跡，


とあるように，シテは前世と来世の間で彷徨い，成仏できず「夢の憂き世の中
宿」をしていたのである。宇治という地は，名所旧跡が多く，京都と奈良の中
間であると同時に，前世と来世の間とも認識されていた。本曲では，それを明
確に描いているのである。

## 4　源氏物語のなかで暮らす「あらまほしきもの」

### （1）宇治十帖の古蹟

　『源氏物語』は，江戸時代に入ると，さらに幅広い層に受け入れられる。公家や国学者といった知識人による学問・研究が進められる一方で，出版文化の隆盛に伴って，『絵入源氏物語』をはじめとする絵入の版本や『源氏小鏡』という絵入の梗概書が出版され，読者層が広がる。往来物という教養書・実用書を通して，『源氏物語』の世界に触れることができるようになった。

　江戸時代の『源氏物語』の楽しみ方を一言で表すならば，「見立て」と「やつし」の世界といえよう。古典を踏まえて新しいものを生み出す，あるいは同時代のものを古典の世界に置き換えるのである。

　私たちの至極身近なところにも『源氏物語』の見立てがある。それは宇治十帖の古蹟である。宇治橋周辺には，宇治十帖の巻名を冠した古蹟が点在し，伝来も由来もさまざまである。昭和のはじめに宇治町が「古蹟」の石柱を設置したことで，固定化した。その後に新しい石碑や案内板が設置されたり，さらに場所が移動したりして，今日に至る。簡単に紹介しよう（宇治市歴史資料館，2005／宇治市源氏物語ミュージアム，2019）。

・橋姫：古来，橋姫は宇治橋の守り神で，宇治橋西詰に祀られていた。1870（明治3）年宇治川の洪水により，橋姫神社は，県通り沿いの現在地に移転した。
・椎本：京阪・宇治駅東の彼方神社にある。彼方神社は，927（延長5）年にまとめられた『延喜式』神名帳に「山城国宇治郡 宇治彼方神社」とみえる式内社である。
・総角：宇治市源氏物語ミュージアムからさわらびの道を経て宇治上神社へ向かう途中，仏徳山（大吉山）の登り口に，大きな碑がある。この碑は1970（昭和45）年に，個人が立てた石碑である。

・早蕨：宇治上神社から宇治神社へ至るさわらびの道沿いに立つ。宇治町が立てた石柱とともに、その後に立てられた石碑も並んでいる。

・宿木：宇治川の左岸、平等院を経て、さらに400mほど上流へ行ったところにある。

・東屋：京阪・宇治駅東に宇治市指定文化財で「東屋観音」の名で親しまれている鎌倉時代の石造聖観音菩薩坐像がある。1996（平成8）年、宇治橋の架け替えに伴い現在地に移転した。

・浮舟：西国三十三カ所観音霊場の札所・三室戸寺の鐘楼横にある。江戸時代は、街道沿いに羽戸浮舟社があり、橋姫社とともに宇治のランドマークであった。時代とともに移転し、現在地に至る。

・蜻蛉：三室戸寺への参詣路に「蜻蛉石」が立つ。江戸時代に刊行された『拾遺都名所図会』にも紹介されている宇治の名所で、高さ約2mの石に阿弥陀三尊像が線刻されている。平安時代の作とされ、宇治市指定文化財である。

・手習：宇治橋から京阪・三室戸駅に向かう府道京都宇治線沿いに「手習の杜」の石碑がある。江戸時代には「手習の杜」と呼ばれ、応神天皇の異母兄の忍熊王の墓とも、聖観音像を祀った観音堂があったともいわれている。ここに祀られていた観音は、江戸時代にはすでに、興聖寺に遷され、今日に至る。木造聖観音立像は「手習観音」の名で親しまれ、平安時代後期の作で、宇治市指定文化財である。

・夢浮橋：宇治橋西詰、夢の浮橋ひろばには、宇治町とその後に立てられた碑が並んである。このひろばには紫式部像などもある。

　以上の10カ所は、江戸時代の絵図や名所記に、すでに宇治十帖古蹟として列挙されている宇治の名所である。橋姫の古蹟には橋姫神社、椎本の古蹟には彼方神社と元々あった神社を古蹟の位置に比定したり、鎌倉時代の石造聖観世音菩薩坐像を東屋観音、平安時代の線刻阿弥陀三尊仏を蜻蛉石と称したりするのも、見立てである。また、手習、夢浮橋の各巻の舞台は宇治ではないが、古蹟

は宇治にある。

　宇治十帖の古蹟を考える上で，興味深い絵図が『山城国絵図』である。江戸幕府は諸国の主要な大名らに，国ごとの絵図と土地台帳を作成し提出するように命じた。第 1 回目は慶長年間である。第 2 回目は正保年間（1644〜1648）で提出された絵図は，幕府の紅葉山文庫に収められたが，明暦の大火により消失した。控えや写しが各地などに残されることもあった。

　この正保年間に作成された『山城国絵図』の写しが，現在，宇治市歴史資料館にある。元禄以降に一部改定して作成された。郡ごとに色分けがされ，石高が記されている。一村ずつ小判形に囲まれて，村名が記され，国境を越える道も記入されている。さらに本図では，絵画的な描写も多く見られ，有名な寺社や構造物，特徴的な地形に着目して描かれている。

　宇治川，宇治橋のあたりに注目すると，平等院・恵心院・宇治離宮ともに，宇治橋のたもとに橋姫社，街道沿いに浮舟の社が描かれる。宇治十帖の古蹟は，おおやけの絵図にも記すべきランドマークであったことがうかがえて興味深い。

　江戸時代中期とされる「宇治郷周辺絵図」（宇治市歴史資料館蔵）にも「橋姫」「浮舟」「手習」「かげろふ」を確認することができる。また宇治市歴史資料館には，一枚刷りの宇治名所図が何種類も収蔵されている。年代がはっきりわからないもの，刷りの粗いものなどもあるが，それだけ何種類もの宇治名所図が刷られ，土産物として販売されていたことがうかがえる。そのなかには，「宇治十帖古蹟」とあったり，巻名だけを記したりするなど，具体的に場所を特定していないものがあるが，10 カ所あることが大事だったといえる。

　浮舟の古蹟について，少し詳しくみよう。1742（寛保 2）年 3 月 13 日，三室戸寺が『源氏物語』浮舟の古蹟を明示するために建てたものであることが確認できる。宇治十帖の古蹟のうち，経歴がきちんと確認できる唯一の例である。もともと羽戸浮舟社のあった所に社殿が取り払われた後に，浮舟の石碑は設置されたようである。ところが，明治に入り，その場所が菟道稚郎子墓の陪塚[6]とされたため，浮舟の古蹟は，三室戸寺境内に移された。しかし，三室戸寺境内では浮舟社の跡とは言えず，『源氏物語』の浮舟巻のイメージにも合致しない

といったことから，陪塚の浮舟社跡の南方に戻された。ただし，移設時期と詳しい事情は不明である。やがて，近年その地にも住宅が建つことになり，古蹟は再び三室戸寺境内に戻る。参道に置かれた後，1990（平成2）年には，そこからさらに奥の鐘楼横に移される。

　こうした宇治十帖の古蹟について，当然，疑問を持つ人もいた。1684（貞享元）年，北村季吟が著した『菟藝泥赴』には，以下のようにある。


　　一，宇治の里俗の宇治十帖の名ところ有とて，浮舟の明神・手ならひの森な
　　　どいふ事，更にうけられず，もとより源氏の作物語なれば，其あとあるべ
　　　きにあらず


『源氏物語』の注釈書で，江戸時代を通じて広く読まれた『湖月抄』をしたためた北村季吟が不審に思うのは当然のことである。

　また，黒川道祐も1686（貞享3）年刊行の『雍州府志』のなかで，「宇治十帖の跡」として，以下のようにある。


　　今宇治のより御室至る田間に，十帖の跡存す，或は小社を建て，或は観音石
　　像を安す，しかれども，これは皆後人の附託にして，これを取るに足らざる
　　ものか


『雍州府志』は現地調査に基づく体系的な地誌であり，黒川道祐も北村季吟同様に不信感を抱いたのであろう。

　ところが時代が下ると様相が変わる。秋里籬島が著した1780（安永9）年刊行の『都名所図会（みやこめいしょずえ）』には，以下のようにある。


　　蜻蛉の石は三室戸より宇治橋に至る道にあり，〈石面二方に観音の像を彫る〉
　　椎が本の社は彼方の町に鎮坐し，四阿屋の観音は此左にあり，浮舟宮は宇治
　　の北波戸といふ所にありて，橋姫，夢のうきはしは川の西なり，これは源氏

宇治十帖のうちにして，いにしへより名広く，さればかの物語に，浮舟の君
木玉にとられて，平等院のうしろの木の下に捨られ，あるはうばそくうせ給
ひて，薫大将椎が本の空しき床をうらみ，中の君のわらびを折り，山のあさ
りにまゐらせけるとかけるも，皆此ほとりの名蹟にて，物換り星うつりても
かしを慕はれ侍る

蜻蛉石，彼方神社，東屋観音，浮舟社，橋姫社などの位置を具体的に説明し，
物語の舞台を紹介する。また『拾遺都名所図会』では，蜻蛉石を人びとが眺め
ている様子を見開きで載せるが，その光景は昔も今も変わらないし，また，宇
治十帖の物語をなつかしく慕う思いも変わらないといえよう。

　そして，何よりも，浮舟，蜻蛉，手習の古蹟は，旧宇治と北接する三室・大
鳳寺両村との結節点にある石仏や祠を，宇治十帖の巻名に見立てて呼び習わし
たものである。単なるモニュメントではなく，生活に密着したものである。ま
た，先述の通り，記紀の伝承にはじまり，『源氏物語』宇治十帖，さらに平安
時代の仏像，石造仏などが，重なり合っている。ここで暮らしてきた先人たち
の深い教養と鋭いセンスを物語る貴重な歴史の語り部である。


## （2）夕顔町と夕顔塚

　もちろん宇治だけではなく，夕顔塚という夕顔の墓といわれている五輪塔が，
今も，京都市下京区堺町通松原上ル夕顔町の旧家の庭に建っている。江戸時代
以来，夕顔町の名で親しまれており，『都名所図会』をはじめ，江戸時代の地
誌にも紹介されている。

　まず，1637（寛永14）年の『洛中絵図』に「ゆうがを町」と見えるが，その
後，「すしや町」になったようだ。その経緯については，1665（寛文5）年の
『京雀』に次のようにある。


　　すしや町　此町もとは夕がほの町といふ，むかし光源氏さすらひありき給ふ，
　　　　　　　五條わたりのあばらや夕がほのやどもこゝのほとりにや，この町

民家のうしろの夕かほの墳ありて奇特の事侍りといひつたふ，
　　かゝる古跡はあらまほしきにいかなるものか，夕がほの町といふ
　　名を替てすしや町とあらためしは何事ぞや

　「かゝる古跡はあらまほしきにいかなるものか，夕がほの町といふ名を替てす
しや町とあらためしは何事ぞや」というくだりに，無念さや憤りが感じられる。
ただ『京羽二重』(1685) に「夕顔塚」「夕がほの宿といへるも此の事也」，『都
名所図会』(1780)「夕顔塚」とあり，挿図もあることから，夕顔町に戻ったよ
うだが，1705（宝永2）年の「洛中洛外絵図」では「上鍛冶や丁」とあるため，
「上鍛冶町」「夕顔町」が混在したようである。
　　京都の町の変遷を考えると，下京は，応仁・文明の乱によって，いわばゴー
ストタウン化した。その後，戦国期，織豊期，江戸初期にかけて，復興，改造
され，今日につながる町が形成された。復興の過程で夕顔との関わりが持ち出
されたのであろう[7]。

# 5　「源氏」的なる世界へ

　　宇治の「ものがたり」の叙述の変遷を紹介しつつ，読まれ，語り継がれるだ
けではなく，ものがたりから次なるものがたりが創造されることを紹介した。
　　宇治という場所は，『源氏物語』だけではなく『平家物語』ゆかりの地とし
ても知られる。「光源氏」の「源氏」，源平合戦の「源氏」がキーワードとする
ならば，「源氏」的なる世界が展開していることも重要である。「光源氏」と
「源平合戦」の「源氏」は，賜姓源氏という点では同じである。
　　世阿弥作の能の《忠度》《敦盛》は，『平家物語』一の谷合戦を本説としつつ
も，随所に『源氏物語』須磨巻を引用する。《頼政》同様，須磨を舞台に，『源
氏物語』の世界と『平家物語』の世界が重奏する。なかでも《忠度》の，

　　しばしと頼む須磨の浦，源氏の住み所，平家のためはよしなしと，しらざ

50

　りけるぞはかなき

という文句が最も象徴的である。ここでいう「源氏」は、鵯越から一の谷を
攻める源義経軍ではなく、光源氏である。また、《忠度》における若木の桜は、
平忠度の菩提を弔うために植えられたものであり、墓標として描かれる。とこ
ろが、須磨の若木の桜と言えば、『源氏物語』須磨巻において、光源氏が自ら
植えた桜の若木である。この若木の桜は、光源氏が須磨で暮らして1年が過ぎ
たことを物語るという重要な役割を果たす。『須磨寺参詣曼荼羅』にも、光源
氏が桜を眺めるという光景が描かれており、物語の景物でありながら、現実の
世界においても、須磨の名所となってしまったのである。それをあえて、世阿
弥は、光源氏の若木の桜から忠度へと展開させたのである。須磨という土地は、
『源氏物語』『平家物語』が、虚実ない交ぜになって展開した所といえる。

　宇治も、『源氏物語』や『平家物語』が重奏して、さまざまな名所が登場す
る。《頼政》も同じように『平家物語』を本説としつつも、『源氏物語』、とく
に宇治十帖を引用していることは、先に述べた通りである。「源氏」的世界が
展開されているのである。

　さて、視点を変えてみよう。柳亭種彦による合巻『偐紫田舎源氏』は1829
（文政12）年に出版がはじまり、版を重ね、三十八編まで刊行された。天保の
改革によって絶版処分を受け、作者も間もなく没したため未完である。ところ
が、門弟や自称「弟子」らによって、擬似的続編『其由縁鄙廼俤』『足利絹手
染之紫』『薄紫宇治曙』なども出された。

　『源氏物語』を下敷きに、物語の設定が室町時代の応仁・文明の乱に置き換
えられている。将軍足利義正の若君である足利光氏が好色男を装いながら、山
名宗全の陰謀を暴き、失われた宝物を探すという御家騒動の物語である。足利
光氏のトレードマークは、海老茶筅髷という髷と、笹竜胆という清和源氏の家
紋である。足利氏は清和源氏であり、源氏長者となった、まさに公家と武家の
「源氏」の正統な棟梁である。

　この主人公足利光氏を描いた錦絵自体が人気を博し、「ご当地源氏」ともい

うべきシリーズで，全国各地の名所旧跡や年中行事に当てはめるようにして，おびただしい数の作品が作成された。さらに双六，カルタまで刷られ販売された。実は，「ご当地源氏」は，宇治の茶摘みや蛍狩にも登場するのである（家塚，2015）。

『源氏物語』から考えると，『偐紫田舎源氏』は二次創作，三次創作になるのだろうが，さらに次々と無限に新しいものが生み出され，「源氏」的世界が展開されているのである。


以上，かなり横断的，俯瞰的に，宇治を舞台としたものがたり，宇治のものがたりの特徴を述べてきた。触れることができなかった事例も多く，または緻密な検証を割愛して論述した箇所もあるが，大枠は押さえることができたかと思う。

宇治という空間に，ものがたり，時間が合致すると，自由自在，融通無碍にさまざまなものがたりが創造，再生される。さまざまなものがたりを共有し，さらに新たなものがたりが生まれ，育まれる。それが宇治の魅力であり，力である。次はどのような思いを抱いた人が宇治を訪れ，宇治に住み，どのようなものがたりが生まれるのか楽しみである。


**注**
(1) 宇治市では『源氏物語』のまちづくりに取り組んでいる。1989年の「ふるさと創生事業」を契機に，市民からアイディアを募集し，全国的な女性文学の興隆を目的とした『紫式部文学賞』と，市民の文化活動に贈る『紫式部市民文化賞』を創設した。1991年より，「源氏ろまん」事業として，2つの賞の贈呈式や「宇治十帖スタンプラリー」等のイベントを開催し，2020年には30回目を迎える。ハード面として「さわらびの道」など「源氏物語散策の道」を整備した。そして1998年11月には，これらの一連の事業の中核施設であり，集大成をなすものとして，宇治市源氏物語ミュージアムが開館した。
　　　宇治十帖と観光については，安藤徹（2005），高木博志（2008）に詳しい。
(2) それぞれの碑や建てられた経緯については，宇治市歴史資料館（2005）を参照のこと。

(3) この碑は，1791（寛政3）年，橋寺境内で発見された。上部3分の1を残して欠損していたため，断碑と呼ばれる。『帝王編年記』に碑の全文が収録されており，それにもとづいて欠損部を復元し，1793（寛政5）年に完成した。なお，『続日本紀』によると，道昭が架けたとあり，その伝承には異同がある。

(4) 宇治市宣伝大使「ちはや姫」は，「ちはやぶる」という宇治にかかる枕詞に由来する。

(5) 宇治は，宇治川を挟んで，彼岸と此岸として認識されていた。『源氏物語』「宇治十帖」では，宇治川を挟み，此岸と彼岸とを行き来するかのごとく書かれている。また，1052（永承7）年，藤原頼通は，父藤原道長の別業を寺に改め，平等院とし，翌年に阿弥陀如来をを祀る阿弥陀堂を建立し極楽往生を願った。以来，平等院のある宇治川の西岸を彼岸と認識された。

(6) 江戸時代には朝日山山頂が菟道稚郎子墓とされた。

(7) 角田文衞氏は，夕顔の家は「西洞院通高辻西入」あたりと比定しており，ここは，夕顔町より西に当たる（角田，2007）。また，2018年11月には，玉鬘神社が創祠された。夕顔と頭中将の娘である玉鬘を祀る神社であるが，『大和名所図会』には，長谷寺の近くに「玉鬘旧跡」「玉かつらの庵」とあり，これに由来するようだ。『源氏物語』という物語の登場人物を信仰するという思いや願いは，実は現在に至るまで生き続けているのである。

**引用文献**

天野文雄「夢の憂世の中宿の――《頼政》の主題と趣向」『能苑逍遙（上）世阿弥を歩く』大阪大学出版会，2009年。

安藤徹「『源氏物語』のまち・宇治　史蹟と観光文化」立石和弘・安藤徹編『源氏文化の時空』森和社，2005年。

家塚智子『初めての源氏物語　宇治へようこそ』一般財団法人宇治市文化財愛護協会，2015年。

――――「名所を訪れる光源氏――宇治市歴史資料館所蔵の錦絵二点をめぐって」『宇治市歴史資料館年報』平成25年度，2015年。

一般財団法人宇治市文化財愛護協会『新・宇治の碑』一般財団法人宇治市文化財愛護協会，2014年。

宇治市歴史資料館『宇治をめぐる人びと』（宇治文庫8），1995年。

宇治市源氏物語ミュージアム『宇治市源氏物語ミュージアム常設展示案内』図録，2019年。

宇治市歴史資料館『宇治の碑』図録，2005年。

宇治市歴史資料館『宇治橋　その歴史と美と』図録，1995年。

宇治市歴史資料館『宇治名所図絵――旅へのいざない』図録，1998年。

宇治市歴史資料館『宇治川十帖　川をめぐる十の物語』図録，2008年。

京都国立博物館『狩野永徳』図録，2007年。

相良亨『世阿弥の宇宙』ぺりかん社，1990年。

林屋辰三郎・藤岡謙二郎編集『宇治市史』（第1巻〜第6巻），1973年〜1981年。

林屋辰三郎責任編集者『宇治市史年表』宇治市役所，1983年。

表章・加藤周一校注『世阿弥・禅竹』（日本思想大系第24巻）岩波書店，1974年。

高木博志「古典文学と近代京都をめぐる素描──名所の女性化と源氏物語千年紀」
　　『歴史評論』702，2008年10月。

角田文衞『紫式部伝──その生涯と『源氏物語』法蔵館，2007年。

「紫式部文学賞・市民文化賞十年記念誌」編集委員会編『紫式部文学賞・市民文化賞
　　10周年記念　千年あせぬ文学の華』宇治市，2001年。

　なお，『万葉集』『古今和歌集』『源氏物語』『更級日記』『新古今和歌集』，能《頼政》，能《忠度》の引用は『新編日本古典文学全集』（小学館）により，表記を改めた。『再昌草』は宮内庁書陵部編『図書寮蔵桂宮本叢書十一巻』（養徳社，1949年）により，表記を改めた。『莵藝泥赴』『雍州府志』『都名所図会』『拾遺都名所図会』『京雀』は，『新修京都叢書』（臨川書店）および宇治市歴史資料館所蔵本により，表記を改めた。

―●●●コラム 2 ●●●――――――

## 「ちはやぶる宇治」の物語

　地域にはさまざまな社会課題がある。防災，防犯，環境保全，社会的弱者への支援，地域経済の活性など枚挙にいとまがない。こうした課題に丁寧に対応していくのはもとより重要であるが，取り組む基盤となる人と人との関係性作りを行っていくことも必要である。いわゆるソーシャル・キャピタルの構築である。「信頼」と「尊敬」に基づいた人間関係の構築こそが，あらゆる面で豊かで幸福な地域をつくるベースとなる。

　そのためには，地域全体として共感できるものが必要である。個々の価値観や目的を超えて地域に一体感をもたらすなんらかの共有価値を生み出すことができれば地域に対する「誇り」と「愛情」の醸成，つまりシビックプライドを育むことにつながる。私はそれを宇治固有の歴史や文化から「物語」として紡ぎ出すことにした。

森田誠二
（NPO 法人ちはやぶる
宇治の未来をつくる会
代表）

　ヒントを与えてくれたのは和歌だった。「ちはやぶる」という枕詞は「神」と「宇治」にしかかからない。ひょっとすると古びとは「神」なる何かを「宇治」に見ていたのではないかと直観した。この「ちはやぶる」という枕詞に共有価値を見出そうとした。学説では「ちはやぶる」は「非常に早い，激しい，勢い鋭い」などの意味を持つ「いちはやぶ」が転じた連体形に基づくと考えられている。それが神にかかるのは，もとは神の和魂に対する荒魂を形容する語であったが，のちに区別がなくなり広く神にかかるようになったという。また，宇治にかかるのは同音の「氏」を示したもので，この地域に住む権力に従わない荒々しい一族を称して「氏」といったという説もある。しかし，どうも腑に落ちない。

　ただ，江戸期に書かれた枕詞の註解書『枕詞燭明抄』に「ちはやぶる」は巫女の衣装である「ちはや」に由来すると記されているのを知った時，イメージとして浮かんできたのは宇治橋の三の間に祀られていた橋姫，浄化の神である大祓祝詞の祓戸の四神の瀬織津姫の姿であった。

　宇治川は琵琶湖から流れ出るただ一本の川である。琵琶湖には大小合わせて460本もの河川が流れ込んでいるが，出ていく川は宇治川しかない。この地理的特徴が共有価値「ちはやぶる」を導き出す手がかりの一つとなった。

　宇治橋からユーラシア大陸への玄関口である敦賀までは約100kmの距離である。古から多種多様な人々が日本海を渡り陸路で敦賀から塩津，船で琵琶湖を経て宇治に来

ていたことは容易に想像できる。

　わざわざ海を渡ってくる人たちには相応の理由があったに違いない。争いに敗れ追い出されたのかもしれない。新天地を求めての旅だったのかもしれない。いずれにしても過酷な旅であったろう。そして，宇治にたどり着いた。そこには，たおやかな山々，大きな空。季節になれば蓮の花が咲き乱れる巨椋池があった。夜には満天の星空に煌々たる月がのぼった。山や川，池には豊富な食物資源があり，食べ物に困ることはなかった。奪い合うことより協力し合うことを選んだ人々は，言葉や立場の違いを乗り越えて調和して暮らしていくことを決めた。そして，この地で悲しみを共有したものたちによる慈悲の心，利他精神が涵養されていったのであろう。それこそが「ちはやぶる価値」である。

　また，2020年に編纂1300年を迎える『日本書紀』において最も感動的なエピソードの舞台が宇治である。自らを犠牲にして身を引くことで穏やかに政権交代を成し遂げた菟道稚郎子。その名前が「菟」の「道」と記されることと，インドの『ジャータカ神話』にある「兎」の物語との不思議な一致。ここに見えるのも慈悲の心，利他精神である。

　そして，菟道稚郎子の利他精神というマインドセットこそ，その後の宇治の底流にトポスとして脈々と流れるものではないだろうか。

　世界遺産・平等院は宇治観光の目玉である。その鳳凰堂は藤原道長の供養のため，息子の頼通が建立し阿弥陀仏を安置したのは周知のこと。しかし，その阿弥陀仏が正面に見据えているのが朝日山で，平等院の山号も朝日山であることはあまり知られていない。

　鳳凰堂は朝日山を意識して建立されたと推察できる。それでは朝日山には何があるのか。江戸時代に編まれた最初の幕撰地誌である『五畿内誌』によれば，朝日山こそが菟道稚郎子の墓所であると記されている。権勢を極めた道長であるが晩年は死を極度に怖れたという。頼通はそんな父の姿を見て，死を超えて生きる意味を見出した菟道稚郎子の生き方を父に伝え鎮魂しようとしたのではと思う。

　もう一つの宇治の観光資源である『源氏物語宇治十帖』にも菟道稚郎子の面影が表れる。

　室町時代に書かれた『源氏物語』の注釈書『花鳥余情』によれば，八の宮のモデルは菟道稚郎子であると示唆している。同様の記述は『河海抄』にもある。死を超えて人を思う感情を表現する場所として『源氏物語』の著者は宇治を舞台に選んだのであろう。

　歴史を語るうえで真正性は重要である。しかし，私は，前後の文脈に関係性が見出され，未来に開かれたものであるなら，あえて物語ることに口を閉ざさない歴史物語論の立場に立つ。過去の実在をめぐる問題は，例えば「電子の実在」をめぐる問題と原理的に知覚不可能な対象を扱う点では同じ構造をもっている。歴史記述に示された

共同主観に着目する歴史哲学の視点である。

　また，ホモ・サピエンスがこの地上で繁栄を極めたのは「物語」を信じる力があったからだとハラリはその著書『サピエンス全史』で明らかにした。

　宇治の固有価値「ちはやぶる」を広く，わかりやすく，楽しく伝えるために3年間で40回ほど催事を行ってきた。ある時は飛鳥衣装を纏い短歌吟行を行い，ある時はARで幻の巨椋池を再現させ，また，ある時は菟道稚郎子の足跡を辿るまちあるきを行い，知られざる宇治の「物語」をYouTubeやウィキペディアやオープンストリートマップで世界発信してきた。

　世界が，未来が，必要としている価値が宇治にはある。今後もそれを近説遠来の観光の文脈に載せて伝えることで，シビックプライドを高め，世界中の人が宇治を訪れ，豊かさや幸福の価値の変容につながるようなプロジェクトを創っていきたい。

# 第3章
## なにげない街こそ観光資源
──まちあるき観光的「ロゲイニング」の試み──


## 1　京都文教大学の地域連携学生プロジェクト

　学生と地域をいかにコーディネートするか。この視点から学生を眺めると，彼らは無限の力を秘めているように感じる時がある。何にでも興味をもち，積極的に行動を起こす。発想も柔軟であり発信力にも長けている。しかし同時に彼らはとんでもなく飽きやすく，どこまでいっても自分に自信がない。不安と不満を周囲にまき散らさないと生きていけない。そして何より多くの場合は1年か2年で地域との関わりから卒業してしまう。一方地域住民にとって，地域連携活動の舞台は彼らの生活圏，仕事圏そのものである。そこは本気の世界であって，怠慢や失敗は許されない。学生特有の気持ちの "ムラ" や "ブレ" には付き合っていられない。やるからにはできるだけ長期間，腰を据えて取り組んでほしいと思っている。地域連携活動のコーディネートにおいてつねに難しさを感じるのは，この点である。なかでも1回だけのイベントや，1年だけの調査研究など単発で終わってしまう活動は，それがどれだけ本来意義のある活動でも，地域側に理解してもらうことは難しい。それではどうやって継続性のある取り組みをデザインすれば良いのであろうか。これが本学に課せられていた課題であった。

　京都文教大学の地域連携学生プロジェクトは，そのような問題意識から生まれた仕組みである。まず同プロジェクトの仕組みについて，その概要を説明しておきたい。同プロジェクトは，地域を対象とする学生の自主活動として学内公募し，選定され，支援・助成される活動として，2007年から開始された。活

動の取り組み内容の基準としては，大学の位置する宇治市や隣接する伏見区並びに京都府南部地域（厳密に規定はされていない）における活動であること，地域の住民・行政機関等と協働すること，本学教員のアドバイスを受けることなどが必要な要素として挙げられている（京都文教大学地域連携委員会・地域連携協働教育研究センター，2015）。

　そしてこの活動を通した学生育成像として，「自律的に考え，行動し，成果を出す（試みる）人材」を掲げ，学生の社会性，コミュニケーション力，主体性などの獲得を目指すとしている（同）。これらの趣旨に基づき，申請が行われ，採択選考会を経て承認となる仕組みである。またサポート体制として，同大学にはフィールドリサーチオフィスという地域連携関係全般を担当する部署があり，これら学生プロジェクトのサポートを行っていることも特徴の一つである。

　採択選考会は，学内の所轄組織となる地域協働研究教育センターの科員と複数名の学外審査員から組織され，書類審査，プレゼンテーション・質疑応答を経て採択されている。2019年5月の採択選考会では，「商店街活性化隊　しあわせ工房 CanVas」「宇治☆茶レンジャー」「響け！元気に応援プロジェクト」「KASANEO」「REACH」の計5プロジェクトが応募し，すべてが採択された。本章ではこの中で「商店街活性化隊　しあわせ工房 CanVas」をとり上げ，彼らと宇治橋通り商店街が「ロゲイニング」という新しい観光を通して発見していった事柄について述べていきたい。

## 2　商店街の活性化を目指して
——商店街活性化隊しあわせ工房 CanVas の発足と推移——

### （1）設立の経緯

「商店街活性化隊　しあわせ工房 CanVas」（以下，CanVas とする）は，2014年2月に発足し，同年5月に承認された地域連携学生プロジェクトである。設立の経緯としては，観光地域デザインコースの当時2回生だった発起人の学生3名が，地域の商店街の活性化を自分たちの手で行いたいと考え，同コースの

教員に相談したことに始まる。

　京都文教大学では，開学以来さまざまな地域連携に取り組んできた。なかでも地元宇治市の中心・中宇治地区に位置する宇治橋通り商店街とは，ゼミでのフィールドワークや「ええもん市」での協働など長年にわたって密接な関係を構築してきた。ただ関与する学生の母体としてゼミが中心であったため，学生の関わりはほぼ1年ごとにリセットされることになり，活動の継続性や一貫性をどのように保つかという点に課題があった。

　相談を受けた教員はこのような経緯を熟知していたため，彼らに商店街としては長年の連携実績のある宇治橋通り商店街が適当であること，また学内における活動の位置づけとしては地域連携学生プロジェクトとして組織する方が継続性の点からみても望ましいことをアドバイスし，適切に指導のできる教員を紹介したのである。その結果，筆者を含む2名の教員が顧問として指導に当たることになった。また一方で宇治橋通り商店街の理事長に話をつなぎ，学生が直接出向いて趣旨を説明し，同意を得たのであった。そして同年4月に募集された地域連携学生プロジェクトに応募し，採択されたのである。なおプロジェクト名である「CanVas」という言葉には，大学生である限り時がたてばメンバーも次々と移り変わっていくが，いつの時も自分たちが考えたまちづくりをしてほしい，メンバーたちのたくさんの"色"が描かれる画布（キャンバス）のようなプラットフォームでありたい，という思いが込められている。またCとVが大文字であるのは，各々 Creative と Vitality を表しており，「活力を地域に創造していく」という意味が込められているとのことであった（発起人へのインタビューより）。

　プロジェクトの目的は，申請書類によると「（近年宇治への観光客は年々増加し商店街にも観光客向けの店舗が増え，外国人観光客の往来も多くなったが）店舗や客層の変化を捉えながら，商店街とお客様双方の視点を持ち，互いをつなぐことを目的に活動を進める（CanVas, 2018）」と述べられている。2020年3月現在では55名のメンバーで構成されており，主に学内並びに宇治橋通り商店街にて活動している。

　地域の主な連携先としては，宇治橋通商店街振興組合のほか，「CG &
CRAFT まあ工房」とも連携関係にあり，また催事に応じて宇治市観光振興課，
宇治市観光協会とも適宜協働している。

### （2）活動内容とその推移

　2014年の CanVas 発足後，最初に学生が企画した催しは，「商店街の魅力お
すそわけキャンペーン」であった。この企画は，商店街の来訪者にうちわ型の
「キャンペーンクーポン」を配布し，該当店舗にそれを持参すると，割引特典
やプレゼントが受けられるというものであった。商店街の理事長の協力を得て
学生が店舗にお願いに回り，割引特典などを提供を受けて企画した催しであっ
たが，予定数の2000枚のうちわを配布したものの，各店舗に対しては期待して
いたようなお客様からの反応や件数は得られず，企画としては失敗と言わざる
を得ない結果となった。

　一方，同年7月に今では宇治橋通り商店街の恒例行事になった「スマイルサ
タデー」で地域の子どもを対象に行ったブース出展では，予想以上に多くを集
客し，景品数が足りなくなるほどの盛況を見せた。さらに10月の商店街の年間
最大イベント「わんさかフェスタ」では，商店街の各所で仮装した CanVas メ
ンバーを見つける「CanVas を探せ！」という企画を行い，参加者が350名を
超える盛況となった。

　これらの経験と実施後の振り返りを通して，学生たちは CanVas として行う
べき活動を見直していった。CanVas では，月に一度商店街の理事長と顧問の
教員を交えたミーティングを開くことになっているが，これ以降徐々に学生た
ちから見直し案が提示され，理事長や教員がアドバイスするということが繰り
返されるようになっていった。このような試行錯誤の中から，店舗の魅力をポ
スター形式で紹介する「イチ推しプレート」の制作や，商店主の方のニーズを
探るインタビュー調査，CanVas の活動広報冊子の作成と配布，他大学におけ
る参考事例を学ぶための「全国まちづくりカレッジ」への参加，そして商店街
の新たな魅力づくりとしての「ロゲイニング」の取り組み，といった活動が生

まれてきたのである。

　現在のCanVasの活動は，主に3つに分けられる。第1には，宇治橋通商店街振興組合の主催行事への参画である。2019年の8月の「クラフトビール夜市」では「こども夏祭りブース」を設置し，延べ500名を超える子どもたちに竹とんぼ，お面，うちわといったクラフトワークや，紙相撲などのゲームを行い，夜間のビールイベントで退屈しがちな子どもたちにこれまでにはなかった楽しみを提供した。また同年10月の「わんさかフェスタ」では，商店街周遊型イベント「ひらがな大脱走」を企画し278名の完走者を得た。この企画では，商店街全域に対する周遊を促すことも目的としており，立地による人の流れの格差という商店街が抱える長年の課題に対する一つの試みでもあった。またさらにフェスタ中に他団体ブースに対する「お手伝い学生」の派遣も行っており，同年も10店舗にメンバーを派遣した。このように商店街との連携関係が強まるにつれて，CanVasは商店街の重要課題に共に取り組む存在になりつつある。

　第2には，商店街の魅力発信である。先に述べた「イチ推しプレート」はこれまでに30店舗を制作したが，近年食事店などの出店が続いた商店街の最新情報の案内も必要であると判断し，とくに観光客に対する利便で効果的なPRツールとして，グルメマップの制作に取り組んでいる（2020年3月に完成した）。またTwitter，Facebook，Instagramなど，さまざまなSNSで商店街の店舗の魅力発信を行い，幅広い顧客層への告知を行っている。

　第3には，宇治を舞台にしたロゲイニングの開催である。この活動は宇治橋通り商店街の新たな魅力づくりの一環として2016年から始められたもので，今ではCanVasの中でも中心的な活動のひとつになっている。この活動については，第3節，第4節において詳説することにする。

　またこれらの活動に加えて，学内でのCanVasのPR活動，大学の魅力発信の一つとしてのオープンキャンパスへの参加や地域交流イベント「ともいきフェスタ」へのブース参加など，学内での活動も精力的に行っている。

　以上に挙げたCanVasの現在の活動を再度整理してみると，1点目と2点目は商店街に対する協力者としての活動ということができるだろう。催事の際の

ブース出店や「お手伝い学生」の派遣，広報物の制作，IT の活用と，方法は違えどいずれも商店街がもとより有する魅力を顧客に提供する上での協力である。しかし3点目のロゲイニングへの取り組みは，これらとはその性質において異なる。すなわち顧客が，そして商店主自身が気づいていなかった商店街の新しい魅力を見える化させる仕組みづくりへの取り組みなのである。通常新しい魅力づくりは，評価されれば創造者は称賛され，自尊心も満たされる反面，内容によっては支持されず，ひとりよがりであるとか受信者のことを考えていないといった批判を受ける。しかし，詳しくは第5節で述べるが，ロゲイニングはこの構図には当てはまらない。なぜならばロゲイニングは，「観光者の楽しみを売り手側が作りこむ」といった従来の観光者と売り手の取引関係とは異なり，「観光者自らが楽しみを創造する」観光だからである。

　次節からはこのロゲイニングに対する取り組みを，CanVas が行ってきた実例を挙げながら，詳しく見ていくことにする。

## 3　ロゲイニングとの出会い

　CanVas が初めてロゲイニングに出会ったのは，2015年2月のことである。この時に香川県高松市の香川大学で開催された「全国まちづくりカレッジ」のプログラムである「直島を歩こう！ Let's ロゲイニング!!」に参加したことが始まりとなった。本節ではその時に CanVas メンバーや筆者が感じた楽しさや可能性について述べてゆくが，まずロゲイニングについての説明を行っておきたい。

### （1）ロゲイニングとは？

　日本ロゲイニング協会（2019）によると，ロゲイニングとは「オーストラリア発祥のナビゲーションスポーツ」であり，「コンパスと地図を持ち指定されたコントロールポイントを回りいかに多くの得点を獲得するかを競う」競技である。また競技は「主に山，森林，高原などの自然の中で行われ」ており，

「大規模なオリエンテーリングと考えてもらえば，おおよそのイメージはつかんでもらえる」と説明している。また通常は「2名以上のチームで行う」競技であり，「チーム内で目的・目標を共有し，よいコミュニケーションを取ること」が重要であるとも述べている。

日本では2000年代初頭より大会が開催されるようになり，2005年には写真撮影形式の「フォトロゲイニング」が考案され，2012年に日本フォトロゲイニング協会が誕生した。また2013年から続く鎌倉市「観光ロゲイニング」や，2018年の足利市の「足利学び舎観光ロゲイニング」，2017年設立のNPO法人日本ライフロングスポーツ協会が主催する「大阪食い倒れロゲイニング」「歴史ロゲイニング」など，今日ではロゲイニングに何かのテーマを掛け合わせた多様な大会が開かれるようになっている。

### （2）「直島を歩こう！ Let's ロゲイニング‼」への参加

前述のように，CanVas は2015年2月に香川大学で開催された「全国まちづくりカレッジ」の中のプログラムである「直島を歩こう！ Let's ロゲイニング‼」に参加した。ここで少し「全国まちづくりカレッジ」について触れておきたい。

「全国まちづくりカレッジ」とは，全国でまちづくりに携わる学生団体が一堂に会する集まりのことで，2000年代初頭にはじまり，2003年からは「全国まちづくりカレッジ」（以下，「まちカレ」とする）の名称で毎年大会を開催している。本学は1996年の開学以来学生や教員による地域連携活動に広く取り組んでおり，その分野への関心が高い学生や教員も年々増えつつあった。そのような経緯もあり，「まちカレ」に強い関心をもった学生たちと教職員が2009年に初参加し，以来毎年地域連携学生プロジェクトの学生を中心に参加を続けている。一方，香川大学もまた地域連携活動に対する取り組みが非常に活発であり，「まちカレ」にも早い時期から参加していた。2015年はその香川大学で「まちカレ」が行われることとなり，大会プログラムとともに香川大学の複数の学生プロジェクトによるエクスカーション企画が行われたのであった。

「直島を歩こう！Let's ロゲイニング!!」には，CanVas メンバーをはじめ同行していた筆者を含む教職員も参加した。この企画は，香川大学直島地域活性化プロジェクト（通称「直P」。以下，直Pとする）が企画したものであり，直Pの学生が仕切り，各班への随行など全面的にオペレーションを行ってくれた。全体としては参加者が100名近くになる大規模なロゲイニングであった。

　ここでこの時のロゲイニングのルールと方法を簡略に説明しておきたい。最初に各班の代表者が実施本部の設定した LINE と友だち登録しておく。参加者はチェックポイントに到着すると，メンバーとチェックポイントが同時に写った写真を撮り LINE にアップロードする。それを実施本部である直Pの集計担当者が確認して点数を加算する，という方式であった。実施エリアとなった直島本村地区には地蔵寺や焼きせんべいの恵井高栄堂などいくつかの観光名所はあるが，設定されたチェックポイントはむしろそれ以外の，住民の生活圏に在る場所が大半であり，通常ならば見過ごしてしまうような場所が数多く選定されていた。さらにチェックポイントには人物ポイントもあり，直島の住民の方や，「すなおくん」というキャラクター（着ぐるみ），カフェにいる犬，公園の猫，さらに直島の町長や副町長までもが人物ポイントとなっていた。また LINE グループ機能を活かして，随時「町長が郵便局前にもうすぐ着く！」「今から30分間は○○のポイントの得点が２倍になる！」といった参加者を駆り立てるような情報の発信も行われていた。

　CanVas メンバーと筆者・教職員はいくつかの班に分かれ，各々他大学の学生や教職員とともにロゲイニングを行った。制限時間は２時間であり，限られた時間内でたくさんのチェックポイントの写真が撮れるよう回るコースを考える必要があった。チーム全員で一つのマップに頭を寄せ合いながら意見を述べ合った。ポイントに着くと，各自に配布されたチェックポイントリストの小冊子でポイントを確認し，メンバーとともに撮影を行い，LINE にアップロードした（図3-1，3-2）。ポイントの中には「チームのアピール写真」というものもあり，全員でポーズを決めて撮影するといった一幕もあった。このようにしてロゲイニングを進めるうちに，次第にチームのメンバー同士が打ち解ける

図3-1　チェックポイントでの写真撮影①
（出所）筆者撮影。

図3-2　チェックポイントでの写真撮影②
（出所）筆者撮影。

ようになり，歩きながら語り合うことが楽しくなっていった。また当初はこだわっていたチームの得点よりも，ポイントを探すこと，発見することそのものの楽しみが強く感じられるようになっていった。これらはロゲイニングを体験するまでには想像していなかった発見であった。最後には直島町の町役場で全体の表彰式が行われ，CanVas メンバーのうちの一人が参加していたチームが優勝した。ロゲイニング終了後には，CanVas メンバー，教職員のすべてがロゲイニングの楽しさ，面白さを語り，充実したプログラムを体験できたことを喜び合ったのであった。

### （3）ロゲイニングからの発見と可能性

　以上のような直島でのロゲイニング体験は，CanVas メンバーや筆者・教職員に非常に重要な発見をもたらしてくれた。これらを整理すると以下のようになるだろう。

　1点目は，参加者の達成感についての発見である。直島のロゲイニングでは，ポイントを探すこと，発見することそのものが大きな楽しみになることがわかった。通常観光の現場では，地域側は旅行者に対しての利便を図るため，より詳しく，よりわかりやすい案内を行おうとする。また旅行者も，よりわかりやすい情報，より詳しい情報を求めてインターネット等を駆使するのが一般的である。しかしロゲイニングでは，リスト（小冊子）の写真が一見するとどの場

所にあるものか特定しにくいものだったり，地図がある程度の精度しか示して
いなかったりすることによって，ポイントの場所を特定する困難さが生まれ，
それがかえって探索の面白さを提供し，最終的に発見した時の達成感を与えて
くれるという構図になっている。探索・発見の楽しさが，意識的に競技に組み
込まれているのである。また先に述べた「チームのアピール写真」のような指
令的な設定（後にこのような設定は「ミッション」と呼ばれるものであることが分か
った）も，それが参加者の自由なやり方で達成できる喜びを生み出している。
さらに LINE から随時送られてくる情報発信も，ハプニング的要素があるがゆ
えに，それにうまく対応できた時には大きな達成感を与えてくれるものと言え
よう。このように通常の観光のシーンではあまり見られることのない，旅行者
の達成感を意識した仕掛けがロゲイニングには内包されていると考えられるの
である。

　2 点目は，観光の対象物についての発見である。先に述べたように，今回の
実施エリアとなった直島本村地区にはいくつかの観光名所はあるが，今回のチ
ェックポイントはむしろ住民の生活圏に在る場所が多く指定されていた。しか
し実際にそこをめぐってみると，民家の変わった表札や屋根の装飾，土塀の見
事な壁画，思わず入ってみたくなるような小さな路地など，まちには実に興味
を掻き立てる魅力的な場所が満載していることがわかった。これらは一般的な
観光名所でないからこそ旅行者自身が自ら探さざるを得ず，そのことがこれら
の観光の対象物としての価値を高める。すなわち，なにげない街であることが，
むしろ価値の高い観光資源を生み出しているのである。協力者である直島の住
民の方や，カフェにいる犬，公園の猫が人物ポイントになるのもまた同様で，
彼らがなにげない街の登場人物であればこそ，旅行者にとって魅力的に映るの
である。通常では観光対象とはならないものが，ロゲイニングでは重要な対象
となる（そして私たちは，それを観光的文脈で楽しんでいる！）ことが発見できた。

　3 点目は，参加者が感じるコミュニケーションにおける充実感についての発
見である。直島のロゲイニングでは，各大学からの参加者はできるだけ固まら
ないように，複数の大学が混在するようにとの配慮の上でチームが組まれてい

た。しかしチーム全員で一つのマップを覗き，意見を交わすうちに，お互いの距離も近くなり，何よりもチームメンバーとしての共同意識が生まれるようになった。そのような状態でのまちあるきは，非常に充実した観光になる。コミュニケーションの充実感が，観光における充実感をも生み出すのである。また人物ポイントとして出会った直島の住民の方々との，短くも充実した出会いも印象的であった。彼らは私たちを待っていてくれたのみならず，私たちに会いたいと思ってくれていた（それも利害のない，純粋な出会いとして！）。そこには通常の観光のシーンでは得られない，一期一会の真髄とも言えるような小さな感動があった。このようにロゲイニングには，参加者が感じるコミュニケーションにおける充実感を高める装置としての力が秘められていることを発見したのであった。

　直島からの帰路の最中に，CanVas メンバーからは早くもこのロゲイニングをぜひ宇治橋通り商店街で開きたいとの意見が出た。商店街はある意味では特徴的な場所・箇所の宝庫であり，ロゲイニングのポイント設定にはうってつけである。また直島とは違い，宇治という市街地でありながら人気観光地でもある街で行うロゲイニングは果たしてどのようなものになるのか，非常に興味深いものであった。そして何よりも，CanVas メンバーはロゲイニングが商店街の新しい魅力づくりにつながる可能性を強く感じたのである。また筆者自身もこの発案には大きな興奮を覚えた。前述のように，通常ロゲイニングは大自然の中で行われることが多い。本来的にはスポーツとして生まれ，スポーツとして楽しまれている。しかしこれを街中で，まちあるき観光に引き寄せて行うとどうなるのか。直島で体験した楽しみがさらに拡大し，新しい観光の萌芽が見られるのではないか。このような期待を感じたのである。

　その後 CanVas メンバーは宇治橋通り商店街の理事長に直島のロゲイニングの感動を熱く語り，理事長とともに再度直島のロゲイニングに参加した（このあたりの経緯は，本章のコラムを宇治橋通商店街振興組合の理事長が執筆されているので，ご参照いただきたい）。その後約半年間の準備期間を経て，CanVas は宇治橋通り商店街を中心とする中宇治地区でロゲイニングを開催することになったの

である。

## 4　「宇治ロゲ」のはじまりと進化

### （1）「宇治ロゲ」のはじまり──第1回「宇治ロゲ」

2016年3月20日，CanVas による第1回ロゲイニング「宇治ロゲ」が行われた。案内チラシを作成し，商店街周辺や学内，および宇治市内で協力いただける商店や場所にチラシを配架した。Facebook や Twitter での情報拡散も行い，大学経由で新聞社へのプレスリリースも行った。その結果，25名の参加があった（図3-3，図3-4）。

初めてのロゲイニングを行うに当たって，CanVas はいくつかの工夫を考案していた。まずポイントチェックの方法についてである。直島でのロゲイニングでは LINE グループを活用してポイントチェックの報告や情報のやりとりを行っていたが，「宇治ロゲ」では Twitter を使用することにした。これは通常LINE は友人間など知人間で使用されることが多いため，一般客を対象とした「宇治ロゲ」にはあまり適さず，Twitter の専用アカウントに投稿してもらうやり方がより参加者のプライバシーが守れるとの判断によるものであった。

次に参加料は一人800円に設定したが，参加者全員に宇治橋通り商店街で使用できる500円の商品券を配ることにした。宇治は観光地であると共に日本有数のお茶どころでもあり，商店街内にもお茶屋さんや和菓子の店舗も多い。参加者がロゲイニングをしながら買い物を楽しむことも十分に想定できるため，商品券を配ることで買い物がしやすくなるのではないかと考えたのである。

そのようにして行われた第1回「宇治ロゲ」であったが，参加者に記入してもらったアンケートの集計結果によると，満足度は「非常に満足」が64％，「満足」が36％と全ての参加者から「満足」以上の評価をもらうことができた。次回の「宇治ロゲ」への参加の意思を問う質問には，92％の参加者から「ぜひ参加したいと思う」という回答を得た。またコメントとしては，「地元民だったけれど新しい発見がたくさんでとても楽しめた」「地元を再発見できた」「観

図3-3　ロゲイニング中の様子
（出所）　筆者撮影。

# 自由に街中巡り得点競う

## 宇治「ロゲイニング」京都文教大生企画

個別時間内にチェックポイントをできるだけ多く訪問して得点を競う「宇治ロゲイニング」が20日、宇治市中心部の宇治川周辺で開かれた。家族連れなど25人が地図を片手に街を巡った。

ロゲイニングはオリエンテーリングに似ているが、ポイントを巡る順番が決められていないなどの違いがある。宇治ロゲイニングでは、ポイントを訪れた証拠に写真を撮影し、短文投稿サイト「ツ

イッター」に投稿する。京都文教大の地域連携学生プロジェクト「商店街活性化隊あわせ工房CanVas」のメンバー26人が、地元商店街などの協力を得て企画した。

チェックポイントは約100カ所設定され、商店の看板やのれん、マンホールなどのほか、商店街会長らも対象になった。

家族で参加した京都市山科区の進藤健之介君（12）＝大宅小6年＝は「チームを組んで街歩きするのが楽しかった」と話していた。

下庄之介さん（21）は「地元の人たちが当要素を取り入れたほか、コースの自由度を高めた。商店街の人たちの笑顔につなげたい」と話していた。

（米沢幸雄）

図3-4　新聞掲載記事
（出所）　2016年3月21日　京都新聞。

ポイントの看板を撮る参加者（宇治市宇治）

光だけでは行かないような住宅地や路地裏に行けてよかった」など新しい観光の対象物に対する満足や，「スタッフや地域の方と交流できてよかった」「商店街を巻き込んでいる点が良い」「スタッフの対応がすごくよかった」「店主さんの対応がやさしかった」など出会った人とのコミュニケーションにおける満足

を示すコメントが確認できた。

　一方，改善点としての指摘も聞くことができた。まず「（連休中だったため）車や人が多かった。もう少し人の少ない時期にやればどうか」「もう少し早い時間に開催すれば」といった，混雑の緩和策についての指摘があった。次に「（報告のための）写真を撮るときに周りの方の迷惑になっていたと思う」「人がいっぱいなのに，ながらスマホで歩いてしまった」など，チェックポイントをクリアした報告のための写真撮影やスマホからの送信が，周りの迷惑にもつながっているとの指摘があった。また「ポイントの見つけやすさの難易度をつけておいてほしかった」「難しすぎるポイントは外したほうが良いのでは」という意見もあった。さらにアンケートからは，ロゲイニング中に商店街の店舗に入店した参加者は64％に止まっており，まだまだ改善の余地があることもわかった。このようにして第1回「宇治ロゲ」は，好評のうちにもいくつもの改善点が見出すことができた貴重な機会になったのである。


## （2）「宇治ロゲ」の進化──第7回「宇治ロゲ」

　2016年2月に始まった「宇治ロゲ」は今日（2020年3月）に至るまで11回開催された。（表3-1参照）。

　このようにして開催されていった「宇治ロゲ」であったが，回を重ねるごとにノウハウが得られるようになり，小さな見直しと工夫が蓄積していった。ここでは第7回「宇治ロゲ」を事例に，その進化を確認してみたい。

　第7回の「宇治ロゲ」は，2018年2月17日土曜日に開催された（図3-5）。それまでの「宇治ロゲ」では，募集対象者を留学生，まちカレ参加の大学生，宇治市高齢者アカデミー生などに限定して行う場合も多かったが，今回は一般募集型のロゲイニングとした。これまでの一般募集型ロゲイニングの参加者は，第1回（2016年3月）25名，第3回（2017年2月）の20名であり，3度目となる今回はできるだけ多くの方に参加してもらえるよう，広報にも力を入れた。その結果，過去最多の56名の方に参加してもらった。

　約1年ぶりの一般募集型ロゲイニング開催にあたり，CanVasはこれまでの

表3-1　CanVas のロゲイニング開催実績一覧

| No. | 実施年月日 | 名　称 | 開催地 | 参加チーム数 | 参加人員 | 主な参加者 |
|---|---|---|---|---|---|---|
| 1 | 2016年3月20日 | 第1回宇治ロゲイニング | 中宇治地区 | 4 | 25 | 参加者一般募集 |
| 2 | 2016年12月3日 | 第2回宇治ロゲイニング | 中宇治地区 | 4 | 10 | 名古屋学院大学学生 |
| 3 | 2017年2月19日 | 第3回宇治ロゲイニング | 中宇治地区 | 8 | 20 | 参加者一般募集 |
| 4 | 2017年5月21日 | 第4回宇治ロゲイニング | 中宇治地区 | 3 | 13 | カナダ TRU 大学 研修団を対象 |
| 5 | 2017年9月16日 | 第5回宇治ロゲイニング | 中宇治地区 | 11 | 55 | 全国まちづくりカレッジにて大学生を対象に募集 |
| 6 | 2017年11月26日 | 第6回宇治ロゲイニング | 中宇治地区 | 5 | 10 | 宇治市高齢者アカデミー生を対象に募集 |
| 7 | 2018年2月17日 | 第7回宇治ロゲイニング | 中宇治地区 | 17 | 56 | 参加者一般募集 |
| 8 | 2018年12月23日 | 第8回宇治ロゲイニング | 中宇治地区 | 6 | 22 | 大学生を対象に募集 |
| 9 | 2019年2月16日 | 第9回宇治ロゲイニング | 中宇治地区 | 6 | 18 | 参加者一般募集 |
| 10 | 2019年7月7日 | 第10回宇治ロゲイニング | 中宇治地区 | 8 | 17 | 宇治市高齢者アカデミー生を対象に募集 |
| 11 | 2019年12月8日 | 第11回宇治ロゲイニング あつまれ！うじばし探検隊！ | 中宇治地区 | 17 | 60 | 近隣、小学生（幼児～中学生）＋保護者対象 |

（出所）　筆者作成。

図3-5　第7回「宇治ロゲ」パンフレット

アンケートによる指摘点を基に，いくつかの改善策を考えていた。まず第1に，ポイントチェックの方法の変更である。これまでの参加者アンケートによると，主だった指摘として，ポイントチェックにスマートフォンを利用していたため"ながらスマホ"をしてしまったり，写真撮影のため他人に迷惑をかけてしまったという指摘があった。これは参加者にスマートフォンの使用をお願いしていることにより発生した現象であった。CanVasはこの問題を根本的に解決するため，ポイントチェックを参加者とではなく，チームに随行するスタッフと行うことに変更した。つまり参加者はこれまでのようにスマートフォンを使って画像を送る必要はなく，それをスタッフが行うことにしたのである。

　次に第2点目として，「ミッション（指令を達成すると得点が得られる仕組み）」の見直しを行った。具体的には，各チームの随行スタッフのほかに各エリアに「エリアマン」というスタッフを用意し，ロゲイニング中の参加者に出会った時には積極的に話しかけ，クイズなどを出題するという仕組みである。第7回の「宇治ロゲ」ではさらに工夫を凝らし，「エリアマン」を人物ポイントに組み入れて表に並べ，出会った人のチェックが列に揃えば得点になるという「BINGO」を実施した（図3-6）。またさらに，ロゲイニング中に遭遇した他チームとじゃんけんを行ってもらい，勝てば得点になり，負ければ減点されるというミッションも組み入れた（図3-7）。これらはCanVasがロゲイニングにおいて重視している「参加者が感じるコミュニケーションにおける充実感」を促進させるために考案された仕掛けであった。

　また3点目として，商店街で買い物や飲食をすると得点がもらえるというミッションを設定した（図3-8）。これは，競技中に商店街の店舗に入店したという割合を，工夫次第ではもっと向上できる（前述のように第1回「宇治ロゲ」では店舗に入店した参加者は64％であった）と考えたからであり，さらにこれを促進することで商店の方と参加者とのコミュニケーションも進むと考えられたからであった。

　このようにして行われた第7回「宇治ロゲ」であったが，終了後の参加者アンケートによると，満足度は「非常に満足」が64％，「満足」が29％と9割を

図3-6　人物ポイント BINGO

図3-7　ミッション「じゃんけん対決」

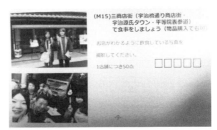

図3-8　ミッション「食事，お買い物推奨」

超えるの参加者から「満足」以上の評価をもらうことができた。またコメントにおいて，これまで散見されていた競技中の危険や混雑，他者への迷惑といった内容は見られず，ポイントチェック方法の変更が成果を生み出したことが確認できた。また今回の商店街店舗への参加者の入店割合は86％であり，前回に増して多数の参加者が店舗に入店したことが確認できた。なかには競技中に5店舗に入店したという参加者もいた。コメントにも，「お店の人とも写真撮影ができてよかった」「知らない店，新しい店を知ることができた」などの声が確認できた。この点においては，まさに CanVas が期待していた通りの結果を生み出すことができた。

### （3）新しいロゲイニングを求めて──「プチロゲ」の試み

1）まちあるき観光の必要条件

以上に見てきたように，CanVas はロゲイニングを人気観光地に定着させるべく試行錯誤を重ねてきた。しかしながらその活動の中で，もっと多くの人たちに，もっと満足のいくロゲイニングを楽しんでもらうためには，克服しなければならない課題があることに徐々に気づきはじめてきた。これは言い換えれ

ば，ロゲイニングをまちあるき観光的に行うことにおける課題であり，活動を継続しながら課題について議論していった。

　課題は主に3点あった。1点目は事前申込の問題である。これまでの「宇治ロゲ」では事前申込方式を取り，お客様の数に応じて要員配置やオペレーション体制を決めるという方式をとってきた。しかしながら，今日ではスマートフォン等携帯端末の普及により，旅行者は旅先で最新の現地情報を入手できるようになっており，当日にその日の予定を状況に応じて組み立てていく場合も多くなっている。そのような状況に対応するためには，当日に参加を思い立った方が参加できるような仕組みが必要である。すなわち，これまでの事前申込というやり方を根本的に見直し，新しく当日受付を可能にする方法を考案する必要があった。

　2点目はオペレーションの問題である。これまでのロゲイニングでは，参加者を集合時間に会場に集め，受け付けし，説明を行い，チーム随行員が周るコースの相談に乗りながら随行する一方で，得点集計者やエリアマンが同時並行的に業務を行い，全チームが戻ってきた後には，全体での結果発表，表彰を行うという方式で運営してきた。しかしこの方式には，一方で問題点もあった。まず全体が同じ時間に同じ動きをするために，ひとつの業務にチーム数と同じ数の担当者が必要になる。オペレーションに多数の要員が必要になるという問題があった。また全体のプログラムが，受付から表彰式までを見ると4〜5時間が必要であるため，短時間でのロゲイニングを希望する人には対応できないという問題も考えられた。この問題は，このことによって苦情が出るという種類のことではないため気づきにくいことであるが，ロゲイニングをまちあるき観光的に行う上では（そしてより多くの参加者に楽しんでもらうためには）非常に重要なポイントであると考えた。

　3点目は開催日の問題である。これまでの「宇治ロゲ」では特定の期日を開催日として設定し，その日に参加できる方を募集するという方式をとってきた。もちろん開催日の決定にあたっては，なるべく多くの人が参加しやすい日を設定してはいたが，開催日に都合の悪い方に参加してもらえないのはやむなしと

するほかはなかった。しかしロゲイニングを観光に引き寄せて考えるならば，この点においても何か打開策を考える必要があった。例えば毎週末，毎月末などの定期的な開催や，一定期間は毎日継続してロゲイニングが楽しめる，といった方法ができないかという課題であった。

　これらの必要性から考え出された一つの試案が，当日参加型の配布版ロゲイニング「プチロゲイニング」（通称「プチロゲ」。以下，「プチロゲ」とする）であった。

図3-9　「プチロゲ」ポスター・チラシ

2)当日参加型「プチロゲ」の概要と実施結果

　CanVas が考案した「プチロゲ」とは，「宇治ロゲ」のシステム，ポイント，マップなどを簡略化した企画である（図3-9）。

　まず参加者は宇治橋通り商店街の周辺で CanVas メンバーが配布するガイドブック（A5判4ページ）を受け取る。ガイドブックには「プチロゲ」の流れの説明，ポイントマップ，撮影ポイント案内，注意事項，ポイントチェック表が掲載されており，受け取った人はすぐに「プチロゲ」を始めることができる。「プチロゲ」の流れは，次のようである。参加者はポイントマップにしたがって撮影ポイントに行き写真を撮影する。できるだけたくさんのマップにあるポイントを撮影したのち，制限時間内に本部である京都文教大学サテライトキャンパス（宇治橋通り商店街に在る）にガイドブックを持参する。そこで係員から写真のチェックを受け，得点を計算してもらったのち，得点に見合った回数の抽選を行う。最後に抽選の景品をもらって競技終了，という流れである。

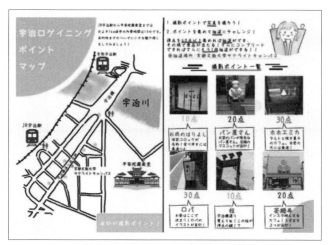

図 3-10　ガイドブック内側頁の案内

表 3-2　CanVas の「プチロゲ」開催実績一覧

| No. | 実施年月日 | 配布枚数 | 参加人員 |
|---|---|---|---|
| 1 | 2018年11月17日（土） | 93 | 16 |
| 2 | 2019年1月27日（日） | 32 | 3 |
| 3 | 2019年7月14日（日） | 92 | 54 |
| 4 | 2019年8月24日（土） | 150 | 20 |
| 5 | 2019年9月14日（土） | 150 | 28 |
| 6 | 2019年9月21日（土） | 150 | 32 |

（出所）　筆者作成。

　2019年11月16日土曜日の第7回「プチロゲ」を例にとると，得点40点以上を取ると抽選を1回することができ，さらにポイントをすべて制覇するともう1回抽選ができるというルールになっている。また撮影ポイントは全部で6カ所とし，10点が2カ所，20点が2カ所，30点が2カ所という設定である（図3-10）。CanVas ではこの「プチロゲ」を2018年11月から開始し，2019年9月までに6回開催している（表3-2）。参加人員（本部に来て抽選をした人員）は，初めのうちこそ第1回16名，第2回3名と低迷したが，その後は第3回54名，第4回20名，第5回28名，第6回32名とある程度安定した参加人員を確保してい

る。ちなみにガイドブックの配布枚数は，第 1 回と第 3 回が約100枚，第 4 回
〜第 6 回が150枚であった。

3）目的の検証と課題の発見
　CanVas が「プチロゲ」を企画した目的は，1）で述べた彼らが気づいた 3 つ
の課題（事前申込が必要，オペレーションに要員が必要，開催日が限定する）を少し
でも解決に近づけることであった。この点について「プチロゲ」はどのように
機能したのかを検証してみたい。
　まず第 1 の事前申込の問題については，ポイント集計方式を参加者各自によ
る採点に変更したことで，当日にガイドブックを配布し自由に競技を始めても
らうことが可能になった。事前申込の必要がなくなったのである。さらにこれ
により募集のための広報も不要となった。
　次に第 2 のオペレーションの問題については第 1 と同様にポイント集計方式
を参加者各自による採点としたことにより，チーム随行員を配置する必要がな
くなった。さらに開催時間（本部の採点受付時間）を10時から15時までと長くと
ることで，参加者は自分の好きな時間にロゲイニングを行うことができ，結果
的にゴールである本部には分散して到着することになった。これにより受付業
務，採点業務，案内業務などこれまで個別に配置が必要だった業務が，受付要
員だけで対応することが可能になり，オペレーション要員を大幅に減らすこと
ができた。参加者の動きを時間において分散したことが，業務の効率化をもた
らしたのである。
　そして第 3 の開催日の問題については，第 1，第 2 の問題，すなわち申込受
付面とオペレーション面の問題がなくなったため，ある程度連続して開催する
ことが可能になった。実際に第 4 回〜第 6 回は 4 週間のうちに 3 回開催したが
参加者数も一定人数は集客できており，需要の手ごたえが感じられた。さらに
この結果は，先に述べた短時間でのロゲイニングを希望する人に対する対策に
もなった可能性が高い。というのも，この「プチロゲ」ではチェックポイント
はわずか 6 カ所であり，「宇治ロゲ」に比べてはるかに短時間で行えるロゲイ

ニングだからである。CanVas はこの「プチロゲ」に対して，「さらに多くの
方に商店街に目を向けてもらうきっかけづくりとしたい」「ロゲイニングの認
知度向上にもつなげたい」（現代表O君の談）という考えももっており，「プチ
ロゲ」はその実現にはふさわしい手段であったと考えられるだろう。

　さて，ここで第5回と第6回のアンケートをとり上げて，参加者の意見を見
てみたい。まず参加者がどこから来たかを問う設問では，第5回が64%，第6
回が60%の方が京都府外からという回答であった。すなわち観光客が主に参加
したという結果であり，当日参加型・配布型の顧客層に対する予想に違わぬ結
果となった。次に参加者の感想を問う質問では，第5回が90%，第6回が80%
の方が「面白い」という回答であった。「宇治ロゲ」に比べると文字通り小さ
なロゲイニングであったが，ロゲイニングならではの楽しさは感じてもらえた
たようであった。

　このように試みられた「プチロゲ」であるが，終了後の振り返りを通じて今
後の課題も確認された。それは「プチロゲ」そのものの認知度アップと広報で
ある。たしかに「プチロゲ」では1回1回の予約申込の必要はなく，そのため
の広報も必要ない。しかし「プチロゲ」そのものに対する広報は大いに必要で
ある。例えば，CanVas メンバーによるガイドブックの当日配布では限界があ
るため，宇治市観光センターなど観光客に大きな広報効果がある場所に据え置
き型でガイドブックを配置する，いわば「置き型ロゲイニング」などは現在検
討している方法である。最終的な受付体制をどうするかなど課題は残るが，も
っとたくさんの方に（とくに観光客に）対する認知度を上げる方法は今後も検討
していくべき点である。また「プチロゲ」はチェックポイントの箇所数など内
容が限られているため，同じ内容が続くとすぐに飽きられてしまう可能性が高
い。徐々に内容を充実化させることも重要であろう。このような検討を通じて，
いかに新しい観光の方法や仕組みを作っていけるかが，今後に課せられた真の
課題と言うことができるだろう。

# 5 現代観光における「価値創造」
──ロゲイニングが示すもの──

　本章ではここまで CanVas のロゲイニングをめぐる3年半の活動を紹介するとともに，それを事例として従来の観光とロゲイニングの違いについて論じてきた。まずロゲイニングは，参加者の達成感やコミュニケーションにおける充実感などにおいて，従来の観光よりも大きな成果を生むということを確認した。また地域側並びに観光の仕組みの提供者側は，それに対処するために従来の観光にはない発想や仕組みづくりを行う必要がある，ということもわかった。CanVas のロゲイニングをめぐる3年半の取り組みは，まさにこの違いを一つ一つ明確化し，それに対処しようとした歴史であった。最終節となる本節では，これまでに見た事例と考察をどのように整理し，ロゲイニングのような観光現象を理論的に現代観光の中にどう位置づけるかを検討する。そのためにまず現代観光の構造を，戦後から今日までの変化を視野に入れながら整理し，その特徴を明らかにするところから始めてみたい。

## （1）現代観光の構造的変化──企業・地域主導から旅行者主導へ

　戦後以降これまでの観光の構図の推移については，片山（2015）に詳説がある。本項ではこの研究を基に，今日起こりつつある観光の形態（構図）を，過去からの変化を示すことで明らかにしていきたい。分析枠組みとしては，須藤（2005）が示す「ツーリスト」「地域住民」「プロデューサー」の3つの立場を使用する。

　片山（2015）では，時代を大きく3つに分けて考察している。まず戦後から1980年頃までの日本の観光について見てみると，社会が戦後復興から高度成長に進むにつれて，観光においても大量生産・大量消費のいわゆるマスツーリズムが進行した。これは，交通インフラの整備と観光商品の規格化（パッケージツアーの登場）が規定したものであり，必然的に「プロデューサー」の立場である観光業（輸送業を含む）が観光をリードすることになった。

　次に1980年代半ばからのバブル景気の時代には，経済面だけではなく，社会
面や生活面，そして文化面に至るまで，商業主義的な考え方が世の中を席巻す
るようになった。観光においても，ホテルや旅館の客室・施設は次第に豪華に
なり，高級感を売り物にした旅行商品が人気を集めた。観光は「地域」に経済
や雇用創出において大きな効果を生み出せることが明らかになり，「地域」の
立場である地方行政が「プロデューサー」の立場である開発業者等と協力して
観光をリードした。

　1980年代後半から続いたバブル景気が，1990年代前半に終焉を迎えること と
なった。バブル後の低成長時代の中で，観光においては次第に地域の住民や
NPO，行政が協働して，地域資源を自ら商品化し販売する「着地型観光」と
いう観光形態が行われるようになってきた。着地型観光は，これまでのマス・
ツーリズムにおける旅行者の出発地域の観光業者が主導した「発地型」と呼ば
れる観光形態とは異なり，訪問地の住民やNPO，行政が自ら観光を主導する
点に大きな特徴があった。2000年代に入ると，着地型観光はそれぞれの観光の
特徴を示した名称で呼ばれるようになり，それらを総称して「ニュー・ツーリ
ズム」という言葉が使用されるようになった。このようにバブル以降の観光は，
ニュー・ツーリズムの進展と共に，「地域」が主導権をもつ構図になった。

　以上に見たように，日本における観光は「マス・ツーリズム→バブル→ニ
ュー・ツーリズム」とその主流を変化させてきた。また観光の主導権という点
については，観光の潮流の変化に伴って「プロデューサー（旅行会社等）→地
域＋プロデューサー（開発会社等）→地域（地域の観光行政等）」と変化させてき
た。

　しかしながら2000年代半ば以降は「情報化の進展」，特に家庭へのインター
ネットの普及という社会の潮流が生まれたことにより，観光にも新たな展開が
生まれることとなった。これについて山村（2009）は，「個人が強力な情報発
信ツールを得た」という点に注目する。インターネットの普及により，若い世
代を中心に「旅行者個々人が自らのブログやホームページで目的地に関する情
報を発信，相互参照をし始めた」のであり，この状況はこれまでの「観光の提

表3-3　観光の潮流の変化と観光情報革命以降これまでに顕著になった現象

| | 時代区分とその時代を特徴付ける観光の潮流 | | | ～2018年 |
|---|---|---|---|---|
| | 1960～1970年代→ | 1980～1990年代→ | 2000年代～ | |
| | マスツーリズム<br>(発地主導の観光) | ニューツーリズム<br>(着地主導の観光) | 次世代ツーリズム<br>(旅人主導の観光) | 2018年までに顕著<br>になった現象 |
| 観光行動を規定する最重要要素 | 交通インフラ<br>《観光輸送革命》 | ハコモノ(観光施設)・地域資源の商品価値<br>《バブル景気とその崩壊》 | 情報インフラ<br>(インターネット)<br>《観光情報革命》 | スマートフォン拡大 |
| 観光振興の焦点 | 「着地資源＝商品」指向<br>(経済資源として) | 「着地資源＝商品」指向<br>(町おこしの核として) | 「情報＝趣味」指向<br>(趣味世界での独自の楽しみ方，趣味情報ネットワークの結節点としての地域・場所) | ライブ<br>聖地巡礼<br>応援上映 |
| 旅に関する主たる情報発信者 | 企業<br>(旅行会社，航空運輸業者等) | 地域<br>(観光協会，行政，NPO，住民等) | 個人<br>(ブログ，SNS等，趣味のコミュニティ) | SNS隆盛 |
| 発信される情報の主な内容 | 発地商品 | 着地商品 | 個人の嗜好 | インスタ映え |
| 観光の現場で最重要視される相互作用の様式 | 「企業」対「顧客」<br>→一方向性 | 「ホスト」対「ゲスト」<br>→一方向性 | 「個」対「個」<br>→双方向性からネットワークへ | インフルエンサー |
| 観光振興で最も重視されるコミュニティ | 企業コミュニティ | 地域社会<br>(地縁コミュニティ) | 趣味のコミュニティ | テーマ旅，ライブ，婚活ツアー，聖地巡礼 |
| 観光を巡る議論の特色 | 企業利益<br>(経営改善，投資の短期回収戦略) | リゾート→地域再生<br>(土地神話，投機，内発性，地縁，排他性，よそ者・ボランティア論) | 生き方<br>(嗜好性，遊び，粋，萌え同人的要素) | コンテンツツーリズム，コンテンツによる地域活性化 |
| 時代的背景 | 大衆の時代 | トレンド追及の時代 | 選択肢多様化の時代 | |
| メディアコンテンツの特徴 | お茶の間で見るテレビ<br>国民的ドラマ<br>国民的アイドル<br>国民的大ヒット曲 | お茶の間で見るテレビ<br>国民的ドラマ<br>国民的アイドル<br>国民的大ヒット曲 | ネットで見る動画<br>ネットドラマ<br>ネットアイドル<br>初音ミク | アップルミュージック<br>アマゾン・プライム<br>インスタグラム<br>TikTok |

(出所)　山村(2009)を基に筆者作成。

供者と消費者」という二項対立的な視点から観光を考える常識を一変させる「観光における情報革命」であると指摘している。山村はこの潮流の変化を，「観光行動を規定する要素」を視点に一覧表に整理しているが，その表に筆者が10年経過した今日において確認できる現象を付記したものが表3-3である。

　この表に見るように，山村によって指摘された観光情報革命における特徴は，この10年でさまざまな現象として確認できるようになった。情報インフラはスマートフォンなど携帯端末の普及によって拡大し，「情報＝趣味」指向は，ライブ，聖地巡礼，応援上映など趣味的な行為の結節点として地域や場所を訪れる現象を生み出している。情報発信者としての「個人」はSNSによって拡大を加速しており，発信される内容はいわゆる「インスタ映え」に見られるように強く個人の嗜好が反映されたものになっている。また「個」対「個」の様式が定着する中で，いわゆるインフルエンサーなど一部の発信者に支持が集まるゆるやかなネットワークのあり方も見られるようになってきた。さらに趣味主導の観光現象は，テーマ旅，ライブ，婚活ツアー，聖地巡礼など多様な形をとって見られるようになったが，一方でコンテンツ・ツーリズムなどそれらの現象に対する研究や，それを活用した地域活性化の議論も増加している（岡本，2015；2018a；2018b；大谷ら，2018；酒井，2016；山村，2011など）。

　このように確認すると，現代観光はこれまでの観光とはまったく異なる構図に変化しつつあると言わざるを得ないであろう。すなわち日本の観光の構図は，企業・地域主導から旅行者主導へ変化しつつあると考えられるのである。

### （2）ロゲイニングの楽しさが示すもの

　では観光の「旅行者主導への変化」は，ロゲイニングとどのように関わるのであろうか。これを考えるために，本項ではロゲイニングの楽しさ（ロゲイニングならではの楽しさ）について改めて整理してみたい。

　ロゲイニングの楽しさを考える時に，まず第1に挙げられるのが「探索の楽しさ」である。ロゲイニングの競技としての特性は，何よりも「歩く」と「探す」という2つの要素であり，その意味では「探索の楽しさ」はロゲイニング

の本質的な楽しさと言い換えることができる。これまでの参加者アンケートを見ても、「新しいところに行けてよかった」「新しい発見ができた」などの声が目立つ。また第6回「プチロゲ」のアンケートで、ガイドブックについて、「見にくいからこそやりがいがある」という声も寄せられており、探索における困難をも楽しむ心理がうかがえる。

　次に「価値づけの楽しさ」と呼べるような楽しさがある。すでに述べたようにロゲイニングのチェックポイントは、有名な観光地よりも住民の生活圏（住宅地や商店街）に在るなにげない特徴に設定されている場合が多い。つまりそのポイントそのものに、従来からの価値づけがほとんどなされていない。しかし苦労してそのポイントにたどり着いた時、そのポイントは自分にとって特別な意味を持ち始める。自分が、自分だけがそのポイントに対する「価値づけ」を行うことができる密かな充実感が湧き上がってくる。ここにロゲイニングならではの楽しさがある。参加者アンケートにおいて人物ポイントに関わる評価が高いのは、その人そのものに対する評価というよりも、その人に出会い語らったことを自分が良き経験として「価値づけ」たことの表れであると考えられる。また同じくアンケートで、まちの「再発見」ができてよかったとの感想が複数あるが、これはこれまで知らなかった場所を知ることができてよかったという意味というよりも、これまでにも知っていた場所だったが今回新しく自分にとっての「価値づけ」ができた、という意味も含まれているだろう。

　そしてこのように自分で「価値づけた」場所をソーシャル・ネットワーク・サービス（以下、SNSとする）を利用して他者と「共有する」という楽しみがある。[(1)]

　以上、ロゲイニングの楽しさについて「探索の楽しさ」「価値づけの楽しさ」「共有の楽しさ」という3点を挙げたが、これらには共通する性質があると思われる。それは3点すべてが、ロゲイニングの対象物に対してではなく、当事者が自ら行う行為に対して楽しさを感じているという性質である。言い換えればロゲイニングは、競技としての仕組みは提供者のシステムに乗って参加するが、楽しみの中身や楽しみ方は参加者自らが創っている面が大きいということ

である。その意味においてロゲイニングは，今日の旅行者主導の観光と通底する性質をもっており，現代観光の特徴が色濃く感じられる観光の一形態であると考えられる。

### （3）「創造型観光」における観光の構図——なにげない街こそ観光資源

　前項ではロゲイニングの現代観光における位置づけについて考察した。旅行者主導へ変化しつつある観光を，旅行者が観光の価値創造を行うという点から「創造型観光」と呼ぶならば，「創造型観光」が求める魅力的な観光対象もまた従来の観光とは変化していると考えられる。それでは「創造型観光」はどのような観光対象を求めるのであろうか。最後に考察してみたい。

　まず確認すると，「創造型観光」では観光の価値創造を旅行者が行うため，観光対象が旅行者以外から，一般的には観光関係業者から商業的な文脈で価値づけされているか否かが大きな関心事となる。もちろんすでに商業的価値づけがされている観光対象に対して，新たに自分なりの価値創造を行うことも可能であるが，難しさが予想されるだろう。なぜならばその観光対象が商業的価値づけされていればいるほど，それにはすでに多くの説明が施されている場合が多く，価値創造志向の旅行者にとってバイアスになる可能性が高い。つまり，旅行者の価値創造の余地が狭められてしまう場合が多いと考えられるからである。

　そしてここに旅行者の行動範囲を掛け合わせて考えてみたい。旅行者の行動範囲は「狭い」「広い」に区分される。「狭い」に該当する観光の形態としては，CanVas のロゲイニングのようなまちあるき型の観光が挙げられるだろう。エリアとしては狭く限定されているが，その土地の魅力を深く知ろうという観光である。もう一方の「広い」に該当する観光の形態としては，いわゆる周遊型という観光が当てはまるだろう。エリアとしては広く，限定されておらず，線というよりは点を組み合わせた観光である。

　以上に挙げた商業的価値づけの有無と旅行者の行動範囲を両軸に取って，4象限に整理したものが図3-11である。

旅行者の行動範囲　狭い　限定的
まちあるき型

③
有名「地元ご用達」
的観光地

④
なにげない街

商業的価値づけ
されている

商業的価値づけ
されていない

有名観光地

未知の観光地

①

②

旅行者の行動範囲　広い　限定なし
周遊型

**図3-11**　商業的価値づけの有無と旅行者の行動範囲マトリクス

（出所）　筆者作成。

　「創造型観光」の旅行者はこの4象限に区分された観光地に対してどのように考えるのだろうか。まず①象限は商業的価値づけがなされており，周遊型観光などで訪問される観光対象である。一般的な有名観光地と言っていいだろう。この観光対象には，「創造型観光」の旅行者は通常あまり興味を示さないだろう。というのも，すでに商業的価値づけがなされているがゆえに，旅行者の価値創造の余地が狭められてしまう場合が多いと考えられるからである。次に②象限は，商業的価値づけがなされていない観光地である。そしてそのために，あまり知られていない観光地である場合が多い。したがってこの象限に対する観光を行うには，「創造型観光」の旅行者にとってもまずここを認知するきっかけが必要である。しかしそのきっかけは，一般的には商業的な文脈で開発される場合が多いと予想でき，やがて①象限に回収されるものも多いだろう。ただし自らその場所を探し当てた旅行者にとっては，魅力的な観光対象となるだろう。

　次に③象限は，商業的価値づけがなされているが，観光としてはまちあるきの中で楽しまれるような観光対象であり，例えば「京都人だけが知っている裏通りの名店」とマスコミで紹介されるような存在である。この象限の観光対象

に対して「創造型観光」の旅行者は，興味を示す可能性はあるだろう。なぜならば①象限の有名観光地に比べ観光地の規模が小さい場合が多いので，バイアスになるほどの説明が存在していない場合もあると予想されるからである。しかし観光地としての成熟が進み，訪問客数やその場所についての説明が増加するにしたがって，旅行者の価値創造の余地が狭められることになり，やがて興味を示すことは少なくなるだろう。

　最後に④象限について考えてみたい。この象限は，商業的価値づけがなされておらず，観光としてはまちあるきの中で楽しまれるような存在である。すなわち，それはなにげない街そのものである。②象限で見たように，通常この象限に対する観光を行うには，「創造型観光」の旅行者にとってもまずここを認知するきっかけが必要である。そしてそのきっかけが商業的な文脈で開発された場合は，図の左側に移動する（④象限の場合ならば，③象限に移動する）ことになるだろう。しかしこのきっかけが，商業的な文脈ではない方法で実現した時にはどうなるだろうか。そこは「創造型観光」の旅行者にとって，非常に魅力的な観光対象になるだろう。本章の中心的題材としてとり上げたロゲイニングは，まさにその事例となりうる。すなわち，まちを商業的な文脈ではない方法で紹介し，「創造型観光」の旅行者が創造性を発揮して楽しむことができる有力な観光の形であると考えられるのだ。多くのロゲイニングの参加者が示した高い満足度は，まさにこの点における充実感の表れではないだろうか。また第4節で述べたように，元来日本の観光は長く観光の主導権を観光業や地域がリードしてきた。すなわち図3-11では左半分が主流であり，右半分は少数派であった。しかも右半分は通常は個人旅行の形をとって現れるため，観光の仕組みとして提供されてきたものはほとんど存在しなかった。その意味で，ロゲイニングは右半分における大変貴重な観光の仕組みと言うことができる。

　CanVasにとっては偶然に出会ったロゲイニングであったが，そこに今日観光に求められる充実感の実現方法が鉱脈のように眠っていたと言っても過言ではないだろう。

## （4）なにげない魅力を観光資源に

なにげない街が魅力的な観光資源になる。筆者やCanVasはロゲイニングによってその可能性に気づいた。しかしその方法は，現在のところまだ少ないとはいえ，決してロゲイニングだけではないだろう。アニメ聖地巡礼をはじめとしたコンテンツツーリズムは全国に広がりを見せているし，韓国発祥のオルレ<sup>(2)</sup>という新しい自然の楽しみ方など，これまでの観光とは楽しみ方の自由度において一線を画した新しい観光も発生してきている。

これらの観光に共通するのは，地域の価値を旅行者に無理に押し付けない，旅行者が自分たちの価値創造と向き合いながら旅をすることに配慮した観光の提供である。言い換えれば，観光地側が観光地としてのしつらえを，旅行者の創造性を尊重し発揮してもらえるための舞台づくりと認識できた時，双方の満足する新しい観光が生まれる可能性がある。

宇治はその可能性を秘めた，現代観光の最前線の街であると思えるのである。


### 注
⑴　実際にインスタグラムでロゲイニングを検索すると1000件以上の投稿があり，また41件のロゲイニング大会のハッシュタグ（先頭に＃を付けて検索しやすくしたラベル）を確認することができた（2019年11月15日，筆者調査）。
⑵　「九州オルレ」を推奨する九州観光推進機構によると，「オルレ」とは韓国済州島ではじまったトレッキングであり，「海岸や山などを五感で感じ，自分のペースでゆっくりとコースを楽しむ」ことが魅力である。またコース内の要所には「カンセ」と呼ばれる済州島の馬をモチーフにしたオブジェや青と赤のリボン，木製の矢印やペイントされた矢印などの標識を設置していることも特徴である（九州観光推進機構，2020）。

### 参考文献
浅野智彦『趣味縁からはじまる社会参加』岩波書店，2011年。
東浩紀『動物化するポストモダン──オタクから見た日本社会』講談社現代新書，2001年。
遠藤英樹「観光の快楽をめぐる『外部の唯物論』──『遊び』＝『戯れ』を軸とした社会構想」『地域創造学研究（奈良県立大学研究季報）』第20巻第3号，2010年。
────『現代文化論──社会理論で読み解くポップカルチャー』ミネルヴァ書房，

2011年。

大澤真幸『不可能性の時代』岩波新書，2008年。

大谷尚之・松本淳・山村高淑『コンテンツが拓く地域の可能性――コンテンツ製作者・地域社会・ファンの三方良しをかなえるアニメ聖地巡礼』同文舘出版，2018年。

岡本健『n次創作観光』NPO法人北海道冒険芸術出版，2013年。

―――――『巡礼ビジネス――ポップカルチャーが観光資産になる時代』角川新書，2018年a。

―――――『アニメ聖地巡礼の観光社会学――コンテンツツーリズムのメディア・コミュニケーション分析』法律文化社，2018年b。

―――――『コンテンツツーリズム研究［増補改訂版］――アニメ・マンガ・ゲームと観光・文化・社会』福村出版，2019年。

片山明久「消費型観光の限界と地域社会のディレンマ――創造型観光のはじまり」井口貢編著『観光学事始め』法律文化社，2015年。

京都文教大学地域連携委員会・地域連携協働教育研究センター「地域連携学生プロジェクト2015　応募要項」2015年。

酒井亨『アニメが地方を救う!?――聖地巡礼の経済効果を考える』ワニブックス，2016年。

商店街活性化隊しあわせ工房CanVas「地域連携学生プロジェクト申請書・事業計画書」2018年。

須藤護「観光の近代と現代――観光というイデオロギーの生成と変容」須藤護・遠藤英樹編著『観光社会学』明石書店，2005年。

山村高淑「観光革命と21世紀――アニメ聖地巡礼型まちづくりに見るツーリズムの現代的意義と可能性」『CATS叢書』第1号，2009年。

―――――『アニメ・マンガで地域振興――まちのファンを生むコンテンツツーリズム開発法』東京法令出版，2011年。

Lyotard, Jean-François　*La condition postmoderne*, Editions de Minuit, 1979（小林康夫訳『ポスト・モダンの条件』水声社，1986年).

九州観光推進機構「九州オルレ――九州旅ネット」(https://www.welcomekyushu.jp/kyushuolle/?mode＝about　最終閲覧日2020年10月26日)。

日本ロゲイニング協会（https://www.rogaining.jp/　最終閲覧日2020年10月26日)。

## ロゲイニング観光の試み

佐脇 至
（宇治橋通商店街振興組合
理事長）

　ロゲイニングという聞きなれない言葉を初めて耳にしたのは2015年のことでした。

　当商店街はさまざまな団体との連携を積極的に推進しています。なかでも唯一の地元大学である，京都文教大学との連携は，さまざまな場面において深い繋がりを構築してまいりました。特徴的なことは，学生自らが立ち上げたプロジェクト「商店街活性化隊しあわせ工房 CanVas」の存在です。商店街を応援する学生サークルが存在しているのは，全国レベルで見ても，かなり稀有なことであることを確認しております。その存在は，喜ばしいことであり，商店街として，新たな価値創造に繋がっていくことと考えています。

　冒頭の「ロゲイニング」は CanVas の学生から聞いた言葉でした。

　「ロゲイニング」というワードを検索すると『地図やコンパスを使って山野に多数設置されたチェックポイントをできるだけ多く制限時間内にまわり，得られた点数を競う野外スポーツである』とあります。

　オリエンテーリングと似ているものの，チェックポイントが多数設置されていることや，チェックポイントを巡る順序が決められていないなど，若干の違いがあります。ロゲイニングをアレンジして，スマホ等を使用してまちあるきをスポーツにしたのが，後に当商店街で始めることとなる「宇治ロゲイニング」です。

（直島ロゲイニングへ）

　前述の京都文教大学は，四国の香川大学との連携関係にあります。

　香川大学が瀬戸内海の直島にて，まちあるきロゲイニングを定期的に開催していることを知りました。それは，まちあるき観光として，好評を得ているとのことでした。

　直島で開催されているロゲイニングを宇治バージョンにアレンジして当商店街周辺で開催してはどうかと，CanVas の当時の代表である竹下君から提案を受けたのです。

　私は高校生の頃，長野県でオリエンテーリングの経験があります。

　険しい山間部を地図とコンパスを頼りにチームで競い合いました。当時，とてもワクワクした気持ちになったことを覚えています。竹下代表からロゲイニングの話を聞いた時，長野でのオリエンテーリングでワクワクしたことが，宇治の街中で体験できるのなら，それは面白い試みかもしれないと考えました。

　とは言うものの，具体的なイメージが湧きません。百聞は一見に如かず。直島での
ロゲイニングを体験すべく，彼らと直島へ向かいました。
　直島ロゲイニングは，街にちらばるスポットや建築物，オブジェや光景などをチェ
ックポイントとし，参加者はチェックポイントを写真に撮りながら街を歩きます。
　各チェックポイントには，点数が付けられており，参加者間で最終的に撮った写真
のポイントの総計を競います。
　特質することの一つとして，得点スポットとして人物がポイントになっていること
でした。直島の場合，町長や副町長などの町の主要人物や，お店の店主が点数の高い
スポットとなっていました。このアイデアは，その地を訪れた人と，受け入れる人と
の交流を円滑に促進できる，とても面白いアイデアです。
　また，観光のビッグスポットだけでなく，スモールスポットがポイントになってい
ることにより，その街の面白さが体験できました。
　競技としての色合いはもちろんあるものの「まちあるき」に目的を付与し，街の各
所にあるスポットを発見する楽しさを伝える手段としての色合いが濃いと思いました。
　何より，ロゲイニングで歩いたその地をもう一度，訪れたい気持ちになるイベント
であり，リピーター創出に繋がると感じながら直島を後にしました。


（宇治ロゲイニングの開催）
　宇治が直島と違う点は，まず周りを海で囲まれた島ではないということです。
　直島の場合，小さな島がエリアとなり，範囲もわかりやすく，島全体にアートオブ
ジェが点在していることから，さまざまなスモールスポットが存在しました。
　また，交通量も少なく，路上での安全面がある程度，確保されていました。
　一方，宇治橋通り商店街周辺を見渡すと歴史的スポットは点在しているものの，直
島のようなユニークなスポットが果たして存在するのか？　また，路上をグループで
歩く上での安全面への配慮などの課題を認識しながらの開催となりました。
　スモールスポットの選定に関しては，学生たちの目線からの調査で思わぬスポット
が数多く発見されました。長年この地で暮らしていたにもかかわらず，こんな場所が
あったのか？　と思う場所が数多くあり，私自身がこのエリアの魅力を再発見するこ
とができました。
　また，安全面に関しては，大学生たちが献身的なサポートをすることで，クリアす
ることを確認できました。
　開催エリアについては，当商店街にとどまらず，近隣の２つの商店街エリアも加え
て中宇治エリアとして開催となりました。
　前述した通り，直島で体験したロゲイニングで印象的だったのが対象となるポイン
トが場所やモノだけでなく「人」もポイントになるという部分です。
　宇治での開催は私を含めた各商店街の会長が人物ポイントに選ばれました。

　参加者が自分を探し，そして発見したら大喜びする様を見ると，私自身も純粋に「楽しさ」が込み上げました。

　直島で町長や副町長がとても楽しそうに私たちと交流していただいたことが腑に落ちました。

　ロゲイニングはプレーヤーだけでなく，受け入れ側も楽しめるイベントということが実感できました。

　この時は，3商店街の会長が人物ポイントとなりましたが，さまざまなお店の店主が人物ポイントとなりプレイヤーとの交流がもてるなら，それは今までになかった観光まちあるきのスタイルとなり，新たな価値がそこに生まれると確信しました。さらには，人物ポイントとなった人々も自分が住んでいる地域にあらためて誇りがもてると思いました。

　宇治ロゲイニングのプレーヤーには商店街で使用できる商品券を配布します。

　宇治橋通り商店街には専用の商品券が存在していますが，ロゲイニングエリアの平等院表参道商店会と宇治源氏タウン商店会には，それがありませんでした。プレーヤーにとって，商店街という組織の垣根は関係ありません。そのような理由から宇治ロゲイニング限定にて3商店街で使用可能な共通商品券を発行しました。宇治ロゲイニングに限らず，宇治へ観光に訪れる方々にとって，その地の組織の垣根はまったく関係ありません。普段から共通で使用可能な地域商品券が存在すれば，観光経済にとって，さらなる活性に繋がると感じました。

　最後なりますが，宇治は世界遺産が2つもあり，観光地としては恵まれている場所です。「観光」の本来の目的は，その地の自然や文化，産物，暮らしなどの「光」をよく「観て」また訪れたいと言う気持ちや，将来，その地に住んでみたい気持ちにさせることであると認識しています。

　そのような観点でロゲイニングを見ると，観光ビッグスポットを見るだけでなく，点在するスモールスポットを認知できることは，非常に意味深いイベントであると思いました。

# 第4章
## 観光ビジネスから見た宇治・伏見

### 1　宇治・伏見は「ものがたり観光」の宝庫

　本書のタイトルは『旅行者と地域が創造する「ものがたり観光」』である。宇治・伏見はまさにこのタイトルにふさわしい地域と言える。古くは794年に平安京の都がおかれた平安時代の宇治は源氏物語の舞台から始まり，その後は豊臣秀吉が伏見桃山城を構え，近いところでは江戸末期から明治にかけては坂本龍馬や幕末の志士たちが中書島界隈を闊歩した……まさにどの時代を切り取っても「宇治・伏見」は「ものがたり観光」の素材（コンテンツ）に事欠かない。本章ではそのコンテンツの魅力を紹介すると共に観光ビジネスの視点で見た時のツアー商品としての課題と今後の可能性を明らかにしていこうと思う。

　その中で筆者が伝えたいことは，以下の5点である。

1　宇治・伏見エリアには，他の地域にはない魅力的な観光資源が存在しているということ。

2　多面的で柔軟な視点から「宝の再発見」を行い，適切な「宝の商品化」を行うことによって，宇治・伏見観光は大きく発展できる可能性があるということ。

3　「地域再生型観光」の成功の決め手は，6次産業化的感性で地域内外との「連携」ができるかどうかにかかっているということ。

4　1次（農林水産業）＋2次（製造業）＋3次（サービス業）＝6次産業の「連携」の「核：横串産業＝プラットフォーム産業」としては，観光産業

が最適であるということ。

5 「プラットフォーム産業」の要件の「核」は地域との産官学連携であり，
最重点課題は「人材育成」であるということ。

　以上の点を，本章を通じて明らかにしたい。そして最後に，現在京都が抱える観光の最大の問題「観光公害＝オーバー・ツーリズム」と宇治・伏見の関係について所見を述べたい。

　現在，筆者は京都文教大学で「地域資源マネジメント論」「観光デザイン論」「京都ツーリズム論」を学生諸氏と共学しているが，リアルエージェントの一人として共学している最大の理由は，今後の観光の柱になっていくであろう「テーマ型旅行」を商品化できる能力をもった人材の育成にある。「テーマ型旅行」は筆者の所属会社（クラブツーリズム）が推進してきた観光のあり方であり，観光の動機をその地域のもつコンテンツ（テーマ）に求める点において，まさに「ものがたり観光」と言い得る観光である。

　本章に目を通してもらい，上記の5点に共感する方が増えてくれれば幸いである。

## 2　宇治・伏見観光における「宝の再発見」と「宝の商品化」

### （1）観光ビジネスから見た宇治・伏見の強みと弱み

　観光ビジネスから宇治・伏見を語るとき，まず最初に挙がるのは平等院と伏見稲荷の存在であろう。世界遺産である平等院の拝観者数は2014年以来年間170万人を超えており，宇治を訪れる観光客の3人に1人は平等院を訪れている計算になる。また伏見稲荷は，世界最大の旅行サイトであるトリップ・アドバイザーにおいて，ここ数年人気観光スポットランキングで日本国内では1位を続けており，2018年には世界でも24位にランクインしている。このように両施設が強力な観光誘客資源であることは明白であるが，他方でこのことにより他の観光箇所が後景化してしまう危険性も否定できない。今日観光地に求めら

れる面的な観光の実現のためには，これは乗り越えなければいけない問題である。

　そのような前提を踏まえ，本章ではまず観光ビジネスから見た宇治・伏見の強みと弱みを確認してみたい。

　宇治・伏見の観光の強みとしてまず第1に指摘したいのは，両地のアクセスの良さである。宇治の中心部は，京都駅からJRの「みやこ路快速」なら18分・各駅停車でも27分，大阪駅からJRで電車約1時間・京阪電車淀屋橋駅から55分，関西国際空港からも約2時間，高速道路は東西の宇治インターチェンジから至便で神戸・岡山などの西から，名古屋・静岡などの東から，奈良・和歌山の南から，福井・石川等の北からと，これほどアクセスの良いエリアも少ない。これは観光ビジネスにおいて，大きな魅力である。

　第2の強みは，高付加価値商品の核となる「お茶」と「お酒」というコンテンツが，宇治・伏見に存在することである。インバウンド（外国人観光客）の急増に伴い，京都にはこれまでなかった「ラグジュアリー・マーケット」が発生してきている。しかし「ラグジュアリー・マーケット」はただ単に最高のサービスを求めているわけではない。ホテルならば抜群の立地，食事ならばこの場所でしか食せない特別感のあるものが求められる。この点で宇治・伏見の「お茶」と「お酒」はまさに最高級のコンテンツとなりうる。これは大きな強みになるであろう。

　第3の強みは，市街地でありながらいずれの地域にも「船」の観光コンテンツがあることである。伏見の十石船・三十石船は，酒蔵を近景に臨む宇治川派流と伏見城の外堀であり四季折々の自然を楽しむことのできる濠川周辺を運行する。また観光としては珍しい2つの川の水位を調整して船を渡す「閘門」を見学するのも特徴である。この船観光は，歴史の街を有する伏見のたたずまいといかにもマッチしている。また宇治の鵜飼は，全国でも現在11カ所だけで行われている鵜飼のひとつであり，近年では人工ふ化に成功し誕生したウミウの「ウッティー」が人気である。またウミウに綱をつけずに魚を捕らせる「放ち鵜飼」の復活も試みるなど，話題も多い観光コンテンツである。

また加えて近年では，両地はアニメの舞台にもなっている。伏見を舞台にしたアニメ『いなり，こんこん，恋いろは』や，宇治を舞台にしたアニメや小説の『響け！ ユーフォニアム』シリーズはいずれも人気作品であり，舞台巡りを楽しむ若年層を引き付ける観光コンテンツになっている。

　次に観光ビジネスから見た宇治・伏見の観光の弱みは，主に2点に凝縮される。

　1点目は駐車場問題である。特に大型バスの駐車場についての問題が深刻だ。宇治の観光スポットはほぼ中宇治エリアに集中しているが，中宇治エリアの大型バスの駐車場で台数口のバス駐車が可能な箇所は，宇治川の西岸で平等院南門前の「宇治市観光駐車場」のみである。ところが宇治の観光施設は，宇治川西岸にある平等院を除き，宇治神社，宇治上神社，さわらびの道，宇治市源氏物語ミュージアムと主に宇治川東岸に集積している。そのため観光客は「宇治市観光駐車場」から平等院の見学後，徒歩で朝霧橋を抜け，東岸の観光施設に移動することになる。そして東岸の観光後は，同じルートで帰って来ざるを得ない。すなわちこの駐車場問題は，動線上の無駄を生み，効率的な周遊ルートが作れない要因になっている。

　また伏見の状況はさらに深刻である。伏見桃山地区のうち特に人気の高い酒蔵地区周辺においては，大型バスの駐車が可能な駐車場は大倉酒造記念館前の駐車場のみであり，それも予約可能な台数は最大4台である。したがって，団体客が大型バスを利用して伏見桃山地区を訪れ，飲食店の多い大手筋周辺でフリータイムを過ごすことは，事実上困難な状況になっている。

　次に2点目は，食事施設の問題である。特に宇治・伏見には団体観光客用の昼食施設がきわめて少ない。ここで今日の一般的な募集型ツアーの傾向について触れると，他社の類似商品との差別化を図るため，少しでも多くの観光地を訪問し，ツアーにおけるお楽しみの総量を増やそうとする傾向がある。したがって，昼食にはあまり時間がかけられない。昼食施設には，ますます短時間で昼食を提供できることが求められるようになっているのである。そしてこの点に対応できなければ，ツアーの昼食は他の地域に奪われてしまう。このことに

よって地域の観光収入は減少し，また滞在時間が短縮されることから周辺地区の土産物などの販売にも悪影響が及ぶ可能性が高い。すなわち食事施設の問題は，観光地にとってきわめて大きな問題なのである。

　ここで弱みとして指摘された駐車場や食事施設といった問題は，いわば地域の観光のインフラともいうべき点である。問題がインフラという性格のものである限り，その解決には多額の費用や一定の時間が必要になる。したがって多くの地域では，これらの問題点の解決は進んでいない。問題に気が付きながら，解決には着手できていないのである。しかし観光ビジネス（特にツアーを造成する旅行会社）にとってこの点は譲れない一線であり，他の地域と比較して少しでも解決できた地域にツアーを仕向けることになる。言い換えれば，観光地としてはいつまでも放置できる問題ではない。その意味では宇治・伏見は，少しずつでも改善すべきであり，先々を見据えて最低限の観光インフラは確保しておくべきと考える。

### （2）宇治・伏見観光における「宝の再発見」

　前項では，観光ビジネスから宇治・伏見の強み弱みについて述べた。特に宇治・伏見の観光インフラの弱みとその改善の必要性を指摘した。しかし一方でシビアな現実として，観光インフラが整備されたからといって観光客が来るわけではない。当然ながら，そこにはその地域の魅力，言い換えればその地域の「宝」が必要である。では地域の「宝」はどのようにして見つけることができるのか。これまでに誰も見たことのない「宝」が新たに発見されることもあるだろう。だが一方で，これまで多くの人がすでに認知し，訪れている観光スポットが実は「宝」と呼びうるものであったという場合，つまり観光資源そのものと言うよりも，その観光資源の価値を再発見するという場合もあるのではないだろうか。本項では，宇治・伏見の地域の「宝の再発見」について 2 つの事例を挙げながら考えてみたい。

　まず第 1 に注目したいのは，「東海道五十七次」である。歴史街道推進協議会と京阪ホールディングス㈱は，2017年度から「水の路」観光キャンペーン

「京阪沿線の街道・宿場町」と題して，京阪沿線の歴史的景観や自然風景，食などを巡る観光 PR を行っているが，「東海道五十七次」は，その一環として製作された「京街道ウオーキングマップ」にとり上げられたテーマである（図4-1）。東海道は，すでに1619（元和5）年には京都の三条より伏見・淀・枚方・守口の4宿を経て大阪高麗橋に至るように延長されていたのだが，江戸時代後期の人気浮世絵師・歌川広重によって京都三条までの「東海道五十三次」が大人気になったために，いつしか東海道は「五十三次」というのが定説になってしまった。ということで，一般的には京都（三条）～大阪（高麗橋）間は「東海道」としての認識は薄いが，このマップではこの区間を含めた「東海道五十七次」の存在を改めて指摘し，伏見を東海道五十四次目の「伏見宿」として「再発見」したのである。2019年度のマップの内容としては，各宿場（伏見宿，淀宿，枚方宿，守口宿）の観光スポットをていねいな記述で案内すると共に，まちあるきでの使用を前提とした詳細なマップが宿場ごとに掲載されている。現在のところは，「東海道五十七次」が大きな注目を集めているとは言えない状況であるが，将来的に「東海道五十七次」のサインや縁起のパネル，関係書籍の発行，関連記念品の製作などが進めば，充分に人気のある観光商品になり得ると筆者は感じている。

　こういった歴史の中で一度は埋もれてしまった素材が「宝の再発見」として脚光を浴びるようになった例は，近年においてもいくつかある。例えば大津～京都（蹴上）間を流れる琵琶湖疎水は，日本初の商業用水力発電所を有し，これもまた日本初となる市電への電力供給を行ったことでも有名な明治の産業遺産である。しかしながら南禅寺境内の一角に残る「水路閣」がレトロ建築として観光客を集めるほかは，疎水そのものが観光として特に注目されることはなかった。ところが2018年，この疎水に「びわ湖疎水船」が復活することになった。またそれに伴い「琵琶湖疎水記念館」もリニューアルされることとなり，まさに明治の産業遺産が「再発見」されるようになったのである。その他にも，テレビ番組の「ブラタモリ」が火付け役となって地質学や地理学に注目が集まっており，京都市内の「お土居」だけではなく「伏見桃山城の石垣」や「巨椋

図4-1　「京街道ウオーキングマップ」

（出所）　歴史街道協議会ホームページ。

池干拓地」など，宇治・伏見へのこの分野からの注目度も上がっている。このように今日では，歴史的な遺産や通説をもう一度見直すことから再発見につなげるという方法が可能になっていることが確認できる。

　次に2点目として注目したいのは，「天ヶ瀬ダム」の観光である。天ヶ瀬ダムは，1964年に完成した高さ73m，長さ254mのドーム形アーチ式コンクリートダムで，宇治川の上流に位置する。放流された水は，木津川，桂川と合流して淀川に流れ込んでいる。このダムの大きな特徴は，宇治の観光施設が密集する中宇治地区から約2kmの場所に位置することである。通常ダムは河川の山間部に位置することが多く，一部の例外を除き簡単に観光に行くことはできない。また他の観光スポットと周遊的にコース組みされることもほとんどない。天ヶ瀬ダムは，これらの点がいずれも可能であるというきわめて珍しい特徴をもっている。2018年から，地元の一般社団法人によりこのダムを観光客向けにツアー化する試みが始まった。筆者も参加した2018年5月に行われた試行ツアーでは，まずダムの職員による解説があったのち，ダムの壁に点検用に設置されている「キャットウォーク」の歩行（通路が狭いうえにダムとの高低差が凄まじく，身がすくむほどの迫力である），そしてツアーに合わせての「放水」を間近で見学した。どれをとっても見事な非日常性を感じることができる観光であった。一般的に言って，ダムは観光地としては認識されておらず，ダムを観光・見学するツアーもほとんど見ることができない（他には神奈川県の宮ヶ瀬ダムと，富山県の黒部ダムなど数件を確認できるのみである）。その意味でこの天ヶ瀬ダムの観光は，ダムのもつ観光地としての魅力を「再発見」したものであり，その観光が成立し，定着する可能性を示したものと言えるだろう。

### （3）宇治・伏見観光における「宝の商品化」

　ここまでに見たように，宇治・伏見には観光における強みがいくつも備わっており，「宝の再発見」の動きも進行しつつある。しかしこれらを多くの人に観光してもらい，楽しんでもらうためには，観光客側の立場に立った「観光の仕立て」が必要になる。例えば，観光に費やせる時間は観光客によってまちま

図4-2　「宇治・伏見・八幡」パンフレット
（出所）　京阪電車ホームページ。

ちである。そのため，観光地で過ごせる時間に応じ，しかも時間内で多くの楽
しみを体験できる観光コースが提案できれば，多くの観光客からの支持を得ら
れるだろう。すなわち観光客側の立場に立って考え込まれた「宝の商品化」が
必要なのである。本項ではこの点について，2つの事例を挙げながら考えてみ
たい。

　第1に採り上げたいのは，京阪ホールディングス㈱が提案する「宇治・伏
見・石清水八幡宮」を周遊するコース企画である（図4-2）。この企画におい
て特筆すべきポイントは，これまでの「点」の提案から「面」を意識した提案
への変化である。言い換えれば，一定のエリアを上手に括って沿線エリアの経

済効果を引き上げようとする施策になっている点である。例えば「宇治・伏見・石清水八幡宮」のエリアは，午前・午後・夕方以降と３つの時間帯で「ものがたり観光」を楽しむのに最適なエリアである。筆者がツアー造成の視点からこの企画に新たにキャッチフレーズを付けるとすれば，「八幡で一礼・宇治で一服・伏見で一献」であろう。ではここで，このエリアで考えられるモデルコースを紹介風に示してみよう。

　神社は午前中にお参りした方が良い。朝の空気が凛としている間に国宝・本殿を有する石清水八幡宮に参拝し，ゆっくり参拝して下山した頃に駅前の名物「走井餅」でお茶でも飲んで，時間に余裕もしくは興味があれば徒歩５分程で珍しい「飛行神社」へお参りしても良い。また庭園や書・茶道に興味があれば八幡での時間を延ばしバスで10分強ほどの「松花堂庭園」もコストパフォーマンスが高い。昼食は，予算があれば「松花堂」内の吉兆でまさに発祥の地での「松花堂弁当」をリーズナブルに，八幡で名物をということであれば「石清水八幡駅」前の朝日屋の「鯖すし」もおすすめである。芸能人もご用達の逸品で，価格も京都市内の老舗よりずいぶん安い。もしくは早目に宇治に移動してそこでランチしても良い。八幡に比べて店舗数やバリエーションも多く，近年クオリティーも向上してきた。そこで世界遺産・平等院を中心とした社寺（同じく世界遺産の宇治上神社・三室戸寺・興正寺や少し離れるが日本三大禅宗・黄檗宗の総本山・萬福寺）も素晴らしい。少し休憩をという時にはこちらも近年，激しい競争が続くお茶を使った「宇治スイーツ」を楽しむとよい。日が陰ってからでも足場が良くJR・京阪どちらからでも伏見稲荷に移動して夕暮れ時の伏見稲荷を楽しむとよい。その時間になると幾分インバウンドを中心とした観光客も減りお参りが出来る。少し時間が遅くなっても足元さえ気を付ければルートは鳥居が示してくれるので迷うことなく夜景も楽しめる。その後，時間に余裕があれば大手筋商店街界隈（京阪・伏見桃山駅ないし中書島）から伏見の酒蔵エリアに入ろう。「鳥せい本店」「月の蔵人」「カッパカントリー」その他の伏見の酒蔵の提携した伏見ならではのレストランが点在し，丸１日の「宇治・伏見」が

堪能できる。

　また別のタイムマーチャンダイジングの視点として，早朝観光の提案がある。この点にも触れておきたい。観光ビジネスの常識から言って，早朝観光は提案されることは少ない。なぜならば，早朝の時間帯には観光施設や土産物店はほとんど開店しておらず，観光消費につながらないからである。しかしながらここで観光客側の立場に立つと，早朝は非常に重要な時間帯でもある。それはもちろん，早朝ならではの静けさ，凛とした雰囲気，身の引き締まる空気といった魅力を味わえるという理由によるものでもある。しかしそれに加えて早朝観光には，観光客にとって得難い魅力がある。それは，早朝観光には消費が関わらないという点である。旅行者は観光地において，多くの時間を「観光客」として過ごす。しかしながら，終始「観光客」として過ごすことに疲れる面もあるのではないか。その意味で早朝は，旅行者がひととき「観光客」から離れ，「旅人」になれる貴重な時間なのである。歩いたことのない道，普段なら通り過ぎてしまう路地，朝日が眩しい公園，掃き清められた神社。そんな街を気ままに歩きながらひとり「旅情」を楽しむ。旅行者の満足には，このようにエモーショナルな部分も大きく関係しているのではないか。山村（2009）は，これまでの観光が二項対立的な立場を取る限りにおいてこうしたエモーショナルな部分は軽視されてきたが，「実は旅行者の満足度やリピーター化率はこうした感性的な部分に大きく左右される」と指摘し，「更に言えば，そもそも旅行者はホスト社会の経済的取引相手と思われたくないものである」と旅行者の心情を看破している。このような旅行者の心情をくみ取り，その実現の背中を押すような旅行企画が生まれた時，それは旅行者が真に支持する企画となるのであろう。

　次に2点目として採り上げたいのは，「御酒印さんぽ」である（図4-3）。これは京阪電気鉄道株式会社が2019年9月から2020年3月まで展開していた企画であり，御酒印帳公認酒蔵を巡って各酒蔵の御酒印（お酒のラベル）を収集し，お酒の感想などを記録して楽しむ内容である。御酒印帳公認酒蔵に加え，

**図4-3 「御酒印さんぽ」パンフレット**

（出所）　京阪電車ホームページ。

本企画限定で登場する酒蔵など京阪沿線の16蔵が参加している。また記念品が当たる SNS キャンペーンや，日本酒の試飲イベントなども行われる。この企画は伏見の「宝」である酒に関わる企画であるが，その商品化において複数の気づきが込められており，それらを活かした企画への共感が支持につながっていると思われる。

　第1の気づきは，お酒の瓶のラベルの大きさが各社同一サイズであること。同一サイズならば，いくつものラベルが集まると統一感が得られる。またこれらのラベルは，個性的であり，デザイン的にも優れたものが多い。まさに収集に適した素材だったのである。第2の気づきは，ワインラベルと同様，個人でラベルを剝がすのが厄介であること。それゆえに各店を回って，きれいな状態のラベルを入手できるのは非常に魅力的であった。また御酒印帳の販売窓口を京阪電車駅構内の「アンスリー」（駅中を中心として展開するコンビニ）にしたことも効果的であった。コンビニを観光のインフォメーションカウンターとして捉えた視点は画期的であった。

　以上に見たように「御酒印さんぽ」企画は，地域の「宝」をコストを掛けずに工夫して，うまく仕組みを作り，魅力ある「商品化」に成功した事例であると言えるだろう。

## 3　成功の決め手は「連携」
――プラットフォーム産業の必要性――

### （1）なぜ「連携」が必要か

　前節では宇治・伏見における「宝の再発見」と「宝の商品化」について述べ
たが，そこにとり上げたいくつかの事例では，鉄道会社や地域行政，地域の地
場産業並びに観光ビジネス業，そしてコンビニに至るまでさまざまな業種が連
携していた。日本全体においても，2015年の観光庁による働きかけ以来，全国
で日本版DMO（Destination Management/Marketing Organization）が設立されて
いる。ではなぜ地域の観光振興に連携が必要なのだろうか。戦後における日本
の観光の歴史から，この問いを考えてみたい。

　観光分野では戦後から高度成長期におけるマーケットの捉え方は，個人・家
族連れ・団体の3カテゴリーであった。その後1980年代のバブル期への移行に
伴い，これまでのカテゴリーに世代別の考え方（老若男女）が加わり，マーケ
ットが細分化していった。さらに平成になってそれまでの「物見遊山：JUST
WATCHING」のツアーから趣味・体験・学習要素といった趣味嗜好に合わせ
た「テーマ型」へとマーケットの要望が変化していったことから，旅行商品に
求められるバリエーションが格段に増加することになった。もはや企画担当者
が都市部でツアー造成を行う「発地型ツアー」では旅行客の求める「旅行商
品」が作れず，旅行業界全体のツアー造成に関しての主流は，受け地である地
域各地の情報を重視した「着地型旅行商品造成」へ変化していった。これを実
現するためには，旅行会社や鉄道会社が従来のように単体で（しかも本社主導
で）商品造成を行うやり方では限界があり，地域行政や地域の地場産業並びに
観光ビジネス業に広く呼び掛けて協力体制を取る必要がある。このようにして，
今日では地域における観光関係者の「連携」が必須となったのである。

　また近年におけるインターネットの普及による「グローバル化」の進展も，
この流れに拍車をかけた。急増するインバウンドでは，人種・宗教・生活文化
が異なる観光客が押し寄せる。彼らに対して，これまでの一業種の対応ではま

ったく対応できない。専門的職能を有する者同士での「連携」でしか乗り切れないのである。

　筆者が目の当たりにした観光現場における出来事で，次のようなものがあった。アジア系の観光客が焼き鳥を食べながら錦市場を歩いていて，オーストラリア人の観光客とぶつかった。焼き鳥のタレが相手方の洋服に付着した。アジア系の観光客は，軽い会釈でそのまま立ち去ろうとした。オーストラリア人の観光客は激怒し，アジア系の観光客に殴り掛かった。ただオーストラリア人の観光客は，明らかに酒に酔っていた。双方の大声の罵声が錦市場に中国語と英語で飛び交う……日本語で仲裁に入る錦市場の最寄りの店の人……収まらない……。ここまでではないにしろ似たようなトラブルやいざこざが日常的に氾濫している。世界がグローバル社会になっていくということはある意味ではこういうことであり，この傾向は今後も進むであろう。ゆえにこれまでの日本特有の同質性の高さを前提とした社会では，ダイバーシティー（価値多様化社会）には対応出来ない。観光に関わる業種の中にも，このような点で大きな問題を抱える業種はいくつもある。それを克服するには異業種間の連携で乗り切るしかない。すなわち，これらの対応に長けた業種が連携の中でそのノウハウを共有し，地域としての受容力に変えていくことが求められるのである。

　観光産業は，ワークシェア的に雇用や生産の波及効果の大きな産業であり，ダイバーシティーに対応できる横串（プラットフォーム）産業である。観光産業を連携の中核に据えて異業種連携を促進していくことがグローバル化する世界＝ダイバーシティーに対応する有効な手段だと筆者は考える。日本はこれまで観光において「量」の拡大を目指し政策や施策を行ってきたが，これからは「質」を求める方向へと転換し，体制づくりを行っていくことが重要である。ではどのように「連携」を行っていくのか。次項では，いくつかの事例を挙げて考えていきたい。

### （2）異業種の地域内連携

　本項では「連携」の一つのあり方として，「異業種の地域内連携」に注目し

述べていきたい。事例としては，福岡県久留米市における「久留米まち旅博覧会」の事例をとり上げる。

　「久留米まち旅博覧会」（通称「まち旅」。以下「まち旅」とする）とは，久留米市と近郊の魅力を満喫できる市民手づくりの体験観光プログラムを6つのテーマに分けて催す取り組みである（図4-4）。開催期間は2019年の第15回博覧会の場合は10月，11月の2カ月間であった。この取り組みは同市内の異業種の方々が各々のコンテンツを出し合って行うもので，今や九州北部の恒例の地域文化行事として期間中10万人を超える来訪者を得る取り組みになっている。筆者が訪れた2018年の博覧会では，6つのテーマと80のコースが設定されていた。6つのテーマというのは，①美の扉あく特別な一日：芸術のまち旅，②愛おしむも楽し：ものづくりのまち旅，③その道の奥：歴史とひとありてまち旅，④実りの秋：物語もご馳走の農のまち旅，⑤発酵の力と地酒ほとめくまち旅，⑥好奇心いっぱい：心身健やかなまち旅，というものであり，各々のテーマに対し10〜15コースのプログラムが準備されていた。博覧会へ参加している業種は，酒造メーカー，染色工芸，果物農家，各ジャンルのレストラン，居酒屋，美術館，寺社仏閣，茶道教室，生け花教室，陶芸会社，病院，落語家，音楽家など，エリア内の広範な業種・業態に及んでおり，従事する方々が「寄って集って自分たちの町を紹介する」という感じであった。特にリハビリテーション病院までが体験プログラムを提供しているのは驚きであった（図4-5）。

　筆者たちは幸いにして調査時に「まち旅」の実質上の仕掛人であるローカルアンドデザイン株式会社の代表者に2日間案内してもらい，同博覧会の会長である青木繁旧居保存会の方をはじめ，博覧会で主体的に動いている多くの方々との出会いがあった。それまでに久留米市に対して筆者がもっていた印象は，ゴム産業（ブリヂストンやムーンスター）が盛んな産業都市のイメージであったが，丸2日間に及ぶ視察でその印象は一変した。青木繁旧居・石橋正二郎記念館・「ブリヂストン美術館」に代表される芸術の豊かさ，38軒にのぼる伝統的な酒蔵，果実を育む豊かな風土，それらを活用した食……。またこの取り組みが素晴らしいところは外からの誘客もさることながら，住民が自身の地域文化

図4-4 「久留米まち旅博覧会」
パンフレット
（出所）　久留米まち旅博覧会ホームページ。

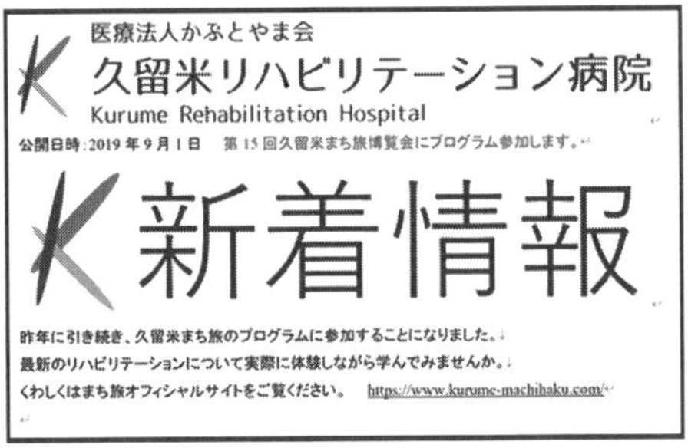

図4-5　久留米リハビリテーション病院の
「まち旅」参加の告知
（出所）　久留米リハビリテーション病院ホームページ。

に対するある種のプライドを再認識できる取り組みになっている点である。今後の観光による地域再生・特に産業都市のモデルケースといって良いだろう。

　美味しい紅茶をご馳走してくれた，JR久留米駅前の昭和通り（通称「けやきとアートの散歩道」）のギャラリー「アールグレイ」代表の進藤仁子さんは次のような夢を語ってくれた。「まち旅アートで人の流れが変わり，通りの空き家が減って賑わいが出て来た。みんなと相談して市に陳情してこの通りを『けやき』の通りにしたい」……異業種，異業態の町の生活者たちが集まり，「活気」をつくり，その結果として町の景観を改善し「居心地のいい街」をつくる。それを求めて人が集まる。観光産業が目指すべき方向性を教えてもらったような調査であった。

### （3）同業種の地域内連携

　同業種の連携というと，これまでは広域連携にいくつかの例を見ることがで

きる。例えば東北地方の「道の駅」では，福島県会津地方や北海道中空地地域，宮城県や青森県津軽地方において広域連携が組まれ効果を発揮している（例えば「あいづ『道の駅』交流会」や「中そらち道の駅ネットワーク会議」など）。また岩手県や長野県，島根県や沖縄県などにおける博物館同士の広域連携も確認することができる（国立科学博物館の文部科学省委託事業による取り組みもこの推進に一役買っている）。一方地域内における同業種の連携は，もとより双方がビジネス上の競合相手であり，異業種連携に比べ積極的に推進されてきたとは言えない状況であると考えられる。しかし近年，「同業種の地域内連携」がやり方次第では新たなシナジー効果を生み出し得るという発想が生まれている。本項では，京都府における事例をとり上げ，「同業種の地域内連携」について考えてみたい。

　最初にとり上げたいのは，「京丹後市『宿』おかみさんの会」の事例である。筆者は2009年から2014年の5年間，現在の「海の京都」の前身である「丹後広域観光キャンペーン協議会」のアドバイザーをしていた。期間中20回を超える観光セミナーを地域の観光業者の方々と繰り返し，地域再生型の発想で観光産業の知識の底上げを一定程度まで達成できたと自負するが，この中で地元の旅館組合（地域内の同業種の方々）が協力して結成・作成したパンフレットづくりの取り組みをとり上げたい。結成された組織名は「京丹後『宿』おかみさんの会」であり，パンフレットのメインタイトル（キャッチフレーズ）は「ちょっといっぷく，こころもまんぷく」であった。発刊当時の京丹後市管内20軒の女将さんたちが集まり，知恵を絞り女性特有の視点でソフトなテーマを選び，オリジナリティー溢れるパンフレットを作成してくれた（図4-6）。

　彼女たちが設定した地域を紹介する5つのテーマは，①見る・遊ぶ，②食べる：お食事，③スイーツ de ひとやすみ，④飲む：居酒屋，⑤お土産，である。またこの企画は，冊子による地域の魅力のPRに止まらず，これらのテーマに基づいた商品開発や営業キャンペーンにまでに発展した。地域内外に京丹後市の観光資源の良さを発信するひとつのモデルとなったと思う。この地域内連携において評価すべき点は，第1には地域内の「宿泊業」というきわめて競合関

図4-6　「笑顔でお出迎え」パンフレット

（出所）「京丹後　宿　女将さんの会」パンフレットより。

係が厳しい同業種でありながら連携に成功した点である。編集段階では，パンフレット中開面の紹介コーナー等の記事内容をじっくり協議して他館との差別化を意識し話し合い，協働作業でパンフレット作成したことにより，連帯感が生まれた。また他館との「違い」を再認識できたことも，大きな収穫となった。第2には，この連携の中で，どの点で競合すべきか，またどの課題で「連携」すべきかという点を共有したことであろう。この気づきは，今後地域の観光振興やまちづくりを進める上で，きわめて重要な気づきになったと考えられる。

　次にとり上げたいのは，京都府宮津市の「カレー焼きそば」の事例である。この取り組みは，昭和30年代から開業していた「平和軒」という食堂が「カレー焼きそば」を出しており，人気メニューであったという事実に始まる。それ以降，宮津の人にとって「カレー焼きそば」というメニューは一般的であったようで，現在は9軒の食事場所で「カレー焼きそば」を食することができる。しかしながら多くの店が「平和軒」の味を守り続けているのかというとそうで

はなく，お店のジャンルや個性に応じてさまざまな味が存在している。それならばこの「カレー焼きそば」を宮津のソウルフードと位置づけて，食べ比べを楽しんでみてはどうか，というのがこの取り組みである。通常は連携関係にない地域内の食事施設が，「カレー焼きそば」というコンセプトのもとに連携しはじめたのである。

　まず広報としては，専用ホームページの開設と「宮津カレー焼きそばMAP」の製作が行われた。マップによると企画者は「宮津カレー焼きそば会」であり，宮津農水商工観連携会議がマップの発行元となっている。この掲載記事の中で秀逸なのは，「汁気のドライ＆ウェットチャート」である。通常このような食べ比べに興味をもつ顧客としては，2種類のタイプが考えられる。一つ目はライト層とでも呼ぶべき顧客で，話題になっているから面白そうといった軽い動機で来店する層である。そしてもう一つは，マニア層と呼ぶべき顧客である。彼らは最初から全店制覇を目指しており，その意味での達成感を求めている。また1店1店の味を比べて，その変化を楽しむという目的ももっている。そのようなマニア層にとって，MAPにおける「汁気のドライ＆ウェットチャート」は非常に動機を掻き立てられるものである。また通常このような食べ歩き企画は，初期段階でいかに話題になるかが肝心である。話題になればなるほど，前述のライト層が興味をもってくれる可能性が高いからである。しかしこの初期段階の主な顧客層は，マニア層である場合が多い。彼らはライト層に比べて少数ではあるがその行動が話題になりやすく，しばしばマスコミ等にとりあげられる。「汁気のドライ＆ウェットチャート」は，おそらくは意図的にマニア層に向けて発信された情報であり，先の展開まで読んだ秀逸な掲載記事であった。

## （4）プラットフォーム産業としての観光産業

　本節ではここまで地域内における「連携」について，いくつかの事例を挙げて述べてきた。そこでわかったことは，今日の地域の観光振興にとっては，異業種であれ同業種であれ「連携」を行うことによるシナジー効果が期待されて

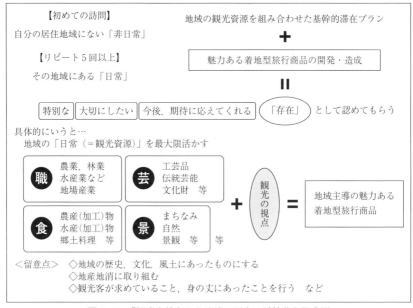

【初めての訪問】
自分の居住地域にない「非日常」

地域の観光資源を組み合わせた基幹的滞在プラン

＋

【リピート5回以上】
その地域にある「日常」

魅力ある着地型旅行商品の開発・造成

＝

特別な ｜ 大切にしたい ｜ 今後，期待に応えてくれる ｜ 「存在」として認めてもらう

具体的にいうと…
　地域の「日常（＝観光資源）」を最大限活かす

| 職 | 農業，林業 水産業など 地場産業 | 芸 | 工芸品 伝統芸能 文化財　等 |

＋ 観光の視点 ＝ 地域主導の魅力ある 着地型旅行商品

| 食 | 農産(加工)物 水産(加工)物 郷土料理　等 | 景 | まちなみ 自然 景観　等 | 等 |

＜留意点＞　◇地域の歴史，文化，風土にあったものにする
　　　　　　◇地産地消に取り組む
　　　　　　◇観光客が求めていること，身の丈にあったことを行う　など

**図4-7**　「観光を核とした地域の再生・活性化」概念図

（出所）　観光庁ホームページ。

おり，やり方次第でそれは実現可能であるとまとめられるだろう。

　ここで観光庁（2013）が提示する観光と地域の関係図を見てみたい（図4-7）。

　図4-7のチャートは観光産業の特性を顕著に表現できていると思う。「なぜ今，観光か？」との問いの一つの答えは観光産業のもつ特性として，生産の波及効果と雇用の促進効果が高い点が挙げられるが図4-7のチャートもそれを別の角度から証明している。

　このチャートを，前出の伏見の催事「御酒印さんぽ」に当てはめて考えてみたい。周知のように伏見は全国有数の酒どころであり，古くから酒造りの「職」が存在していた。現在も多くの観光客が伏見の名酒を求めて来訪している。しかし伏見は250年余続く料亭「魚三楼」をはじめ，「鳥せい」「月の蔵人」「醪音」などの酒蔵直営の和食店や近年開かれた「伏見酒蔵小路」など，豊かな「食」を楽しめる地域でもある。また伏見の酒蔵のたたずまいや坂本龍馬ゆ

かりの町並みは，濠川沿いの景色とも相まって特に歴史ファンにとっては魅力ある「景」の地でもある。さらにあまり知られてはいないが，宇治と伏見の境に位置する炭山地区は約50軒の伝統的な清水焼の窯元が集まる地区であり，伏見の酒を引き立てる上質の酒器の里でもある。このような「芸」も伏見は備えている。しかしながら，これらの「職・食・芸・景」は，旅行者に各々単発で消費される場合が多く，これらが関連付けて周遊されることは少ない。言い換えれば，観光者の視点に立った商品化がされてこなかったのである。

「御酒印さんぽ」という企画は，この状況に対する新しい試みとなった。これまで単発に取り組まれていた「職・食・芸・景」のPRに，NPO法人伏見観光協会と京阪電気鉄道株式会社が「観光者の視点」を掛け算し，旅行者に「お酒ラベルの収集」という新しい楽しみを提供したのである。そしてこの企画によって，旅行者は結果的に伏見を大きく周遊することとなり，これまで以上に「職・食・芸・景」に触れる機会をもつようになった。これが観光産業が地域「連携」のプラットフォームになりうる一例であり，図4-7のチャートの副題である「観光客再来訪を促す仕掛け」でもある。飯盛（2015）によると，プラットフォームとは「わかりやすくいうと，人や組織のつながりを形成し，新しい活動や価値を生み出す基盤」のことであるとしている。上記の事例は，まさに観光産業が地域産業と連携してプラットフォームとしての力を発揮することで，「新しい価値」を生み出したものと考えられるだろう。

## 4　産官学連携と人材育成
――プラットフォーム産業の要件――

### （1）地域との産官学連携の事例

筆者は2017年の秋，「奥能登国際芸術祭」に参加する機会があった。この催事は石川県珠洲市を舞台に，サイトスペシフィック（その場に置かれる目的で制作された）な作品や最先端の現代芸術が鑑賞できる芸術祭であったが，会場のそこかしこで働く運営スタッフが非常に的を得た案内を行っており，感心していた。滞在中にその秘密を知りたいとアンテナを張っていたら，運営のベース

図4-8　金沢大学能登学舎
（出所）　金沢大学ホームページ。

に金沢大学「能登学舎」を核とした「産官学連携」がこのイベントの柱として機能していることが見えてきた。各イベント会場で中心的な役割を担っている人たちは「能登里山里海マイスタープログラム」で訓練を受けた卒業生だった。本項では，この「能登学舎」における人材教育についてとりあげてみたい。

　能登半島の先端部にある「能登学舎」は，金沢大学が珠洲市の協力を得て旧小泊小学校の校舎を借り受け，2006年にオープンした研究・教育施設である（図4-8）。能登学舎では，能登の里山里海の基礎研究や保全活動，都市−農村交流，地域振興のためのリーダーの育成など，地域との連携によるさまざまな教育研究事業が実施されている。能登半島の先端という地形を生かして，大陸からの黄砂飛来を採取し，研究する日本有数の拠点「大気観測・能登スーパーサイト」としても整備されている。また，里山里海の利用・保全を目的とした活動を行う「NPO法人　能登半島おらっちゃの里山里海」や，地元住民の方々によるコミュニティレストラン「里山里海食堂　へんざいもん」などの活動にも利用されている。春には毎年，小泊地区主催の「桜まつり」が開催されるほか，各種ワークショップの開催など，市民の文化活動の拠点としても利用されている。

　日本海に面する三階建ての校舎には，講義室（2室），演習・実習室（3室），展示室，サロンルーム，厨房などが整備され，図書室には金沢大学図書館の蔵書が配架されている。ここでは「能登里山里海マイスター」育成プログラムの教員をはじめ，NPO職員，珠洲市企画財政課自然共生研究員など約10名のスタッフが常駐し，「里山里海」を生かした地域再生のためのプログラムが実践されている。講座のテーマは芸術・農業・地域・伝統文化・起業ビジネス・林業に及ぶ。まさに地域社会（local）のニーズに即したテーマである。このようなテーマにおける学びを通して，地域で活躍できる人材が育っている。また地元の産業界との教育面における連携も行われている。例えば，地元の金融機関「興能信用金庫」との連携による「能登里山里海 創業塾」というプログラムがある。これはマイスタープログラムと興能信用金庫が共催する創業支援プログラムで，能登での創業（事業化）に必要な知識を全5回シリーズの講義で学ぶ。「基礎編」では創業に必要な経営，財務，労務管理，販路拡大などの実践的な知識の習得を目指す。また，希望者は「実践編」として事業プランの磨き上げやプラン作成の指導を，個別相談形式で受けることができる。受講料は無料であり，受講希望者の受付等の事務は，能登里山里海SDGsマイスタープログラム事務局が行っている。

　先に述べた「奥能登国際芸術祭」も，ここを卒業したマイスターたちの働きなしには成り立たなかった。また2021年秋季に第2回目の「奥能登国際芸術祭」の開催が決定した。今回も「能登里山里海マイスター」たちが活躍することだろう。

　この能登学舎は能登半島・奥能登エリアの最突端・珠洲市にあるが，その卒業生の活動は奥能登全域に及ぶ。現在筆者は，珠洲市の南側に隣接する能登町で，農林水産省の農泊事業のアドバイザーとして月1回ペースで現地へ出向いているが，例えば漁協での魚の流通のあり方を検討している担当者や，レストランのメニューを決める栄養士，土産物の開発を担当している製造業の社員の中で，始終「能登里海里山マイスター制度」の受講生に出会う。すでに2ケタの方々に出会っただろうか？　もちろん筆者と協議をする行政マンの中にもこ

の受講生が居る。金沢大学が地方行政・地元民間会社と連携してローカルエリアのレベルアップに貢献している姿をここで見る。

　官が場所や設備を提供し，学が専門知識やノウハウといった教育リソースを提供する。そして産が実践の現場を提供し，3者で協力して教育を進める。その中で人材が育ち，彼らが地域の産業や行政を担っていく。能登ではこのような人材育成サイクルが地域を支えるようになっている。これは筆者が教育で関わる京都市や宇治市にとっても，大いに参考にするべき連携の形であると考える。

### （2）人材育成が最重要課題

　今日あらゆる地域において，人材不足が叫ばれている。地方においても都市においても，その問題は同様に発生している。しかし地方と都市では，症状は同じに見えてもその状況はそれぞれに異なるものと考えられる。本項では，地方と都市における人材不足の状況を整理し，人材不足の真の問題について考えてみたい。

　まず地方，農山漁村地域における人材不足について考えてみたい。例えば筆者が関わった奈良県吉野郡上北山村では限界集落化が進み，施設（箱）はあるものの運営できるマンパワーがまったくない状況である。また別の事例としては，数億円かけて「道の駅」を新設した石川県能登町小木地区では，施設（箱）や並べる商品はあるものの施設を運営するマンパワーが確保できない状況が続いている。その結果，観光地としての利便性が損なわれ，観光客が減少し，ますます過疎に拍車がかかる状況になっている。

　一方都市においても，別の意味で人材不足は深刻である。都市部では近年のインバウンドの急増により，京都や鎌倉のようなオーバー・ツーリズムという状況も起こっている。そのような観光地では，ホテルや料理店，土産物店など観光のあらゆる場面で，観光客に対応する人材が不足している。しかしながらこの問題が急に解決できるわけではなく，多くは過度な超過労働など観光関係者による自助努力が続いており，そのために経営自体が窮地に陥るケースも発

生している。

　またさらに，次のようなケースも起こっているようである。例えば，京都府北部のとある DMO では，運営する施設は揃っており，事業コンセプトもしっかりしている。また幹部スタッフも充実している。にもかかわらず，事業がなかなか稼働しない。これはどういうことなのか。つまり人手はあるのだが，個々が期待されるスキルを会得していないために，一部の社員に業務が過度に集中し，結果的に非常に効率の悪い業務形態になっているのである。

　これは，上に挙げたケースのうち実は一番深刻な問題かも知れない。つまり過疎地であれ，都市部であれ，問題を打開すべく新しい人材を投入しても，そこに適正な人材育成の仕組みがなければ「働かない労働力」になってしまう危険性があるからだ。特に観光産業は，単純なルーティンの繰り返しではない。浅くても広い分野のスキルを会得している必要がある。すなわち観光産業においてこそ，人材育成が真に重要になるのである。

　それでは観光産業には，具体的にどのような専門性や適性，スキルが求められるのであろうか。筆者が考える項目は以下のようである。


1．明るく楽観的であること。
2．ワクワクドキドキ感を創造できること。（観光業は「楽しさを創造する産業」である）
3．ある水準以上の体力。（ある意味体力勝負の現場）
4．事態処理能力・機転が利くこと。（Travel の語源が Trouble と言う話もあるぐらい）
5．語学力。（これからの稼ぎどころ）
6．ある水準以上の PC 操作能力。（ルーティンの仕事は PC でのオフィスワークが主体）
7．芸術性や得意分野を有すること。


これらの能力を獲得するため，入社後に各企業でも研修を定期的に行い，ス

キルアップを図ることが重要である。一方地域の大学など高等教育機関としては，基礎的な教養と共に一定水準以上の語学力や PC 対応力を身に付けさせることも必要だろう。また片山（2019）には，学生が地域とのプロジェクト活動を通して，「自己の客体化」や「自己内省」を行うようになり，それによって大きな気づきを得るようになったことが示されている。このように，地域社会での実践経験などを通して社会適応力を獲得させることも必要であろう。

　今日では，人（他）から好条件（将来性の担保）を保証してもらって初めて労働につく「やらされ労働選択型」の人材が，想像以上に増えつつあるように感じる。筆者から見ると「仕事＝労働」は与えられるものではなく，自分で作りだし，収入にしていく「無から有を作り出す」ところに醍醐味があるにもかかわらず，与えられたものを選り好みをし，仕事をしない……これでは社会は成り立たない。

　一言で「人材育成」に求められるものは何かと尋ねられたら，「無から有を作り出す気概と創造力のある人材を育成すること」と答えたい。育成方法は筆者も試行錯誤の中にあるが，「他を認めて共生する」ダイバーシティーへの適応を真剣に考え実践をしていく中でしか，次のグローバル社会を支える人材が育たないことも確かである。本学で進めるカリキュラム「ともいき」を通じて地域社会との接点を追求するプログラムも，人材育成の重要なアプローチの一つと言えよう。

## 5　京都のオーバー・ツーリズムに触れて

　センセーショナルなニュースが入ってきた。観光客による迷惑行為が続く祇園町南側地区が，「許可なき撮影1万円請求」を訴える掲示板を展開したのである。オーバー・ツーリズムや観光公害が次期京都市長選の争点ともいわれる現在，「量の観光」が問題視される。この現状に観光産業はどのように対応すべきか？　2019年度京都への国内観光客数の正確なデータはまだ出ていないが，6〜7月嵐山の観光施設業者や清水坂周辺の観光施設業者からのヒアリングに

よると約２割〜３割減少をしているとのことである。一方で総観光客数は引き続きアジア諸国を中心としたインバウンド客が好調なこともあり横ばいが現状である。国内観光客減少の理由の一つの原因は，外国人を中心としたオーバー・ツーリズムにあると地元の観光業者は口を揃えて指摘する。

　観光による弊害が各地で顕在化している。地価が高騰し，町並みやコミュニティが崩壊の危機にさらされている地域も出てきた。「観光公害」を克服し，量から質への転換を考えるべき時期だ。だが今起こっている「オーバー・ツーリズム」という名の「令和の黒船襲来」は，ピンチであると同時にチャンスでもある。長く昭和，平成と，ある意味日本の観光産業を含む産業全体は国による「護送船団方式」だった。これからも進行する世界のグローバル化，ダイバーシティーに日本が適応できるかどうか。今後，東京オリンピックから2025年のOSAKA・EXPOまでが勝負の時期となろう。

　まちづくりや地域再生に必要な人材は，「よそ者＝（外部視点での指導者）」「バカ者（＝一芸に秀でた専門家）」「若者（＝理屈抜きでまず JUST ACTION でやってみる人）」「女性（＝ダイバーシティーの基本）」の４者であるといわれている。その中でも特に重要なのは行動力のある若者であり，彼らをいかに確保できるかが，観光の一つの柱として地域再生を行うためのカギとなる。その意味では，京都文教大学が推進する「ともいき」の連携活動は，単に総合社会学的分野のみならず，筆者のような観光産業に在籍するリアルエージェントの立場からも心強い。「産官学」が連携してはじめて，学生は社会実践のプログラムを体験できる。これからも，京都文教大学が推進している学生と地域との連携活動が，社会に貢献できる人材という果実につながることを期待したい。

**参考文献**

飯盛義徳『地域づくりのプラットフォーム』学芸出版社，2015年。

片山明久「コンテンツツーリズムによる人づくり」橋本和也編『人をつなげる観光戦略』ナカニシヤ出版，2019年。

山村高淑「観光革命と21世紀──アニメ聖地巡礼型まちづくりに見るツーリズムの現代的意義と可能性」『CATS叢書』第１号，2009年。

観光庁「これからの観光地域づくりと国の支援」2013年。

（URL）

「トリップアドバイザーの口コミで選ぶ，世界の人気観光スポット2018 ランドマーク編を発表」excite ニュース，2018年 5 月22日（https://www.excite.co.jp/news/article/Prtimes_2018-05-22-1853-506/　最終閲覧2020年 2 月 2 日）。

「『京街道ウオーキングマップ』2019年度版が完成しました」歴史街道推進協議会，2019年，（https://www.rekishikaido.gr.jp/news/info/1394/　最終閲覧2020年 2 月 2 日）。

「『めっ茶，好きやねん!!～宇治に届け～』vol.21，天ヶ瀬ダム見学ツアー」宇治市ホームページ，2018年 3 月15日（https://www.city.uji.kyoto.jp/0000018745.html　最終閲覧2020年 2 月 2 日）。

「宇治・伏見 1 day チケット」京阪電車ホームページ，2019年（http://www.keihan.co.jp/traffic/valueticket/ticket/ujifushimi1day/?_ga=2.209140882.1694757537.1580543755-1876475817.1580543755　最終閲覧2020年 2 月 2 日）。

「御酒印さんぽ」京阪電車ホームページ，2019年（https://www.keihan.co.jp/traffic/valueticket/ticket/goshuin/　最終閲覧2020年 2 月 2 日）。

久留米まち旅博覧会公式ホームページ，2019年（https://www.kurume-machihaku.com/　最終閲覧2020年 2 月 2 日）。

京丹後「宿」おかみさんの会ホームページ，2019年（http://kyotango-yado-okamisan.com/　最終閲覧2020年 2 月 2 日）。

宮津カレー焼きそばホームページ，2019年（http://curryyakisoba.com/shop/　最終閲覧2020年 2 月 2 日）。

「これまでの経緯（能登学舎のあゆみ）」金沢大学能登里山里海 SDGs マイスタープログラムホームページ（https://www.crc.kanazawa-u.ac.jp/meister/history/　最終閲覧2020年 2 月 2 日）。

●●コラム4●●

## 歴史をつなぐ，人をつなぐ──京都向島・伏見・福知山にみる「市民まつり」のかたち

（向島城と向島まつり）

小林大祐
（京都文教大学総合社
会学部講師）

「何かやらないといけませんよ」と京都文教大学の１年生が「向島駅前まちづくり協議会」の場で語ったのは2007年の秋頃だった。近鉄向島駅前のフェンスに掲示された「まちづくり憲章」を見つけた学生が私のところを訪ねてきてから２週間も経っていなかった。

　向島の地は，秀吉の伏見城の出城として向島城が築かれた場所で，家康が居住した城でもあった。向島城のある旧向島の南側に向島ニュータウンが建設され，1977年から入居がはじまった。当時，30年を経て少子高齢化が進んだニュータウンの２つの学区では，学区運動会も盆踊りもしばらく行われていない中で，全てはこの学生の一言ではじまった。まちづくり協議会を中心に学区社協や障がい者支援施設，各種団体が参加して実行委員会が組織され，地域の企業や施設，団体から協賛を集め，2008年３月に「向島ニュータウン春の祭典」が開催された。大学は，ひとりの学生の働きかけをきっかけに同級生やよさこいサークル，音響サークル，教員や地域連携部署を巻き込んで行った。３年目には「秋の祭典」に変更され，京都市伏見区の「区民活動支援事業」や京都府の「地域力再生事業」の補助を受けた時期もあった。10年を区切りに市のニュータウン再生プロジェクトの中で向島ニュータウン３学区全体のまつりへと形を変えた。障がい者や中国帰国者をはじめとする様々な国にルーツをもつ人たち，周辺の農家が参加するようになってきており，市の補助は2020年を最後に打ち切られるが，向島城があった旧向島の地域も巻き込みながら向島地域の「向島まつり」として持続可能な市民まつりを模索している。

（伏見桃山城と伏見・お城まつり）

　2014年，伏見桃山城天守が建設50周年を迎えた。遊園地として親しまれた伏見桃山城キャッスルランドは2003年に閉園し，運動公園になった後も天守閣と城門は残されたが，耐震の問題から天守閣へ登ることはかなわない状況となっていた。こうした中で，伏見区が主催する市民活動の広場「ふしみをさかなにざっくばらん（ふしざく）」の中から「チームお城マップ」が立ち上がり，３月に秀吉・家康の伏見城と城下町のウォーキングマップが完成，春にはお花見ウォークを企画したが，雨で中止となった。ふしざくメンバー有志を中心に実行委員会を組織して，お城を活かした「伏見・お城

伏見お城まつり2018

向島まつり2018「風流舞伝」

まつり」を秋に開催することとなった。初年度は京都市や伏見区からの補助もあり2000人以上の市民が来場した。市民や大学生，地元中学生のボランティア，関西を中心に集まった甲冑隊などのほか，福祉施設や地元飲食店などの出店ブースが3年目には100近くになった。規模が大きくなり，経費も膨らんでゆく中で2016年で行政の補助金は終了したが，2017年の来場者が7000人にまでになった。全国の城下町ではお城まつりが行われているが，市民有志の実行委員会が企画運営しているケースは少ない。

　2018年4月には事務局体制を一新して補助金に頼らず，これまでの実行委員会メンバー個人に頼る協賛集め以外に直営ブースの出店，夜の有料ライブイベントなど運営費用を捻出する仕掛けを生み出し，8000人の来場者を集めた。実行委員会にはリタイ

アした人を中心にした市民ボランティアに加え，放送局 OB，イベント企画会社役員，現役の会社員，学生，大学教員など様々なメンバーが集まっている。2019年にはクラウドファンディングやグッズ販売を実施するとともに身の丈にあったイベント規模への見直しなど持続可能な市民まつりとなるよう取り組んでいる。2018年6月の大阪府北部地震と8月の台風21号によって天守閣の鯱鉾や瓦が落ちるなど大きな被害を受け，天守閣に近づけない状況が続いている。城あってのお城まつりであり，我々の活動が伏見のシンボルである伏見桃山城を「荒城の月」とならないよう一役買えればと願っている。

（福知山城下町とふくちの雛荒らし）
　福知山では1996年から市の職員の呼びかけで「街角探検隊」を組織し，町のお宝を再発見する活動が行われた。市民自らが活動を担うべきだと1999年7月に参加メンバーを中心に商店街の店主や奥様，退職教員・公務員，史談会メンバー，絵画教室の先生や大学教員などが集まり「城下町を考える会」が設立された。設立直後には，当時9年目を迎えていた大阪市平野の「町ぐるみ博物館」の見学や「平野のまちづくりを考える会」メンバーとの交流を行い，同じ年の秋に「ふくちのお宝展」を実施することとなった。最初に「資金はどうするんですか」「本来行政がやることではないか」と言われたことがある。マップを作成印刷するのにも資金は必要で「出展者から1000円づつ集めればできるのではないか」と提案し，140を超える出展者を集めるまでになった。当初は TV の取材などもあって，多くの地域外の来訪者が見られたが，マンネリ化と出展者の減少，メンバーのしんどさなどからお宝展は2004年の6回目で終了した。その前年の2003年3月には商店街の女性が中心となって参加者を募り「ふくちの雛荒らし」が130軒で開催され，その後2017年まで15回開催された。「ふくちお宝マップ」「雛荒らしマップ」以外にも「五稲荷めぐり」マップや小冊子「福知山私のおもしろ百景」を発行し，考える会メンバーがガイドをしてミステリーツアーを実施するなど町の歴史が大きな財産であることを示した。

　金はなくてもなんとかなるもので，何より重要なことは熱い想いを持った人と人のつながりであろう。大学生の一言や地域の有志の呼びかけで人々が集まり，その町のファンが外からやって来て支援する。とにかく何かやってみること，しんどくなったらガラガラポン，次へ進めばいいのである。

# 第5章
## 宇治観光の課題と可能性

## 1 宇治観光の要素

### (1) 観光の捉え方

　観光とは，一般には，楽しみを目的とする旅行のことを指すとされているが，我が国では，「観光」という言葉は，中国の古典の『易経』の中の「観国之光」から生まれたとされている。

　これが，英語では，tour, sight-seeing, trip, excursion, travel, journey など，その目的や行動に応じて使い分けられている。

　2012年に閣議決定された観光立国推進基本計画（国土交通省，2012）においては，旅行者ニーズが多様化し，とりわけ地域独自の魅力を生かした体験型・交流型観光へのニーズが高まっており，新たな旅行需要の創出による地域の活性化等のため，地域密着型のニューツーリズムの促進はきわめて重要であるとして，ニューツーリズムの創出・流通の促進が掲げられた。そこでは，長期滞在型観光の推進，エコツーリズムの推進，グリーン・ツーリズムの推進，文化観光の推進，産業観光の推進，ヘルスツーリズムの推進，フラワーツーリズムやフィルムツーリズム等，地域の特性を生かした参加型・体験型・学習型等その他の「ニューツーリズム」の創成・普及を促進していくとされるなど，観光の定義は多様化してきている。

　近年では，「いろいろなところを観て巡る観光」に加えて，「スポーツやいろいろな体験を含めた広い意味での観光」，さらには「事業の対象としての観光」という考え方に分類されている（株式会社 JTB 総合研究所，2019，28頁）。

### （2）観光客からみた宇治観光の要素

　それでは，観光客からみた宇治の観光要素はどのようなものがあるのか，先の考え方に基づいて確認してみる。

　「いろいろなところを観て巡る観光」として挙げられるのが神社仏閣であろう。その中でも，1052年に創建された平等院は，阿弥陀堂（鳳凰堂）や木造阿弥陀如来坐像・木造雲中供養菩薩像などの国宝や文化財が良好な状態で守られ，1994年には「古都京都の文化財」としてユネスコ世界文化遺産に登録され，多くの参拝客で賑わっている。また，菟道稚郎子 命・応神天皇・仁徳天皇を祭神とした現存最古の神社建築である宇治上神社は，同じく「古都京都の文化財」としてユネスコ世界文化遺産に登録された。

　2009年2月には，宇治川の自然景観を骨格に，両岸に平等院や宇治上神社といった歴史的な文化財と町並みに加え，豊かな歴史と伝統産業が重層する個性的な都市景観が広がっていることから，都市では初めての「重要文化的景観」に「宇治の文化的景観」が選定された。

　また，西国三十三所第十番札所の三室戸寺は，境内の庭園「与楽園」の2万株のツツジ，1000本のシャクナゲ，1万株のアジサイが人気となっており，中国僧「隠元禅師」によって1661年に開創された黄檗山萬福寺は，中国の明朝様式を取り入れた伽藍配置で，主要建物や回廊などが国の重要文化財に指定されており，中国風精進料理である「普茶料理」が有名である。

　「スポーツやいろいろな体験を含めた広い意味での観光」として挙げられるのはなんと言っても宇治茶であろう。「スポーツやいろいろな体験」という部分にやや違和感があるかとも思われるが，市営茶室対鳳庵での茶道体験，抹茶スイーツを味わう・買うなど，宇治茶を観光客の方々は能動的に楽しむ要素として捉えているといえる。

　また，「聖地巡礼」の旅も体験のカテゴリーに位置づけてもいいのではないかと考える。詳細は他章に譲るが，アニメのシーンと同じ角度で写真を撮るなど「ものがたり」をなぞったり，自分の中でストーリーを作ってそれを体験する行動が最近では多くみられる。

### （3）観光事業者からみた宇治観光の要素

　一方，観光事業者からみた宇治観光の要素としては，「事業の対象としての観光」の定義が当てはめられるのではないか。この観点で観光の要素をみる場合，その対象者の行動は「観て巡る」・「体験」の双方が混在していると考えられる。

　例えば，前述の神社仏閣を見学した後に記念にお土産を買うことに加えて，抹茶体験をしたり抹茶スイーツを食べるという行動も多くみられる。このような物販・飲食は，宇治観光の要素として大きな比重を占めており，いわゆる中宇治地域において増加傾向となっている。

　景観も「観て巡る」定義に分類したが，その手法として，観光遊覧船や人力車が提供されており，違った目線からみるという満足感を与えていると考えられる。

　なかでも，宇治川の鵜飼は，平安時代の『蜻蛉日記』に，川幅一杯に数え切れぬほどの鵜舟が出て，それぞれにかがり火を焚き舟べりをたたいて，夜通し鮎を捕り続けている様子が書き留められていたという歴史的要素のもと，体験観光のさきがけとして1926（大正15）年に再興された。現在では女性鵜匠2名が風折烏帽子に腰みの姿の伝統的な装束で鵜を操り，船上で食事をとることもできることから人気となっている。

　加えて，2014年6月，宇治川の鵜飼で飼育しているウミウが産卵しヒナが誕生した。ウミウは警戒心が強く，飼育されているウミウの産卵およびふ化はこれまで例がなかったため，鵜匠たちは試行錯誤を繰り返しながらも献身的な世話を続け，日本初の快挙に結びつけた。「うみうのウッティー」と名付けられた人工ふ化で誕生したウミウたちとそのストーリーは，多くのメディアに取り上げられ，オンリーワンの観光要素として一躍脚光を浴びている。

### （4）行政からみた宇治観光の要素

　行政は，「いろいろなところを観て巡る観光」，「スポーツやいろいろな体験を含めた広い意味での観光」，「事業の対象としての観光」のそれぞれに，支

援・仕掛け・実施などの局面で関わってくると考えられる。

　例えば，宇治市のホームページでは「宇治茶と源氏物語のまち」というキャッチフレーズを使用している。宇治茶に関しては生産面の支援という部分が大勢を占め，唯一観光要素としては市営茶室対鳳庵があっただけであったが，史跡宇治川太閤堤跡の発掘を機に計画された「（仮称）お茶と宇治のまち歴史公園」が2021年には整備されることとなり，宇治の歴史・文化・観光に関する情報発信と宇治茶の魅力発信などが強化されることとなる。

　源氏物語のまちに関しては，1989年に実施された，国の「ふるさと創生事業」によって創設された紫式部文学賞・紫式部市民文化賞というソフト事業と合わせて，源氏物語のまちづくりと銘打って総合的なまちづくり施策を展開し，宇治十帖スタンプラリーの実施や宇治田楽まつりの開催，源氏物語ミュージアムの整備や源氏物語散策の道の整備を進め，地域文化の向上，観光の振興，市民のふるさと意識の醸成などを図ってきている。

　この他にも，近年ダム観光が着目されていることから，宇治橋から約3kmの位置にある巨大なアーチ式ダムである天ヶ瀬ダムでの放流見学やキャットウォークを歩くツアーが展開されている。さらに宇治市では，旧志津川発電所や天ヶ瀬森林公園などといった周辺施設を含めて，PFIやPPPといった官民連携手法で周遊観光事業として展開していくことができるかについて検討調査を進めているところである。

## 2　宇治観光の現状と課題

### （1）観光入込客数

　これまでは宇治観光の要素について概観してきたが，ここでは客観的なデータをもとに宇治観光の現状と課題を見出すこととする。

　まず，観光入込客数をみてみる（表5-1）。総数をみてみると，2008年に初めて500万人台となっている。これは源氏物語が読まれていたことが記録上で確認される時期からちょうど一千年を迎えることを節目として，京都を中心に

表5-1 宇治市観光入込客数推移（数値）（1999年〜2018年） （人）

| | 1999 | 2000 | 2001 | 2002 | 2003 | 2004 | 2005 |
|---|---|---|---|---|---|---|---|
| 神社・仏閣 | 1,550,508 | 1,494,355 | 1,571,744 | 1,480,167 | 1,505,558 | 1,466,333 | 1,546,204 |
| 博物館及び観光施設 | 266,336 | 227,016 | 225,997 | 204,659 | 210,938 | 197,454 | 198,951 |
| 大規模公園 | 1,465,248 | 1,486,778 | 1,495,827 | 1,482,259 | 1,487,181 | 1,608,005 | 1,768,260 |
| リゾート施設及びレクリエーション施設 | 269,204 | 256,137 | 243,666 | 216,986 | 174,980 | 196,740 | 201,916 |
| 行・祭事・イベント | 606,500 | 597,150 | 573,630 | 534,249 | 656,213 | 637,286 | 641,100 |
| 合　計 | 4,157,796 | 4,061,436 | 4,110,864 | 3,918,320 | 4,034,870 | 4,105,818 | 4,356,431 |

| | 2006 | 2007 | 2008 | 2009 | 2010 | 2011 | 2012 |
|---|---|---|---|---|---|---|---|
| 神社・仏閣 | 1,641,515 | 1,758,442 | 2,080,049 | 1,942,046 | 1,848,908 | 1,852,851 | 1,726,085 |
| 博物館及び観光施設 | 212,162 | 254,245 | 378,925 | 261,325 | 232,597 | 226,850 | 193,931 |
| 大規模公園 | 1,795,319 | 1,887,210 | 1,997,341 | 2,009,032 | 2,063,766 | 1,940,003 | 1,884,670 |
| リゾート施設及びレクリエーション施設 | 214,831 | 223,864 | 227,805 | 220,320 | 228,102 | 231,518 | 208,970 |
| 行・祭事・イベント | 650,169 | 809,097 | 878,731 | 576,252 | 737,410 | 612,877 | 708,995 |
| 合　計 | 4,513,996 | 4,932,858 | 5,562,851 | 5,008,975 | 5,110,783 | 4,864,099 | 4,722,651 |

| | 2013 | 2014 | 2015 | 2016 | 2017 | 2018 |
|---|---|---|---|---|---|---|
| 神社・仏閣 | 1,099,169 | 2,350,975 | 2,578,627 | 2,378,746 | 2,487,922 | 2,563,193 |
| 博物館及び観光施設 | 151,017 | 216,031 | 227,951 | 199,761 | 205,060 | 194,268 |
| 大規模公園 | 1,821,578 | 1,939,953 | 2,085,180 | 2,130,595 | 2,054,724 | 1,921,610 |
| リゾート施設及びレクリエーション施設 | 186,905 | 198,760 | 216,737 | 220,278 | 215,706 | 208,253 |
| 行・祭事・イベント | 689,175 | 496,045 | 489,516 | 657,767 | 546,403 | 511,186 |
| 合　計 | 3,947,844 | 5,201,764 | 5,598,011 | 5,587,147 | 5,509,815 | 5,398,510 |

（注）　神社・仏閣（平等院，宇治上神社ほか），博物館及び観光施設（市営茶室「対鳳庵」，源氏物語ミュージアムほか），大規模公園（太陽が丘，宇治市植物公園ほか），リゾート施設及びレクリエーション施設（アクトパル宇治ほか），行・祭事・イベント（宇治川さくらまつり，県まつり，宇治川花火大会ほか）。
（出所）　宇治市調べ。

さまざまな記念行事が実施された源氏物語千年紀の年であった。

　その後，順調に500万人台を維持していたが，2011年を契機に減少傾向となり，2013年には400万人台をも下回った。これは神社・仏閣の欄からみてとれるように，2012年〜2014年の鳳凰堂平成の大修理をはじめ，宇治上神社本殿と拝殿の修復，宇治川塔の島（府立宇治公園）地区河川改修工事という観光名所3カ所で同時に改修工事等が実施されたいわゆる“トリプルパンチ”の影響で

表 5 - 2　宇治市観光入込客数推移（構成比）（1999年〜2018年）

| | 1999 | 2000 | 2001 | 2002 | 2003 | 2004 | 2005 |
|---|---|---|---|---|---|---|---|
| 神社・仏閣 | 37.3% | 36.8% | 38.2% | 37.8% | 37.3% | 35.7% | 35.5% |
| 博物館及び観光施設 | 6.4% | 5.6% | 5.5% | 5.2% | 5.2% | 4.8% | 4.6% |
| 大規模公園 | 35.2% | 36.6% | 36.4% | 37.8% | 36.9% | 39.2% | 40.6% |
| リゾート施設及び<br>レクリエーション施設 | 6.5% | 6.3% | 5.9% | 5.5% | 4.3% | 4.8% | 4.6% |
| 行・祭事・イベント | 14.6% | 14.7% | 14.0% | 13.6% | 16.3% | 15.5% | 14.7% |
| 合　計 | 100.0% | 100.0% | 100.0% | 100.0% | 100.0% | 100.0% | 100.0% |

| | 2006 | 2007 | 2008 | 2009 | 2010 | 2011 | 2012 |
|---|---|---|---|---|---|---|---|
| 神社・仏閣 | 36.4% | 35.6% | 37.4% | 38.8% | 36.2% | 38.1% | 36.5% |
| 博物館及び観光施設 | 4.7% | 5.2% | 6.8% | 5.2% | 4.6% | 4.7% | 4.1% |
| 大規模公園 | 39.8% | 38.3% | 35.9% | 40.1% | 40.4% | 39.9% | 39.9% |
| リゾート施設及び<br>レクリエーション施設 | 4.8% | 4.5% | 4.1% | 4.4% | 4.5% | 4.8% | 4.4% |
| 行・祭事・イベント | 14.4% | 16.4% | 15.8% | 11.5% | 14.4% | 12.6% | 15.0% |
| 合　計 | 100.0% | 100.0% | 100.0% | 100.0% | 100.0% | 100.0% | 100.0% |

| | 2013 | 2014 | 2015 | 2016 | 2017 | 2018 |
|---|---|---|---|---|---|---|
| 神社・仏閣 | 27.8% | 45.2% | 46.1% | 42.6% | 45.2% | 47.5% |
| 博物館及び観光施設 | 3.8% | 4.2% | 4.1% | 3.6% | 3.7% | 3.6% |
| 大規模公園 | 46.1% | 37.3% | 37.2% | 38.1% | 37.3% | 35.6% |
| リゾート施設及び<br>レクリエーション施設 | 4.7% | 3.8% | 3.9% | 3.9% | 3.9% | 3.9% |
| 行・祭事・イベント | 17.5% | 9.5% | 8.7% | 11.8% | 9.9% | 9.5% |
| 合　計 | 100.0% | 100.0% | 100.0% | 100.0% | 100.0% | 100.0% |

（注）　神社・仏閣（平等院，宇治上神社ほか），博物館及び観光施設（市営茶室「対鳳庵」，源氏物語ミュージアム
　　　ほか），大規模公園（太陽が丘，宇治市植物公園ほか），リゾート施設及びレクリエーション施設（アクトパ
　　　ル宇治ほか），行・祭事・イベント（宇治川さくらまつり，県まつり，宇治川花火大会ほか）。
（出所）　宇治市調べ。

ある。

　それぞれの内訳の構成比推移（表5-2）をみてみると，神社・仏閣では総数
が増加傾向にある中においても30％台後半を占め続けていたが，前述の鳳凰堂
平成の大修理の際には27.8％まで低下している，大修理完成後は急激に総数・
構成比とも増加し，直近の2018年では47.5％となるなど，平等院の影響はかな
り大きいと考えられる。

府立山城総合運動公園（太陽が丘）を中心とした大規模公園では，安定的に40％前後の構成比となっているが，行動形態が一般的な観光と異なるのではないかと考えられる。太陽が丘で開催される観光事業者の関わるイベントの際には，お土産の割引券を配布していることなどをみても，周遊に誘うことが課題となっていると考えられる。

市営茶室対鳳庵や源氏物語ミュージアムなどの博物館及び観光施設，アクトパル宇治などのリゾート施設及びレクリエーション施設は，総数・構成比とも大きくないが，行動形態を考えてみると，神社仏閣の見学とともに，お土産の購入・抹茶体験・飲食といった行動に結びつく分野であると考えられ，周遊観光という面においてはこの分野の要素を強化することが，イメージ面においても経済面においても重要と考えられる。

一方で，安定的な数値となっていないのは，宇治川さくらまつり・県まつり・宇治川花火大会などの行・祭事・イベントである。神事は別として考えなければならないが，いわゆるイベントは天候に左右されるうえ，一時的な集客であるため，実施形態によっては地域経済への波及は期待できない。その観光地が無名でこれから集客という段階にある場合，知名度を上げるためのイベントという考え方はあるが，平等院や宇治茶といったブランドイメージがある程度定着している宇治にとって，混雑などのリスクを考えると，注力すべき分野なのかどうかはよく考える必要があるだろう。

### （2）訪日外国人観光客

近年訪日外国人観光客（インバウンド）数は急激な伸びを示している。そのような状況のなかで，訪日外国人観光客の国・地域別来訪状況について，全国の旅行者数と宇治市観光案内所（JR宇治駅前・京阪宇治駅前・近鉄大久保駅前）での案内件数の構成比を比較してみると，宇治は東アジアでは台湾・香港からの来訪比率が高く，韓国からはかなり低い（図5-1）。

市営茶室対鳳庵の訪日外国人観光客数構成比をみると，2017年頃より40〜50％を占めるようになっており，2018年度は総入席者数2万3354人のうち

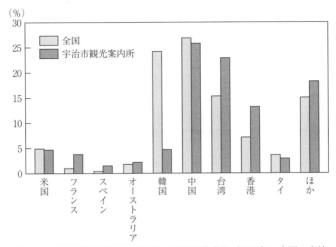

**図 5 - 1**　訪日外国人旅行者数の国・地域別構成比（2018年，全国，宇治
市観光案内所）

（出所）　国土交通省『観光白書　令和元年版　資料編』217頁および公益社団法人宇治市
観光協会調べから筆者作成。

訪日外国人が 1 万1858人（50.8％）となっている。直近における神社・仏閣へ
の観光入込客数の増加傾向を訪日外国人観光客が支えている状況がみてとれる。

　先に，宇治観光は神社仏閣の見学とお土産購入・抹茶体験・抹茶スイーツの
飲食など，「観て巡る」・「体験」の双方が混在しているとしたが，訪日外国人
観光客に対して，現状の観光資源を前提とする場合は，①今来ている国・地域
への働きかけを強めリピート需要を掘り起こす，②今来ていないところへの働
きかけを強める，このいずれもの行動は必要となってくる。これには戦略的な
情報発信と旅行形態に応じたきめ細かなセールス活動，さらには訪日外国人観
光客が期待する観光資源・観光体験の整備が求められる。加えて，来訪者の期
待を上回るもてなしが必須なのは言うまでもない。


**（3）観光客の行動**

　次に，宇治市観光動向調査報告書（宇治市，2017）から宇治観光の現状と課
題をひもとく。この調査は，宇治市が国内観光客については2016年 9 月・11

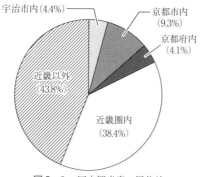

**図5-2　国内観光客の居住地**

（注）　N=2,153。
（出所）　宇治市『宇治市観光動向調査報告書』11頁
　　　　から筆者作成。

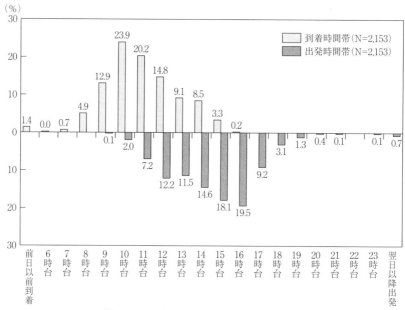

**図5-3　到着時間と出発時間（国内観光客）**

（出所）　宇治市『宇治市観光動向調査報告書』20頁。

滞在時間
(N=2,153)

1.2 ┐                                                                          ┌ 0.1

| 13.9 | 24.8 | 18.4 | 17.0 | 11.1 | 13.5 |

0　　　　　　20　　　　　　40　　　　　　60　　　　　　80　　　　　100(%)

| □ 1時間未満 | ▨ 1〜2時間未満 | ▨ 2〜3時間未満 | ▨ 3〜4時間未満 |
| ■ 4〜5時間未満 | ▨ 5〜6時間未満 | ▨ 6時間以上 | ■ 不明・無回答 |

**図5-4　滞在時間（国内観光客）**

（出所）　宇治市『宇治市観光動向調査報告書』20頁。

月・2017年1月・2月・5月に宇治市内の主要観光ポイントで2153件の聞き取り調査を，外国人観光客については，2016年10月に金閣寺・東山・嵐山・伏見で440件の聞き取り調査を行ったものである。

　国内観光客の居住地（図5-2）では，日帰り圏内と考えられる宇治市・京都市・京都府内（宇治市・京都市除く）・近畿圏内が56.2％となり，宿泊観光か日帰り観光かについての質問では，「宿泊」が36.8％，「日帰り」が63.0％，宿泊地は「京都市」が62.7％，「大阪府」が11.1％，「宇治市」が7.6％となっている。さらに，到着時間と出発時間（図5-3）についてみると，到着時間帯は「10時台」が23.9％と最も高く，次いで「11時台」が20.2％，「12時台」が14.8％となっており，出発時間帯は「16時台」が19.5％と最も高く，次いで「15時台」が18.1％，「14時台」が14.6％となっており，滞在時間（図5-4）についても「2〜3時間未満」が24.8％と最も高く，次いで「3〜4時間未満」が18.4％となっていることから，宇治は国内観光客においては昼間の観光地であることがわかる。

　一方，訪日外国人観光客の居住国・地域別構成比（図5-5）では台湾・中国が過半数となり，香港・韓国・東南アジアを含むと概ね4分の3が東アジア・東南アジアという状況となっている。ただし，調査時点と現在では全体的な傾向は変わっていないが，来訪者数の内訳では台湾が減少し中国が増加している。

　国・地域別に年齢構成をみてみると（表5-3），いずれの国・地域も20〜29歳・30〜39歳が多くを占めており，国内観光客はそれぞれの年齢階層が均等に宇治に訪れている（図5-6）のに比べ，訪日外国人観光客では若年層に人気が

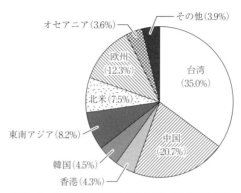

**図5-5　訪日外国人観光客居住国・地域別構成比**

（注）　N=440。

（出所）　宇治市『宇治市観光動向調査報告書』43頁から筆者
作成。

**表5-3　訪日外国人観光客居住国・地域別年齢階層別構成比**

|  | 全数 | 19歳以下 | 20～29歳 | 30～39歳 | 40～49歳 | 50～59歳 | 60～69歳 | 70歳以上 | 不明 |
|---|---|---|---|---|---|---|---|---|---|
| 台　湾 | 154 | 7.8% | 39.6% | 24.7% | 14.9% | 8.4% | 3.9% | 0.6% | 0.0% |
| 中　国 | 91 | 2.2% | 60.4% | 26.3% | 1.1% | 6.6% | 1.1% | 1.1% | 1.1% |
| 香　港 | 19 | 0.0% | 47.4% | 31.6% | 15.8% | 5.3% | 0.0% | 0.0% | 0.0% |
| 韓　国 | 20 | 20.0% | 26.0% | 15.0% | 20.0% | 20.0% | 0.0% | 0.0% | 0.0% |
| 東南アジア | 36 | 2.8% | 47.2% | 33.3% | 11.1% | 2.8% | 2.8% | 0.0% | 0.0% |
| 北　米 | 33 | 0.0% | 27.3% | 27.3% | 9.1% | 18.2% | 12.1% | 3.0% | 3.0% |
| 欧　州 | 54 | 1.9% | 55.6% | 22.2% | 5.6% | 1.9% | 13.0% | 0.0% | 0.0% |
| オセアニア | 16 | 6.3% | 25.0% | 18.8% | 12.5% | 6.3% | 25.0% | 6.3% | 0.0% |
| その他 | 17 | 0.0% | 47.1% | 29.4% | 11.8% | 11.8% | 0.0% | 0.0% | 0.0% |
| 合　計 | 440 | 4.8% | 45.0% | 25.5% | 10.2% | 8.0% | 5.2% | 0.9% | 0.5% |

（注）　N=440。

（出所）　宇治市『宇治市観光動向調査報告書』44頁。

あることがうかがえる。

　次に，宇治に観光に来る目的をみてみる（図5-7）。

　国内観光客では，「寺院・神社，名所・旧跡」が72.2％と最も高く，次いで「自然や風景，まちの景観」が24.7％，「宇治茶・抹茶スイーツの合計（重複を除く）」では24.1％となっている。

　訪日外国人観光客では「寺院・神社，名所・旧跡」が60.7％，「自然や風景，

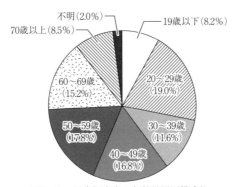

図5-6　国内観光客の年齢階層別構成比
(注)　N=2,153。
(出所)　宇治市『宇治市観光動向調査報告書』3頁から筆者
　　　作成。

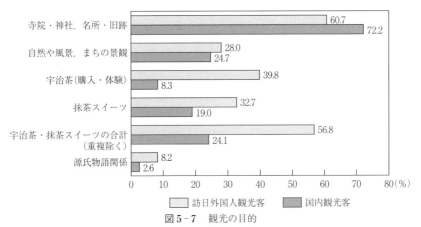

図5-7　観光の目的
(出所)　宇治市『宇治市観光動向調査報告書』15頁，56頁から筆者作成。

　まちの景観」が28.0％，「宇治茶・抹茶スイーツの合計（重複を除く）」が
56.8％となっている。国内観光客はそれぞれの年齢階層が均等に宇治に訪れて
いるのに比べ，訪日外国人観光客は若年層に人気がある理由の一端が垣間見え
る。
　さらに詳しくみてみると，訪日外国人観光客が宇治茶や抹茶スイーツに関す
る行動を，国内観光客より多くとっていることがわかる（図5-8）。

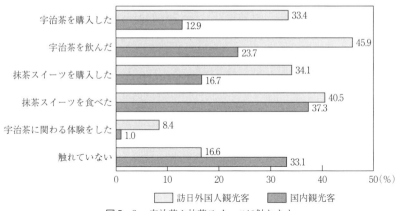

宇治茶を購入した 33.4 / 12.9
宇治茶を飲んだ 45.9 / 23.7
抹茶スイーツを購入した 34.1 / 16.7
抹茶スイーツを食べた 40.5 / 37.3
宇治茶に関わる体験をした 8.4 / 1.0
触れていない 16.6 / 33.1

0　10　20　30　40　50(%)

☐ 訪日外国人観光客　▨ 国内観光客

図5-8　宇治茶や抹茶スイーツに触れたか

（出所）宇治市『宇治市観光動向調査報告書』22頁，59頁から筆者作成。

　お土産の購入状況については国内観光客が「購入した，予定している」が59.4％であるのに対し，訪日外国人観光客では「購入した，予定している」は63.6％と高くなっており，購入したお土産の種類（図5-9）についても，「お茶・茶葉」が国内観光客33.2％に対し訪日外国人観光客45.3％，「茶団子」が同23.6％に対し28.1％，「抹茶入り和菓子」（「茶団子」と「茶団子を除く抹茶和菓子」の合計から重複を除いた数値）では同39.0％に対し57.1％となっている。

　観光客の行動からみた宇治観光は，観光入込客数の動向と同様に，神社仏閣の見学とお土産購入・抹茶体験・抹茶スイーツの飲食など，「観て巡る」・「体験」の双方が混在しているが，国内観光客が主に「観て巡る」行動が多いことに比べ，訪日外国人観光客では「体験」行動が多いといえる。

　そのため，戦略的な情報発信ときめ細かなセールス活動においては，観光資源をアピールするのか，それとも観光体験をアピールするのか，来訪者の期待に沿う戦略をたてていくことが重要となる。

### （4）観光消費額

　観光がもたらす経済的効果について，まず観光消費額をみてみる。「宇治市観光動向調査報告書」における国内観光客1人あたり平均観光消費額は4046円

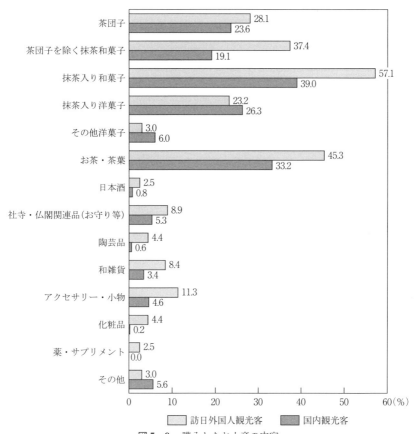

図 5-9　購入したお土産の内容

(出所)　宇治市『宇治市観光動向調査報告書』25頁，63頁から筆者作成。

となっている。

　これは「平成30年（2018年）京都府観光入込客調査報告書」（京都府2018年 7 月）における京都市の 1 人あたり平均観光消費額 2 万4800円に比べると著しく低いが，その原因は宿泊にあるといえる。

　一方，訪日外国人観光客 1 人あたり平均観光消費額は6227円となっており，飲食費・物品購入費で国内観光客を上回る支出となっている（図 5-10）。

　飲食費・物品購入費の消費額構成比（図 5-11，図 5-12）をみてみると，訪日

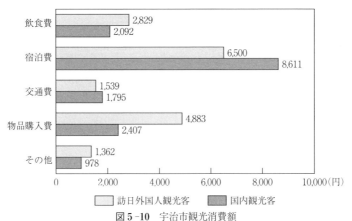

**図 5-10　宇治市観光消費額**

（出所）　宇治市『宇治市観光動向調査報告書』29頁，66頁から筆者作成。

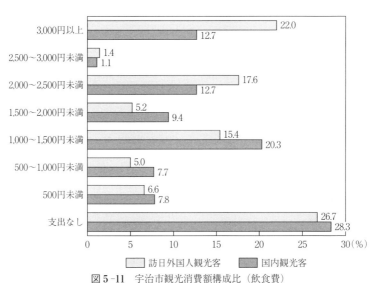

**図 5-11　宇治市観光消費額構成比（飲食費）**

（出所）　宇治市『宇治市観光動向調査報告書』27頁，64頁より筆者作成。

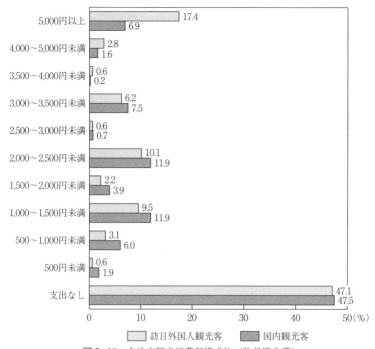

**図 5-12** 宇治市観光消費額構成比（物品購入費）
（出所）　宇治市『宇治市観光動向調査報告書』28頁，65頁より筆者作成。

外国人観光客は消費単価が高い部分の比率が高くなっており，特に物品購入費の場合は免税店が増加してきていることも一因と考えられる。これは訪日外国人観光客の誘客を進めていることの裏付けとなるデータといえる。

　一般的に観光消費は交通・宿泊・飲食など観光サービスの柱となる項目の消費である「基本的項目」と，ショッピング・娯楽など周辺的あるいは付随的な項目の消費である「付随的項目」に大別され，観光消費が成熟するにつれて付随的項目の占める比率が大きくなると言われている（中平・藪田，2017）。

　宇治観光が成熟しているかどうかは，他の観光地の統計との比較分析が必要となるが，宇治市における訪日外国人観光客における物品購入費の割合が高いことは，訪日外国人観光客が何を求めて宇治に来ているかを知るヒントになりうると考えられる。

一方で，飲食費の支出なしが3割弱，物品購入費に至っては5割弱となっていることを見逃してはならない。「いろいろなところを観て巡る観光」という形態によるものと考えられるが，観光客の来訪による社会的費用（混雑など）に見合う収入を得られるような取り組みが求められる。

### （5）地域産業連関表

　観光は，多くの産業と多様な関連をもっており，例えば宿泊業や飲食業などのサービス業は，農林水産業や食品工業・建設業などと関連するなど，多くの産業と多様な関連をもっており，その裾野の広さは第1次産業から第3次産業までを包括的に含むとされている（中平・薮田，2017）。

　このような地域産業の地域経済における役割を分析するためには産業連関表が有効である。詳細な説明はここでは割愛するが，産業連関表とは，1つの地域において一定の期間（通常1年間）に行われた経済活動に関し，産業と産業，産業と消費者などの間における財貨・サービスの取引の流れを捉え，これらの取引の関係とその金額がひと目でわかるように一覧表にまとめたものである。これにより，定量的な経済動向の把握や予測，地域経済の将来予測，公共投資やプロジェクト・イベント・観光消費などの経済波及効果分析や雇用誘発など多方面の分析ができるものである（伊多波，1999）。

　宇治市では，データに基づいた産業振興策作成のために『平成26年（2014年）宇治市産業連関表』（宇治市，2018）を作成している（図5-13）。これは後に内閣府が提唱した，政策の企画をその場限りのエピソードに頼るのではなく，政策目的を明確化したうえで合理的根拠（エビデンス）に基づくものとするEBPM（証拠に基づく政策立案）と考え方を同じくするものである（内閣府，2018）。

　そこでは，2014年の宇治市の総供給は1兆5553億円であり，総供給は市内生産額（9797億円）と輸移入（5756億円）からなっていること，市内生産額の内訳は中間投入（4543億円）と粗付加価値（雇用者所得：2,617億円，営業余剰：1,180億円，資本減耗引当：1,085億円など計5,254億円）からなっていることが示されてい

（単位：億円）

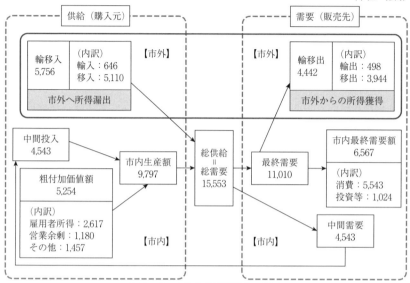

**図5-13　宇治市産業連関表の概要**

（出所）『平成26年（2014年）宇治市産業連関表』15頁。

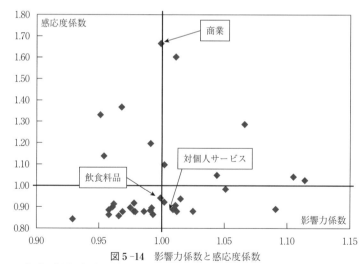

**図5-14　影響力係数と感応度係数**

（出所）『平成26年（2014年）宇治市産業連関表』より筆者作成。

る。一方，総需要（1兆5553億円）は，中間需要（4543億円）と最終需要（市内最終需要：6567億円と輸移出：4442億円，計1兆1010億円）からなっていることが示されている。

　この『平成26年（2014年）宇治市産業連関表』において観光の状況をみてみる（図5-14）。産業連関表で用いられる部門分類（総務省，2015）のうち，宇治市で使用している統合大分類（37部門）では，観光という業種は設定されていない。そこで，観光に関係するであろう部門として，菓子類・茶などが含まれる「飲食料品」，卸売・小売が含まれる「商業」，宿泊業・飲食サービス・娯楽サービスなどが含まれる「対個人サービス」の3つの分野の状況を確認することとする。

　まず，「域内生産額における各産業の構成比」を「国内生産額における各産業の構成比」で除することで算出され，ある産業の産業全体に占める構成比が同じ産業の全国での構成比の何倍になるかを示す産業別特化係数について全国と比較すると，飲食料品が1.6，商業が0.8，対個人サービスが0.8と，飲食料品のみが全国平均に比べて宇治市内のシェアが大きく，特化した産業の一つであるといえる。

　次に，新たに需要が発生した時に，その需要を満たすために次々と新たな生産が誘発されていく状況を把握できる生産波及効果をみてみると，全産業平均で1.165倍（開放型による）のところ，飲食料品が1.164，商業が1.164，対個人サービスが1.177となっている。

　また，ある部門に最終需要があった場合に産業全体に生産波及の影響を与えることができるかを表す影響力係数では，飲食料品が0.999，商業が0.999，対個人サービスが1.010となり，これらの産業部門は他の産業部門に対して，その産業が活発になっても影響を与えないことがわかる。一方，全産業にそれぞれ1単位の需要があった場合に，ある産業が受ける効果を表す感応度係数では飲食料品が0.941，商業が1.665，対個人サービスが0.891と，商業は市内経済の変化の影響を受けやすいことがわかる。

　その産業部門が雇用などにどう影響があるかを取引基本表と投入係数表でみ

表5-4　宇治市産業連関表の概要　　　　　　　　　　（単位：百万円）

| | | 市内需要額<br>A | 輸移出<br>B | 需要合計に対する輸移出の比率<br>C=B/D | 需要合計<br>D | 輸移入<br>E | 需要合計に対する輸移入の比率<br>F=E/D | 市内生産額<br>G=D+E |
|---|---|---|---|---|---|---|---|---|
| 01 | 農林水産業 | 16,208 | 202 | 1.2% | 16,410 | -14,443 | 88.0% | 1,966 |
| 06 | 鉱業 | 2,251 | 391 | 17.4% | 2,643 | -2,064 | 78.1% | 578 |
| 11 | 飲食料品 | 57,597 | 51,217 | 88.9% | 108,814 | -47,689 | 43.8% | 61,125 |
| 15 | 繊維製品 | 6,699 | 2,620 | 39.1% | 9,319 | -6,295 | 67.6% | 3,024 |
| 16 | パルプ・紙・木製品 | 12,703 | 766 | 6.0% | 13,469 | -12,440 | 92.4% | 1,029 |
| 20 | 化学製品 | 38,580 | 24,384 | 63.2% | 62,964 | -37,820 | 60.1% | 25,144 |
| 21 | 石油・石炭製品 | 21,312 | 87 | 0.4% | 21,399 | -20,822 | 97.3% | 576 |
| 22 | プラスチック・ゴム | 29,844 | 30,554 | 102.4% | 60,398 | -27,725 | 45.9% | 32,673 |
| 25 | 窯業・土石製品 | 7,495 | 2,841 | 37.9% | 10,335 | -5,850 | 56.6% | 4,485 |
| 26 | 鉄鋼 | 8,197 | 389 | 4.8% | 8,587 | -7,994 | 93.1% | 593 |
| 27 | 非鉄金属 | 8,940 | 2,162 | 24.2% | 11,102 | -9,085 | 81.8% | 2,017 |
| 28 | 金属製品 | 11,851 | 3,137 | 26.5% | 14,988 | -10,516 | 70.2% | 4,472 |
| 29 | はん用機械 | 5,990 | 1,416 | 23.6% | 7,406 | -5,877 | 79.4% | 1,529 |
| 30 | 生産用機械 | 12,002 | 15,622 | 130.2% | 27,624 | -10,408 | 37.7% | 17,216 |
| 31 | 業務用機械 | 5,303 | 3,280 | 61.9% | 8,583 | -4,941 | 57.6% | 3,642 |
| 32 | 電子部品 | 13,305 | 38,369 | 288.4% | 51,675 | -13,000 | 25.2% | 38,675 |
| 33 | 電気機械 | 13,410 | 9,274 | 69.2% | 22,684 | -13,077 | 57.6% | 9,607 |
| 34 | 情報・通信機器 | 12,356 | 385 | 3.1% | 12,740 | -12,351 | 96.9% | 390 |
| 35 | 輸送機械 | 29,264 | 24,231 | 82.8% | 53,495 | -22,051 | 41.2% | 31,444 |
| 39 | その他の製造工業製品 | 18,644 | 85,766 | 460.0% | 104,410 | -16,225 | 15.5% | 88,185 |
| 41 | 建設 | 56,879 | 0 | 0.0% | 56,879 | 0 | 0.0% | 56,879 |
| 46 | 電力・ガス・熱供給 | 22,404 | 1 | 0.0% | 22,405 | -16,406 | 73.2% | 5,999 |
| 47 | 水道 | 5,512 | 2,238 | 40.6% | 7,750 | -1 | 0.0% | 7,749 |
| 48 | 廃棄物処理 | 5,919 | 2,548 | 43.0% | 8,467 | -2,802 | 33.1% | 5,665 |
| 51 | 商業 | 113,993 | 35,410 | 31.1% | 149,403 | -67,266 | 45.0% | 82,137 |
| 53 | 金融・保険 | 34,534 | 441 | 1.3% | 34,974 | -17,278 | 49.4% | 17,696 |
| 55 | 不動産 | 116,270 | 1,013 | 0.9% | 117,284 | -4,244 | 3.6% | 113,040 |
| 57 | 運輸・郵便 | 50,406 | 13,037 | 25.9% | 63,443 | -26,603 | 41.9% | 36,840 |
| 59 | 情報通信 | 55,873 | 31,991 | 57.3% | 87,864 | -28,760 | 32.7% | 59,103 |
| 61 | 公務 | 45,328 | 0 | 0.0% | 45,328 | 0 | 0.0% | 45,328 |
| 63 | 教育・研究 | 51,043 | 6,362 | 12.5% | 57,405 | -12,999 | 22.6% | 44,406 |
| 64 | 医療・福祉 | 89,025 | 24,412 | 27.4% | 113,437 | -19,005 | 16.8% | 94,432 |
| 65 | その他の非営利団体サービス | 6,148 | 1,100 | 17.9% | 7,248 | -2,911 | 40.2% | 4,337 |
| 66 | 対事業所サービス | 62,963 | 9,350 | 14.8% | 72,313 | -48,111 | 66.5% | 24,202 |
| 67 | 対個人サービス | 55,216 | 17,527 | 31.7% | 72,743 | -27,011 | 37.1% | 45,732 |
| 68 | 事務用品 | 1,418 | 0 | 0.0% | 1,418 | 0 | 0.0% | 1,418 |
| 69 | 分類不明 | 6,156 | 1,703 | 27.7% | 7,859 | -1,490 | 19.0% | 6,369 |
| 70 | 内生部門計 | 1,111,038 | 444,228 | 40.0% | 1,555,266 | -575,562 | 37.0% | 979,705 |

（出所）　『平成26年（2014年）宇治市産業連関表』より筆者作成（端数処理の関係で合計数値が合わない場合がある）。

てみると，飲食料品の市内生産額611億2500万円のうち雇用者所得が94億7700万円で投入係数が0.155（37部門中26位），商業の市内生産額821億3700万円のうち雇用者所得が357億3200万円で投入係数が0.435（37部門中5位），対個人サービスの市内生産額457億3200万円のうち雇用者所得が132億1400万円で投入係数が0.289（37部門中14位）となっており，商業や対個人サービスでは雇用にかけている費用の割合が高い，つまり雇用につながる産業であることがわかる。

　さらに，域際収支を全体でみると，輸移出は4442億円，輸移入は5756億円で，輸移入超過となっている（表5-4）。輸移入は，生産の際に必要なものを市域外から購入している，つまり市内の資金が市域外へ漏出している状況で，輸移出は市内で生産されたものを市外に販売している，つまり市域外から資金を獲得している状況である。市域内での資金が多くなるとその還流により需要を生み出すことが考えられる。この視点でみると「飲食料品」のみが輸移出超過となっている。商業は輸移入超過であるが，輸移出額は一定の大きさがある。

　観光地での経済活動を考えてみると，先に述べたように多くが宇治市以外から来訪されている観光客が，宇治市で飲食・購入をするということは，宇治市域外から資金を獲得していることとなるため，市域外から資金を獲得し，その還流により需要を生み出すという観点で，市内経済の活性化に資するものと考えられる。

　このように観光は，地域経済のフロー効果（伊多波，2009）において，域外資金獲得や雇用に一定の効果がある産業であることが推定される。

　今後は，地域経済のフロー効果推定に加え，観光資源の整備や大規模なプロジェクト・イベントを実施する際の経済波及効果や，費用便益分析によるプロジェクト・イベントの効果や効率性の把握（松田，2004）により，観光のもつ経済的優位性をさらに説明できることとなり，政策を合理的根拠に基づき立案するEBPM（証拠に基づく政策立案）の考え方のもと遂行していくことが可能となると考えられる。

# 3　宇治観光の可能性

## （1）観光入込客数

　観光入込客数のうち，宇治を訪れる目的がスポーツであると思われる大規模公園の入込客数を除く概ね300〜350万人前後が宇治の何らかの観光要素を求めて来ている人数とみてとれ，これら観光客は国内・国外を問わず，いろいろなところを観て巡り，いろいろな体験をする観光行動をとっていると考えられる。

　この賑わいをもっと増やそうと思うかもしれないが，今一度宇治の状況をよく考えてみる必要があろう。データに基づくものではないが，宇治における観光客の状況をみると，すでに週末や祝日はかなり混雑しているといえる。春秋の観光シーズンには道路の渋滞も長時間に及び，飲食店は長蛇の列となっているところも多い。この状況が続くと「観光公害」と言われかねない。観光公害（Overtourism）という用語に厳密な定義はないが，観光地の環境容量すなわち「ある観光地において，自然環境，経済，社会文化にダメージを与えることなく，また観光客の満足度を下げることなく，1度に訪問できる最大の観光客数」を超過した，観光資源の過剰利用とその結果とされている（高坂，2019）。

　一方，夏冬の平日をみてみると，このような状況はあまり発生しておらず，夜間は一年を通してほぼ混雑は発生していない。観光入込客数で考えると，夏冬・平日・夜間という閑散期においては，まだ誘客の余地はあると考えられる。こういった時期に訪れることができるであろう客層に訴えかけられる観光素材をPRすることが，今後の宇治観光に必要であろう。観光事業者サイドにおいても，一時的な混雑に対して，店舗設備や体制を増強することは，混雑時以外の時期では過大な投資となってしまうからできないが，繁忙期と閑散期の差が縮まると，受け入れ体制の充実に取り組んでいくものと考えられる。

　さらに，繁忙期の混雑を緩和するインフラの整備もまだまだ必要と考えられる。昔，「お茶と観光のまち宇治」という大きな看板が宇治の中心地に掲げられていた。しかしながら，観光誘客・受け入れのための基盤整備は十分であっ

たとは言い切れないと考える。ようやくインフォメーション施設の整備や鉄道輸送力の増強が進みだしており，これらにより観光客が快適に過ごせる宇治が少しでも実現できるのではないかと考えられる。

観光客が多ければよいという考え方は，観光公害といった側面や，宇治の観光要素の集積度合いや分布からみても望ましいとは言えず，さらにはハード面での対策には限界があることを踏まえると，宇治観光の良さをしっかり味わってもらえる観光客受入容量というのは自ずと定まってくると考えられる。繰り返しとなるが，宇治の観光要素を好む客層に観光素材をPRし，繁閑の差を縮めるとともに，観光客が快適に過ごせる基盤整備を進めることで，宇治観光のステイタスが向上すると考えられる。

### （2）観光客の行動

観光客の行動をみると，やはり宇治観光は神社仏閣の見学とお土産の購入・抹茶を中心とした飲食に集約されていることがみてとれ，「観て巡る」・「体験」という行動が混在している状況である。

これらの行動に対して，飲食店が増加するなどの対応は進んできているが，観光客が求める要素そのものが永続的に続くとは考えにくい。昨今では個別の製品やサービスの持つ機能的価値を消費する「モノ消費」から，製品を購入して使用したり，単品の機能的なサービスを享受するのみでなく，個別の事象が連なった総体である「一連の体験」を対象とした消費である「コト消費」へ，特に訪日外国人観光客の志向が変化しているとされている（経済産業省，2015）。

公益社団法人宇治市観光協会では，現在来訪の多い東アジアを中心に誘客の働きかけを継続して強化していることに加え，近畿圏の私鉄などとともに，欧米豪の新規需要掘り起こしのための取り組みを進めているが，その中でもやはり「体験」は必須のキーワードとなっている。そこでは，「畳で寝られるのか？」，「トレッキングはできるのか？」，「抹茶を作っているところが見られるか？」といった問い合わせがあり，観光客が望む体験と，受け入れ側が想定している体験に差異があることがわかる。

現在取り組みが進められているダム観光をはじめとした，国内観光客・訪日外国人観光客に向けての観光資源・観光体験の整備のほかに，観光客が望む体験といえるコンテンツツーリズムへの対応をはじめとしたニーズに沿った取り組みを進めることにより，神社仏閣の見学とお土産の購入・抹茶を中心とした飲食という観光形態に加え，宇治を楽しむフィールドが拡大することとなろう。

### （3）経済的側面

　観光関連産業は，宇治市産業連関表においては，雇用につながる産業であるとともに，市域外から資金を獲得し，その還流により需要を生み出すという観点で，市内経済の活性化に資するところがあるものとなっている。

　しかしながら，観光消費額そのものは大きいとはいえず，特に京都に近接しているという宇治の地理的特性から，宿泊における消費額が低く，京都市に比べると6分の1程度となっている。この部分を改善できれば地域経済への好影響が期待されるが，供給を整備しても需要がなければ市場は成立しない。つまり観光客が宿泊して楽しい環境を設えないと，宿泊してもらえないこととなる。温泉や繁華街をもたない環境である宇治に宿泊を求めることはかなり困難な課題ではあるが，国内観光客1人あたり平均観光消費額4046円と，訪日外国人観光客1人あたり平均観光消費額6227円をみると，ここにヒントがあるとも考えられる。

　これまでの国内旅行における宿泊の典型的パターンといえる，夕方にチェックインして温泉に入り部屋で夕食という行動と，基本的に外食で宿泊施設には遅い時間帯にチェックインするという近年の訪日外国人観光客の行動を見比べると，宇治においても外食の充実や夜間の観光スポット整備など，訪日外国人観光客の好む環境の設えにより宿泊需要を喚起することは可能であろう。

　このような「弱い」部分のピンポイントでの充実と，これまでから「強い」部分といえる宇治茶の飲食・物販両面でのさらなる高級ブランド化により，観光消費による地域経済活性化はまだ伸びしろがあると考えられる。

## （4）観光をまちの誇りに

　このように宇治の観光は，入込客数においても観光客の行動においても，場面は限られるものの一定の受け入れ余地があり，そのことによる経済効果も期待できる状況にあるといえる。そのためには，飲食や宿泊の充実といった民間投資はもちろんのこと，環境整備や基盤整備，魅力を伝えるための情報発信などの行政投資も必要となってくる。

　宇治において行政投資，つまり税の投入をする場合を考えると，行政区域に対して観光投資をする区域は一部分となっており，観光投資の多寡に関してはさまざまな議論があることは容易に推測できる。

　経済的な便益でみると，食事などの競合的消費や，道路の利用や景色を楽しむなどの非競合的消費という使用価値と，将来使うかもしれないというオプション価値や，同世代・将来世代への贈与という利他的存在価値，存在そのものが望ましいという純粋存在価値という受動的使用価値に大別される（伊多波，1999）。使用価値が普遍的にある場合に税が投入されることは，量の多少は別として誰も異論を挟まないであろう。しかし，受動的使用価値に税の投入をする場合，自分は受動しないという考え方の人には受け入れがたいものとなるであろう。つまり，宇治市内に居住しているが，宇治の観光に興味関心がない人に，観光への税の投入に理解を得ることは難しいと考えられる。

　そこで，観光への税の投入に対して，市民理解を得るためのキーワードとして，「シビックプライド」を挙げたいと考える。シビックプライドとは「都市に対する市民の誇り」であり，単なるまち自慢や郷土愛ではなく，「ここをよりよい場所にするために自分自身がかかわっている」という，当事者意識に基づく自負心を意味しているといわれている（公益財団法人日本都市センター・戸田市，2019）。

　「日本に，京都があってよかった。」という京都市のポスターを目にしたことがある人は多いと思われる。これは，利他的存在価値や純粋存在価値という受動的使用価値を見事に言い表した文章であるといえる。

　宇治には，宇治茶という世界的ブランドがあることに加え，平等院や宇治上

神社という世界文化遺産をはじめとした歴史的景観があり，そのことに世界の多くの人が着目し宇治を訪れている。これこそが宇治の誇りであり，そのエリアに居住しているということが市民の誇りとなり，さらによりよい場所にするために自分自身もかかわっていくという考え方となるような取り組みを進めることが，観光への税の投入への理解につながると考える。

　そのためにもやはり行政は，政策を合理的根拠に基づき立案する EBPM の考え方のもと，観光振興策を遂行していくことが必要であると考える。

**参考文献**

伊多波良雄編著『これからの政策評価システム』中央経済社，1999年。
―――『公共政策のための政策評価手法』中央経済社，2009年。
宇治市『宇治市観光動向調査報告書』2017年。
―――『平成26年（2014年）宇治市産業連関表』2018年。
株式会社 JTB 総合研究所『観光学基礎』2019年。
京都府『平成30年（2018年）京都府観光入込客調査報告書』2018年。
経済産業省『平成27年度地域経済産業活性化対策調査報告書』2015年（公益財団法人日本都市センター・戸田市，2019）。
公益財団法人日本都市センター・戸田市『住民がつくる「おしゃれなまち」――近郊都市におけるシビックプライドの醸成』2019年。
高坂晶子「求められる観光公害（オーバーツーリズム）への対応――持続可能な観光立国に向けて」株式会社日本総合研究所『JRI レビュー』6（67），2019年（https://www.jri.co.jp/MediaLibrary/file/report/jrireview/pdf/10798.pdf　最終確認2019年11月17日）。
国土交通省『観光立国推進基本計画』2012年。
―――『観光白書　令和元年版　資料編』2019年。
総務省『平成23年（2011年）産業連関表総合解説編第3部産業連関表で用いる部門分類表及び部門別概念・定義・範囲』2015年（http://www.soumu.go.jp/toukei_toukatsu/data/io/011index.htm　最終確認2019年11月17日）。
内閣府『内閣府における EBPM への取組』2018年（https://www.cao.go.jp/others/kichou/ebpm/ebpm.html　最終確認2019年11月17日）。
中平千彦・薮田雅弘編著『観光経済学の基礎講義』九州大学出版会，2017年。
中村良平『まちづくり構造改革――地域経済構造をデザインする』日本加除出版，2014年。

松田敏幸『政策評価と予算編成』晃洋書房，2004年。

─●●コラム5●●─

## 宇治川の鵜飼──ウッティーと共に挑む「放ち鵜飼」

　鵜飼は，鵜を使い鮎などの魚を捕る漁法の一つです。
日本では現在11カ所の地域で観光鵜飼として開催されて
おり，夏の風物詩となっています。宇治川の鵜飼の歴史
は古く，平安時代に藤原道綱の母が記した『蜻蛉日記』
には，宇治川の鵜飼を見たことが描かれています。その
ころの鵜飼は漁業として行われており，同時に平安貴族
たちは，その様子を見て楽しんでいました。鵜飼には昔
から「観光」としての要素があったのではないかと思わ
れます。

　鵜飼に鵜を使う理由は鵜の特徴にあります。鵜の喉は
伸縮性があり，喉に魚を溜めることができます。鵜の首
の付け根を紐で括ることで，獲った魚が喉もとで留まり，

沢木万理子
（公益社団法人宇治市観
光協会，鵜匠）

溜まった魚を鵜匠が吐かせるのです。なんだかかわいそうですよね。鵜飼を見にくる
お客様（特に男性のお客様）の中には，ご自身を鵜と重ね合わすようにご覧になるか
たもいらっしゃるかもしれません。しかし，鵜が獲った魚を全て鵜匠が取り上げるの
ではなく，括り加減を調節することで，大きい魚は喉もとで留まり，小さい魚は喉を
通るようにして，鵜たちのやる気を継続するためのご褒美を与えています。鵜飼で鵜
が魚を捕るようになるには，鵜匠との固い絆が無くてはできません。神経質で気が荒
い鵜との信頼関係を築いていくことこそが鵜匠の資質であり，それは一朝一夕には築
けないことです。

　鵜飼では，国内に生息する4種類の鵜の中で最も身体が大きいウミウを使います。
茨城県日立市の鵜捕獲場で捕獲されたウミウを各地の鵜匠が鵜飼に使えるよう訓練し
ます。宇治川の鵜飼でも数年に一度，捕獲されたウミウを購入し，鵜の数を確保して
きました。

　ウミウは非常に神経質な鳥であり，飼育環境下では産卵しないと言われてきました。
ところが2014年，宇治川の鵜飼のウミウたちに一組のカップルが誕生し，卵が産まれ
ました。そこで，私たちは人工ふ化に挑みました。産卵から27日目，孵卵器で温めた
卵から日本で初めてとなる人工ふ化でのヒナが誕生しました。ウミウの飼育下での産
卵・人工ふ化はこれまで例がなく，私たちは動物園の方や獣医さんなどのアドバイス
を元に，手さぐりでヒナを育てました。生まれたてのヒナは2時間ごとに餌をねだり
ます。先端をカットした注射器を使ってペースト状にした魚をヒナに少量ずつ与えま
す。羽毛が生え始める生後10日頃までは死亡率が高く，少しの温度や湿度の変化でヒ

ナの状態が変わるため，泊り込みで昼夜とわず世話を行いました。

　ヒナは産まれた時に約40〜50ｇほどであった体重が，一カ月後には約1500ｇ位まで成長します。1日に食べる餌の量が600ｇ程（成鳥の鵜の場合は300〜400ｇ）となり，毎日のエサ作りに追われます。日々成長していくヒナの様子は，育てる大変さ以上に嬉しいものでした。

　ヒナは，公募で「うみうのウッティー」と名付けられました。ウッティーの成長過程は，多くのメディアでも紹介されました。鳥の習性で，生まれたヒナは初めて見る動く物を親と認識します。人工ふ化・人口育雛で育てられたウッティーは，私たちを親と認識し育ち，「ウッティー」と呼べば，私たちの元に寄ってきます。

　ウッティーを育てる中ですっかり親バカになっていた私が，ある取材のなかで「ウッティーなら追い綱（鵜を繋ぐ約４メートルほどの綱）を付けずに自由に川で魚を獲らせ，呼べば鵜匠の元に戻ってくる『放ち鵜飼』ができるかも！」というような話をしたことが放ち鵜飼構想の原点です。放ち鵜飼はかつて，島根県益田市の高津川で行われていましたが，鵜匠が亡くなられたことにより2001年に途絶えていました。放ち鵜飼をウッティーによって復活させたいという思いが鵜飼に関わる私たちの中で広がっていき，宇治市の賛同も得られたことで「放ち鵜飼プロジェクト」として動き出しました。

　放ち鵜飼プロジェクトでは，まず，最初の数年間で放ち鵜飼ができる人工ふ化の鵜の数を増やすことでした。翌年以降，鵜たちが産卵できる環境づくり，人工ふ化の研究，ヒナを育てる環境と私たちの技術の習得などを積極的に行ったところ，毎年（2018年を除く）のようにヒナが生まれ，2019年時点で合計11羽の人工ふ化で生まれた鵜が育っています。この鵜たちは皆「ウッティー」の愛称で呼ばれています。

　2018年には，「放ち鵜飼プロジェクト」のクラウドファンディングを行ったところ，188名の支援者より約184万円の寄付を頂きました。クラウドファンディングを通じて「放ち鵜飼」を知ってもらうことができたこと，そしてウッティーたちを応援してくれる方がたくさんいることがわかり，私たちスタッフの大きな励みとなりました。

　この年からウッティーたちの放ち鵜飼トレーニングもスタートし，クラウドファンディングの支援者を招待した「放ち鵜飼特別内覧会」を開催しました。ウッティーたちと共に挑んできた放ち鵜飼に手ごたえを感じた瞬間でした。

　2019年は，最初に人工ふ化で産まれたウッティーが産卵し，人工ふ化２世の鵜が誕生しています。5年目の人工ふ化の取り組みにより，ウミウの人工ふ化の技術が確立されたことを実感しています。

　2020年現在，放ち鵜飼の実施に向け，開催場所の選定，観客への見せ方，集客に向けた広報，料金等の設定，スタッフの確保等について検討をしています。宇治川の鵜飼は夏の夜（７月１日〜９月30日）に開催していますが，放ち鵜飼は，春または秋の日中に開催する予定です。昼の鵜飼ですので，子どもたちにも見てもらえると考えて

いuます。

　『放ち』という日本で唯一の鵜飼である独自性と，ウッティー（鳥）と鵜匠（人）
との深い愛情や信頼関係が多くの人に感動を与えられるのではないかと考えると共に，
パフォーマンスとしての面白さを追求することで，宇治の新たな観光素材となりうる
ことを期待しています。

# 第6章
## 旅行者と地域が創造する「ものがたり観光」

今日，情報社会の進展とともに観光に質的な変化が起こっていると言われる。旅行者の観光に求める価値は多様化し，単なる観光経験や特産品の購入などの消費的な価値から，自分だけのお気に入りや価値の発見を重視する方向への変化が見られる。さて宇治の今日の観光を考えてみると，2018年の観光入込客数は540万人と高値で推移しているものの，その中心的な訴求力は世界遺産である平等院，宇治上神社並びに宇治茶のブランドであり，有名観光地や有力アイテムに頼る観光から脱皮できているとは言いがたい。この点が現在の宇治の観光の課題にもなっている。一方宇治市は源氏物語宇治十帖の舞台であり，その世界観を味わう観光が江戸時代より行われてきた。また近年では，宇治市出身の作家武田綾乃氏による『響け！ ユーフォニアム』が発表され，若いファンがその世界観を味わう観光を楽しみつつある。

このような状況の下，我々は宇治の観光をどのように理解し，そのポテンシャルをどのように育めばよいのであろうか。これまで地域志向協働研究として京都文教大学が歩んできた観光研究をたどりながら，宇治の観光を再認識し，今後の方向性を探ってみたい。

## 1 地域の観光振興を目指して
### ——観光分野における協働研究——

### (1)京都文教大学の地域志向協働研究，観光研究

京都文教大学の地域における研究は，本格的には2003年4月の科学研究費助成事業基盤研究B（2）『「（人と人を結ぶ）地域まるごとミュージアム」構築の

ための研究』から始まった。この研究は,「『地域』の文化資源とさまざまに関わるなかで『人と人が結び合う』契機を創出し,提供すること」を目的として始められたが,その後「個性店プロジェクト」(2003年～2005年),「ええもん市」協働プロジェクト(2006年～2013年)など,学生と地域の協働を生み出していった。このような地域協働の流れの中で,2008年には文科省特色GP(大学教育支援プログラム)「現場主義教育充実のための教育実践——地域と結ぶフィールドワーク教育」が採択され,さらには2013年,総合社会学部観光・地域デザインコースの教員が主体となった科学研究費助成事業基盤研究(C)「観光まちづくりと地域振興に寄与する人材育成のための観光学理論の構築」も採択された。

　2014年から大学が「地(知)の拠点事業(COC)」(2016年からはCOC+)に選定されたことにより,京都文教大学の地域との研究は,「地域志向協働研究」「地域志向教育研究」(以下,まとめて地域志向協働研究とする)としてさらに大きく推進されることになった。これらの研究は,2014年に11件の研究から始まり,2019年度までの6年間で延べ111件の研究が行われている。研究のテーマは多岐にわたり,例えば2019年の全研究19件の内訳は,福祉・精神衛生6件,こども教育6件,コミュニティ3件,観光2件,防災1件,国際交流1件といった内容である。またこのように研究が活性化した結果,現在では全教員の4割を超える教員がこの地域志向協働研究に参加していることも特徴である。

　そのなかで観光に関わる研究は,「宇治・伏見地域の観光資源開発と地域振興」(2014年～2016年),「宇治市における観光の質の向上方策検討研究——インバウンド対応の質的向上を中心に」(2017年～2019年),「宇治市における「ものがたり観光」の定着と振興」(2017年～2019年)と少しずつ視点を変えながら継続されてきた。これらの研究では,大学教員のみならず地域の観光関係者や行政・外郭団体,また交通関係など多様なステークホルダーと協働して研究を行うことに特徴があった。本節ではこのうち,「宇治・伏見地域の観光資源開発と地域振興」(以下,「宇治伏見協働研究」とする)をとり上げ,その活動を見ていきたい。

**（２）地域志向協働研究「宇治・伏見地域の観光資源開発と地域振興」**

　1）研究の目的と背景

　「宇治伏見協働研究」は，2014年から2016年の３年間，本学総合社会学部の観光・地域デザインコースの教員５名を中心に，宇治市市民環境部，宇治市都市整備部，宇治市観光協会，宇治橋通り商店街，平等院，伏見区役所地域力推進室，ぴあぴあコミュニティサポート合同会社，京阪ホールディングス株式会社の各団体に加え，本学の地域協働に携わる教員３名で組織された研究である。この研究の目的は以下の２点である。第１には，宇治・伏見の観光連携策の検討である。宇治・伏見は各々が古い歴史と豊かな文化に恵まれ史跡などの観光資源も多く存在するが，両地区にまたがる周遊観光としての連携策は乏しく過去にはいくつかの取り組みが見られたものの，現在は電鉄会社の周遊きっぷに見られるほかには有効な施策が生み出せていない状況であった。また第２には，観光を面的に広げる施策の検討である。両地区は共に一部の有名観光施設に観光客が集中しており，観光の面的な広がりの点で問題があった。また観光客の季節波動が激しく，閑散期に対する効果的な対策も必要であった。

　これらの目的のためには，まず現在の両地区の観光の課題や実情をより詳しく知る必要があると共に，旅行者の実情や意向をつかむ必要がある。研究会では，発足以来２年間で６回の研究会を開催し，観光施策や観光まちづくりに対する研究を重ねた。そして2015年，それまでの研究会で得た知見を手掛かりに，旅行者の実情や意向をつかむ手段として『マンガで巡る宇治伏見　歴史恋めぐり「夢浮橋」』という企画を実行することにしたのである。

　2）『マンガで巡る宇治伏見　歴史恋めぐり「夢浮橋」』の製作と展開

　本企画は一言でいえば，両地区を舞台にしたマンガの小冊子を製作して配布し，マンガ小冊子に挟み込んだアンケートによって旅行者の実態と意向をつかむというものであった。訴求対象としては，宇治・伏見の観光の中心的存在となっている熟年の女性を主な対象とした。内容としては，宇治伏見の歴史の魅力に女性層が好むラブストーリーをかけ合わせた物語とし，観光に対するこれ

図6-1　前編表紙

図6-2　後編表紙

までにはない新しい動機が生まれることをねらった。小冊子は前編，後編を分けて製作し（図6-1，図6-2），前編の舞台は伏見，後編の舞台は宇治とした。

　本企画のねらいは次の2点であった。1点目は，宇治・伏見の周遊促進のための仕掛けの試行である。両地区の回遊を促すために，前編を伏見地区で配布，後編は宇治で前編の持参者のみに配布するという方式をとった。2点目は，マンガに形を借りた「ものがたり」の観光への活用である。宇治・伏見の観光の課題である一部の有名観光施設への集中は，厳しく言えば他のリアルな観光資源に魅力を感じていないことの表れとも考えられる。もちろん他の観光資源の魅力向上や見せ方の工夫なども重要であるが，一方で魅力の訴求を「モノ」から「ものがたり」に転換することが可能かどうか，旅行者の意向を知るねらいがあった。

　作画は漫画家のそらあすか氏に依頼した。そら氏は歴女マンガ家として知られ，歴史恋めぐりというストーリーを作画するには最適の人物であると考えられた。またそら氏には2014年4月より京都新聞夕刊において4コマ漫画「こよみちゃん」を連載した実績があり，京都・滋賀・奈良・大阪北部地域においては知名度が高く，誘客効果が期待できた。

**図6-3　新聞掲載記事**
（出所）　2016年11月19日京都新聞。

　小冊子の配布は，2016年の11〜12月にかけて23日間行った。場所は伏見区役所，伏見夢百衆など伏見の各所に配架すると共に，イベントなど旅行者が集まる場所に出向き，手配りによるPRにも努めた。その結果，印刷数であった前編1200部をすべて配布した。後編は宇治観光センターでの受け取りとし，配布数は120部であった。前編配布数に対する後編の配布数の割合は10％であった。また後編に挟み込んだアンケートの回収枚数は30枚であり，後編配布部数に対するアンケート回収率は25％であった。またこのような企画に対して，宇治伏見の観光連携の試みであること，またマンガ冊子というツールへの注目等によりマスコミも興味を示し，新聞記事にも掲載された（図6-3）。

　3）アンケート結果による考察

　このようにして行われたマンガ小冊子企画であったが，アンケートの集計結果によると，マンガが観光に来る動機になったかを問う質問には「動機づけられた」の回答が83.3％であった。宇治・伏見の歴史への興味を問う質問には，「興味がある」が73.3％，さらに作品の「恋」というテーマへの興味を問う質問には，「興味を持った」が80％であった。回答者の年代は，10〜20代が26.7％，30〜50代が36.6％，60代以上が36.7％であった。

　このアンケート結果から先に述べた本企画のねらいを振り返るにあたって，

主に２つの知見が得られた。１点目は，「ものがたり」を使った観光振興その
ものは有効であることである。今回の作品に登場したスポットの多くは比較的
有名な観光施設であったが，ここに「ものがたり性」が付加されたことにより
新しい観光の楽しみが生まれ，それが旅行者からの支持を得たものと考えられ
る。またツールとしてのマンガ，舞台としての歴史の街，ストーリーとしての
「恋物語」においても，これらが旅行者に高い興味を与えられたことが確認で
きた。

　次に２点目は，周遊を促すことの難しさである。前編配布数に対する後編の
配布数の割合は10％であり，後編の配布を宇治で行うという周遊のための仕掛
けが効果を表したとは言えない結果であった。これらを合わせて考えると，周
遊型観光を振興するためには，両地域をつなげる魅力的な「ものがたり性」を
見える化し効果的なツールで訴求することが，周遊の仕掛けをさらに工夫する
ことに比べても観光客からの支持を得られやすい，という仮説が得られる。
「宇治伏見協働研究」はこのような社会実験からの知見を生み出し，終了した
のであった。

## 2　現代観光の質的変化
### ——価値消費志向から価値創造志向へ——

　2017年以降京都文教大学の観光の協働研究は，前節で見た「宇治伏見協働研
究」から「宇治市における観光の質の向上方策検討研究」や「宇治市における
「ものがたり観光」の定着と振興」へと続いていくのだが，そこには近年の観
光の質的変化が大きく関わっている。それは一言でいえば，価値消費志向から
価値創造志向への変化である。本節ではまずこの点について，旅行者へのアン
ケートなどを題材に説明していきたい。

### （1）これまでの観光の楽しみ
　本節では，現代観光は質的にはどのように変化しているのか，言い換えれば
現代観光の旅行者は観光に対してどのような楽しみを感じるのかという点につ

表 6-1 「旅行動機」についてのアンケート

| 旅行の動機（選択肢） | 選択比率（%） | | 楽しみ | |
| --- | --- | --- | --- | --- |
| | 2018年 | 2008年 | 消費・体験 | 精神・交流 |
| 旅先のおいしいものを求めて | 64.3 | 55.9 | ○ | |
| 日常生活から解放されるため | 61.7 | 67.6 | | ○ |
| 思い出をつくるため | 52.7 | 42.5 | | ○ |
| 保養・休養のため | 44.2 | 46.2 | | ○ |
| 家族の親睦のため | 42.2 | 38.0 | | ○ |
| 美しいものにふれるため | 34.4 | 26.1 | ○ | |
| 未知のものにふれたくて | 30.4 | 22.1 | ○ | |
| 感動したい | 28.1 | 23.9 | | ○ |
| 友達とのつきあいを楽しむため | 25.2 | 21.2 | | ○ |
| 知識や教養を深めるため | 18.4 | 21.7 | | |
| 現地の人や生活にふれたくて | 10.8 | 9.9 | ○ | ○ |
| ぜいたくしたい | 10.5 | 7.7 | ○ | |
| 思い出の場所を訪れるため | 10.0 | 10.9 | | ○ |
| 何の予定もない時間を求めて | 5.0 | 8.7 | | ○ |

調査名　：JTBF 旅行意識調査　　　　調査項目：主に旅行に関する意識を調査
調査対象：全国18〜79歳の男女　　　調査時期：2018年6月実施
調査方法：郵送自記調査　　　　　　回答者数：1,313名

（注）　上表では2018年度において選択比率5％未満の項目は割愛している。なお，日本交通公社のアンケート結果
　　　　は左側の部分であり，右側は回答の選択肢（「旅行の動機（選択肢）」）を「消費・体験」と「精神・交流」
　　　　の2つに筆者が分類し，その結果を付記した。
（出所）　公益財団法人日本交通公社（2018）を基に筆者作成。

いての考察を行っていきたい。考察の基礎資料としては，入手できた中で最も
新しく回答者数も多かった公益財団法人日本交通公社が行った旅行の動機につ
いてのアンケートをとり上げる（表6-1）。

　表6-1の「旅行の動機（選択肢）」を見ていくと，旅行者が旅行の動機とし
て挙げた項目は2つに大別できた。第1には自分にとって満足のいく消費・体
験を得たいという動機である。表の右欄「楽しみ（消費・体験）」に丸印を付し
た「旅先のおいしいものを求めて」「美しいものにふれるため」などがこれに
あたる。この楽しみは，神埼（2004）によると日本において最初の庶民旅行と
なった江戸時代の伊勢参りにおいてもその存在が指摘されており，今日に至る

まで万人に共通する旅の楽しみと言えるものである。これを「消費・体験の楽しみ」と呼ぶことにする。

　第2には精神的な充足，あるいは他者との交流を望む動機である。表の右欄「楽しみ（精神・交流）」に丸印を付した「日常生活から解放されるため」「思い出をつくるため」などがこれにあたる。今日一般的に楽しまれている「家族旅行」「ハネムーン」「卒業旅行」などの主な目的は，まさにこの点にあると言ってもいいだろう。これを「精神・交流の楽しみ」と呼ぶことにする。

　そのように分類すると，旅行者が一般的に旅行の動機（楽しみ）と捉えているのは，ほぼすべてが「消費・体験の楽しみ」と「精神・交流の楽しみ」に分類できることがわかった。言い換えれば，この2つの楽しみが今日の観光の主な楽しみであると考えられる。

　ところが今日の観光現象を詳しく観察すると，この2つの楽しみだけでは説明のつかない現象が起こっているようである。近年の情報通信機器とソーシャルネットワークサービス（以下SNS）の進化と定着を背景に，この2つの楽しみ以外の楽しみが生まれているようなのだ。以下それについて述べてみたい。

## （2）「創造・表現の楽しみ」のはじまり

　2015年5月，京都市の中心部四条河原町に「抹茶館」というスイーツカフェがオープンした。開店早々から若い女性を中心に話題となり，4年が経った今日でも休日ともなれば四条河原町の交差点付近まで入店待機の列が伸びることも珍しくない。この店の人気メニューは「抹茶ティラミス」と「抹茶パフェ」であり，多くの来店客はこれらのメニューを注文するそうである。またこの店に関するSNSでの書き込みを見ると，「日曜の朝，香川県から始発の電車に乗り開店の2時間前からお店の前で待ちました」「先日，テレビの行列グルメで見て，『宇治抹茶ティラミス，うまそー』となり，今回の京都旅行で行こうと決めてました」など他府県からの旅行者と思われる書き込みが多く確認でき[(1)]，旅行者が多数訪れていることがわかる。

　さてこれだけならば単に新しいスイーツカフェに人気が集まっているだけの

現象なのだが，「抹茶館」に関してはこれまでにはなかったひとつの現象が起こった。それはインスタグラムへの多数の投稿である。この店の人気メニュー「抹茶ティラミス」と「抹茶パフェ」にハッシュタグ（#）検索をかけてみると，それぞれ13万34件と11万9409件（2018年9月11日現在）という多数の投稿数が検出される。また抹茶カフェとインスタグラム投稿との関係の調査によると，利用者の3割弱がインスタグラムに投稿しているとの調査結果もある。

　これらの調査結果からは，旅行者が抹茶館での飲食を楽しみながら，同時にインスタグラムなどSNSへの投稿を楽しんでいることがわかる。すなわち，SNSへの投稿までを含めた楽しみが訪問動機になっていると考えられるのである。また抹茶館だけではなく，近年インスタグラムで観光地から特定のアイテムに非常に多くの投稿が集まっている現象が目立つ。例えば，ボリビアのウユニ塩湖のように湖が鏡状になる現象として注目された香川県三豊市の父母ヶ浜海水浴場や，京都府宇治市の三室戸寺におけるハート形のあじさいなどが例として挙げられるが，これらも先の抹茶館と同様の現象と考えられるだろう。

　このような観光の楽しみは，先に確認した「消費・体験の楽しみ」や「精神・交流の楽しみ」とは異なる性質のものと考えられる。すなわち楽しみを受動的に享受するというよりも，出会った楽しみを能動的に加工し，自分なりの価値を創造して発信するという楽しみである。これはすなわち，「消費・体験の楽しみ」と「精神・交流の楽しみ」に並んで，「創造・表現の楽しみ」が興ってきたと理解するのが妥当であろう。

　これら3つの楽しみを整理したのが図6-4である。

　この図6-4で整理されるように，「消費・体験の楽しみ」は楽しむ対象が物質的であれ精神的であれ対象に対して「価値消費志向」であり，「創造・表現の楽しみ」は楽しむ対象が物質的であれ精神的であれ対象に対して「価値創造志向」である。そして「精神・交流の楽しみ」においては，楽しみの性質が物質的ではなく精神的であることが重要であり，それを生み出すアプローチは価値消費的な場合も価値創造的な場合もあり得る。

　このように整理すると，これまでの観光では図6-4の主に左半分である

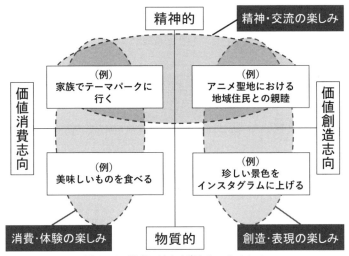

図6-4　観光に対する楽しみマトリクス

（出所）　筆者作成。

「価値消費志向」が中心であり，右半分の「価値創造志向」は一部の旅行者に
限られていたが，近年では情報インフラに加えてさまざまなSNSやアプリが
進化したことにより，右半分の「価値創造志向」の旅行者が多くなってきた，
と考えられるだろう。以上の考察から，現代観光においては「価値消費志向」
から「価値創造志向」への質的変化が起こっていると結論付けたい。

## 3　観光における「価値創造志向」の探求
### ——「ものがたり観光研究会」の活動を通して——

### （1）「ものがたり観光研究会」の結成

　それでは前節で確認した「価値創造志向」の「価値」とはどのようなものな
のだろうか。旅行者は何を創造し，何に満足するのだろうか。これらを考える
上で，研究が進む契機になったのが，2015年4月から放映された宇治を舞台に
したアニメ『響け！ ユーフォニアム』であった。この作品をきっかけに多く
のファンが宇治を訪れるようになったのだが，この現象は「価値創造志向」と
大きな関わりがあるように思えた。特に宇治の観光施設というよりは，宇治を

表6-2 「ものがたり観光」シンポジウム 開催一覧

| 回 | 期日 | 会場 | シンポジウムタイトル | 基調講演者 | 基調講演 演題 |
|---|---|---|---|---|---|
| 第1回 | 2017.8.20 | 京都文教大学 | 先人たちはいかにして『源氏物語』を楽しんできたか | 家塚智子氏（宇治市源氏物語ミュージアム学芸員） | 「『源氏物語』ゆかりの地を訪れた人びと――憧れ，祈り，暮らし」 |
| 第2回 | 2018.2.24 | ゆめりあ宇治 | 『源氏物語』の観光まちづくり | 柯慈樹氏（宇治市商工観光課長） | 「『ものがたり』の舞台としての宇治観光」 |
| 第3回 | 2018.6.3 | ゆめりあ宇治 | 『響け！ユーフォニアム』の魅力を探る――製作者編 | 夷氏（『響け！ユーフォニアム』研究者） | 「到達点としての『響け！ユーフォニアム』」 |
| 第4回 | 2018.9.8 | 京都文教大学 | 『響け！ユーフォニアム』の魅力を探る――ストーリー編 | もに氏（『響け！ユーフォニアム』研究者） | 「北宇治高校吹奏楽部へようこそ――秀一＆葉月の場合」 |
| | | | | ひでさん氏（『響け！ユーフォニアム』研究者） | 「舞台考察――作者の感性を読む」 |
| 第5回 | 2018.11.17 | 京都文教大学 | 『響け！ユーフォニアム』の魅力を探る――音楽編 | 山崎晶氏（京都文教大学准教授） | 「広がるアマチュアの音楽活動」 |
| | | | | いるか氏（北宇治高校OB吹奏楽団代表） | 「あなたも思わず吹きたくなる『響け！ユーフォニアム』の魅力」 |
| 第6回 | 2019.2.23 | 京都文教大学 | 「ものがたり観光」のチカラと可能性 | 片山明久氏（京都文教大学准教授） | 「『ものがたり』創造的アプローチのススメ」 |
| 第7回 | 2019.9.23 | 京都文教大学 | 拡大版　宇治の「ものがたり観光」の魅力を探る | 夷氏（『響け！ユーフォニアム』研究者） | 「なんでおいらは『響け！ユーフォニアム』からお茶に惹かれたのか」 |
| | | | | 家塚智子氏（宇治市源氏物語ミュージアム学芸員） | 「宇治をよむ　宇治でかたる」 |

（出所）筆者作成。

舞台にした「ものがたり」がその現象の中心となっていることが興味を引いた。また一方で宇治には「源氏物語宇治十帖」という「ものがたり」が存在しており，その文脈を楽しむ観光も行われている。これら新旧の「ものがたり」による観光を深く知ることは，「価値創造志向」の旅行者を理解する上で大きな手掛かりになるのではないか。そのような思いから2017年4月より地域志向協働

研究として「ものがたり観光研究会」を結成することになった。

　「ものがたり観光研究会」は，筆者と本学のメディア・コンテンツに詳しい教員のほか，宇治市商工観光課（現観光振興課），宇治市観光協会に加えて，宇治市源氏物語ミュージアムの学芸員の方と『響け！ ユーフォニアム』の探訪ブログを主宰する民間研究者の方という，今回対象とする2つの「ものがたり」に造詣の深い方にも加わってもらい組織した。先述のようにこの研究の目的は，各々の「ものがたり」の魅力を知り，その文脈を楽しむ観光の実態を明らかにすることである。そのために，テーマを決めたシンポジウム（名称は，「ものがたり観光」シンポジウムとした）を継続的に行い，知見を積み重ねるという研究方法を採用することにした。

　「ものがたり観光」シンポジウムは2017年8月から2019年9月までの3年間に7回開催された（表6-2）。7回のシンポジウムは，テーマ別に3つのブロックに分けて設定した。第1回～第2回は『源氏物語』の探訪，『源氏物語』を活用した観光まちづくりについて，第3回～第5回は『響け！ ユーフォニアム』の魅力をさまざまな角度から探る，第6回～第7回は「ものがたり観光」のチカラと可能性について論じる，という構成である。このうち第3回～第5回『響け！ ユーフォニアム』の魅力，並びに第6回～第7回「ものがたり観光」のチカラと可能性については，それぞれ第4節と第5節の内容と重複するので，ここでは第1回～第2回の『源氏物語』に関わる回について述べていきたい。


### （2）「ものがたり観光」シンポジウムの実際

1)第1回「ものがたり観光」シンポジウム

　第1回となるこの回では，はじめに研究代表者より「『ものがたり観光』の今日的意義」と題して，「ものがたり観光」という概念の説明，それが必要とされる今日の状況についての説明を行った。概略としては，「ものがたり観光」とは，「その地を舞台とした作品の「ものがたり（ストーリーや世界観など）」を楽しむと共に，その作品を契機に自分自身が見つけた楽しみ方（例えば舞台特

定やイラスト，写真，詩作などの創作・表現活動）で「ものがたり」を重層的に楽しむ観光のあり方」であるということである。

　次に，『『源氏物語』ゆかりの地を訪れた人びと——憧れ，祈り，暮らし」と題した基調講演が行われた。講演では，現代の私たちと同じように『源氏物語』に魅せられた先人たちが，ゆかりの地を訪れ，その時の感動やさまざまな思いを文章に残していることが紹介された。中でも約千年前，菅原孝標女は「源氏物語」に恋い焦がれ，宇治の地を訪れ，歌を詠んだ。そしてそれらのエピソード等を用いて『更級日記』という作品を創作したということであった。この菅原孝標女の行動は，今日コンテンツツーリズムとして行われる聖地巡礼や作品に触発された同人活動と思いを同じくする行動であると考えられた。また宇治において江戸の好事家たちは，宇治の村境や各所にある祠や石仏を『源氏物語宇治十帖』の各帖の名前に見立てて呼びならわした（これが今日の宇治十蹟である）。講演者は，これらの遊び心に満ちた宇治十蹟の設置と顕彰などに，深い教養とセンスを読み取ってもよいと評価する。そしてこれらは，今日のコンテンツツーリストたちがストーリーやキャラクター設定を多様に解釈して遊ぶ楽しみ方に通底する楽しみ方であると考えられた。

　次にパネルディスカッションは，「『ものがたり』の舞台としての宇治を再考する」というテーマで議論を行った。議論の中では，宇治市観光協会の登壇者から出された「観光者の"探す楽しみ"」に配慮した観光施策が必要，との指摘には各立場からも共感出来る点が多く，今後の「ものがたり観光」を考えていく上での貴重な知見となった。


2)第2回「ものがたり観光」シンポジウム

　第2回のシンポジウムでは，はじめに研究代表者より，簡単に「ものがたり観光」という概念の説明を行い，続いて宇治市商工観光課長より「『ものがたり』の舞台としての宇治観光」と題した基調講演が行われた。講演では，まず紫式部文学賞・紫式部市民文化賞の創設，宇治市源氏物語ミュージアムの建設，宇治十帖スタンプラリーの実施など，これまでの源氏物語に関連した観光まち

づくり施策が紹介された。宇治市では，源氏物語千年紀となった2008年に，さまざまな記念行事や宇治市源氏物語ミュージアムの改装などを行った結果，その年の入込観光客数を前年の112％と大幅に増加させている（この人数は，2017年に破られるまで宇治市への入込観光客数の最高記録となっていた）。当地の「ものがたり」を活用した観光振興が，予想以上に効果的であったことが改めて確認された。

　また近年の施策として，宇治を舞台にしたアニメ作品『響け！ ユーフォニアム』に関わるパネルやマップの製作や，京阪電車や京都文教大学「響け！ 元気に応援プロジェクト」とコラボレーションしたイベント開催など，行政の施策としても新しい「ものがたり観光」が展開されている状況が明らかになった。次にパネルディスカッションでは，「何度も来たくなる『ものがたり観光』の魅力」というテーマで，研究会のメンバーがパネリストとなり議論を行った。まず旅行者の実態調査として，2015年〜2016年にかけて宇治市観光センターで行ったアンケート調査の集計結果と分析を紹介し，議論の材料とした（表6-3）。アンケート結果からは，リピーターになっていくにつれて宇治の歴史や文化への興味が増していくことや（問3，問4，問5），高額消費者はリピーターにも継続的に存在すること（問11），またリピーターは回を重ねるごとに京都市内など他の場所に立ち寄らなくなること（問12）などが明らかになった。それらの情報を受けての議論では，コンテンツや歴史などさまざまな入口から興味をもった旅行者がクロスオーバー的に他の分野にも興味を持つようになる実情や，「ものがたり観光」的に観光を楽しむ旅行者は周遊・回遊の楽しみを味わっていることなどが指摘された。その上で，「何度も来たくなるためのキーポイントは？」という議論では，現地での人との交流の楽しさを実現できる場づくりが重要であること，またそこで交換されるのは単なる旅の情報ではなく「楽しかった」の共有であるとの指摘がなされた。そして今後の「ものがたり観光」の推進において重要になるのは旅行者に旅先での「成功体験」を経験してもらい，「小さな感動」を積み重ねてもらうことであるとの知見が共有できた。

**表6-3　旅行者アンケート調査結果（問3，問4，問5，問11，問12(4)）**

問3．今日宇治にいらっしゃった主な理由を教えて下さい。

| 回答内容 | 総合 | | 初めて来訪 | | 2～5回 | | 6回以上 | |
|---|---|---|---|---|---|---|---|---|
| | 回答数 | 比率 | 回答数 | 比率 | 回答数 | 比率 | 回答数 | 比率 |
| 1．平等院を観るために | 81 | 18.3% | 46 | 26.1% | 18 | 8.7% | 5 | 9.8% |
| 2．まちの歴史と文化を楽しむために | 90 | 20.3% | 33 | 18.8% | 41 | 19.9% | 14 | 27.5% |
| 3．アニメ「響け！ ユーフォニアム」の舞台だから | 413 | 93.2% | 172 | 97.7% | 196 | 95.1% | 39 | 76.5% |
| 4．お茶を楽しむために | 70 | 15.8% | 24 | 13.6% | 29 | 14.1% | 16 | 31.4% |
| 5．その他 | 39 | 8.8% | 8 | 4.5% | 16 | 7.8% | 11 | 21.6% |

| | | |
|---|---|---|
| （参考）回答数合計→ | 693 | 283 | 300 | 85 |
| （参考）回収した回答書枚数→ | 443 | 176 | 206 | 51 |
| （参考）1枚当たりの平均回答数→ | 1.6 | 1.6 | 1.5 | 1.7 |

はじめはアニメと平等院が訪問の主な理由だったが，リピーターになるにつれて「歴史」「文化」「お茶」にも興味がわいている。

問4．あなたが宇治で魅力を感じるものを教えて下さい。

| 回答内容 | 総合 | | 初めて来訪 | | 2～5回 | | 6回以上 | |
|---|---|---|---|---|---|---|---|---|
| | 回答数 | 比率 | 回答数 | 比率 | 回答数 | 比率 | 回答数 | 比率 |
| 1．平等院 | 196 | 44.4% | 82 | 46.6% | 90 | 43.9% | 19 | 38.0% |
| 2．宇治茶 | 253 | 57.4% | 96 | 54.5% | 120 | 58.5% | 34 | 68.0% |
| 3．アニメの舞台となった場所 | 393 | 89.1% | 163 | 92.6% | 185 | 90.2% | 38 | 76.0% |
| 4．古い町並み | 185 | 42.0% | 71 | 40.3% | 85 | 41.5% | 25 | 50.0% |
| 5．チャチャ王国のおうじちゃま | 20 | 4.5% | 4 | 2.3% | 10 | 4.9% | 4 | 8.0% |
| 6．その他 | 18 | 4.1% | 5 | 2.8% | 10 | 4.9% | 1 | 2.0% |

| | | |
|---|---|---|
| （参考）回答数合計→ | 1065 | 421 | 500 | 121 |
| （参考）回収した回答書枚数→ | 441 | 176 | 205 | 50 |
| （参考）1枚当たりの平均回答数→ | 2.4 | 2.4 | 2.4 | 2.4 |

問5．宇治の歴史や文化に興味がおありですか？

| 回答内容 | 総合 | | 初めて来訪 | | 2～5回 | | 6回以上 | |
|---|---|---|---|---|---|---|---|---|
| | 回答数 | 比率 | 回答数 | 比率 | 回答数 | 比率 | 回答数 | 比率 |
| 大変興味がある | 97 | 22.0% | 34 | 19.5% | 43 | 20.9% | 17 | 33.3% |
| 興味がある | 284 | 64.5% | 110 | 63.2% | 140 | 68.0% | 30 | 58.8% |
| あまり興味はない | 52 | 11.8% | 25 | 14.4% | 21 | 10.2% | 4 | 7.8% |
| 全く興味はない | 7 | 1.6% | 5 | 2.9% | 2 | 1.0% | 0 | 0.0% |
| 総計 | 440 | 100.0% | 174 | 100.0% | 206 | 100.0% | 51 | 100.0% |

問11．本日，宇治ではいくらぐらいお金を使われましたか，あるいは使う予定ですか？

| 回答内容 | 総合 | | 初めて来訪 | | 2～5回 | | 6回以上 | |
|---|---|---|---|---|---|---|---|---|
| | 回答数 | 比率 | 回答数 | 比率 | 回答数 | 比率 | 回答数 | 比率 |
| 500円未満 | 25 | 7.2% | 3 | 2.7% | 9 | 6.1% | 9 | 31.0% |
| 500円以上～1000円未満 | 17 | 4.9% | 9 | 8.1% | 7 | 4.7% | 1 | 3.4% |
| 1000円以上～3000円未満 | 127 | 36.6% | 18 | 16.2% | 47 | 31.8% | 8 | 27.6% |
| 3000円以上～5000円未満 | 72 | 20.7% | 31 | 27.9% | 36 | 24.3% | 4 | 13.8% |
| 5000円以上～10000円未満 | 61 | 17.6% | 34 | 30.6% | 23 | 15.5% | 4 | 13.8% |
| 10000円以上～20000円未満 | 31 | 8.9% | 10 | 9.0% | 19 | 12.8% | 2 | 6.9% |
| 20000円以上～30000円未満 | 9 | 2.6% | 3 | 2.7% | 5 | 3.4% | 1 | 3.4% |
| 30000円以上 | 5 | 1.4% | 3 | 2.7% | 2 | 1.4% | 0 | 0.0% |
| 総計 | 347 | 100.0% | 111 | 100.0% | 148 | 100.0% | 29 | 100.0% |

（参考）平均使用金額→　4,256円　　4,803円　　4250円　　2,849円

平均使用額は4200円。訪問回数が増えるにつれて使用金額は減少する傾向にあるが，10000円以上の高額使用者は減少せず安定している。

問12(4)．今回のご旅行で，宇治の他にどこかに行かれますか？

| 回答内容 | 総合 | | 初めて来訪 | | 2～5回 | | 6回以上 | |
|---|---|---|---|---|---|---|---|---|
| | 回答数 | 比率 | 回答数 | 比率 | 回答数 | 比率 | 回答数 | 比率 |
| 1．伏見稲荷 | 155 | 37.9% | 58 | 36.9% | 81 | 40.9% | 14 | 30.4% |
| 2．伏見大手筋～酒蔵地区 | 22 | 5.4% | 8 | 5.1% | 8 | 4.0% | 6 | 13.0% |
| 3．京都市内（伏見以北） | 174 | 42.5% | 80 | 51.0% | 80 | 40.4% | 11 | 23.9% |
| 4．奈良 | 31 | 7.6% | 14 | 8.9% | 13 | 6.6% | 3 | 6.5% |
| 5．その他 | 68 | 16.6% | 27 | 17.2% | 34 | 17.2% | 6 | 13.0% |
| 6．行かない予定 | 105 | 25.7% | 33 | 21.0% | 53 | 26.8% | 16 | 34.8% |

（参考）回答数合計→　555　　220　　269　　56
（参考）回収した回答書枚数→　409　　157　　198　　46
（参考）1枚当たりの平均回答数→　1.4　　1.4　　1.4　　1.2

初めての来訪者は京都市内にも訪れる傾向が高かったが，訪問が増えるにつれて京都市内には行かなくなっている。また宇治以外の場所には行かないという来訪者が，リピーターになるにつれて増加している。

（出所）宇治市観光センターでのアンケートの集計結果を基に筆者作成。

## 4　宇治市におけるコンテンツツーリズム

### （1）『響け！ ユーフォニアム』の放映とコンテンツツーリズムの展開

　本節では，宇治のもう一つの「ものがたり」である『響け！ ユーフォニアム』に関わる観光現象について述べていきたい。『響け！ ユーフォニアム』によるコンテンツツーリズムについては，片山ら（2016），片山（2019a；2019b）に詳説がある。本項ではそれを基に新しい現象を補完しつつ，宇治市におけるコンテンツツーリズムの概略を示す。

　アニメ『響け！ ユーフォニアム』は，宇治市にある北宇治高等学校（架空の設定である）の低迷していた吹奏楽部が，新しい顧問の着任を機に全国大会を目指すというストーリーである。作品の公式ホームページでは「吹奏楽部での活動を通して見つけてゆく，かけがえのないものたち。これは，本気でぶつかる少女たちの，青春の物語」と紹介されている。作品（第1期）のテレビ放映期間は2015年4〜6月であり，全国の地方局，BS，TOKYO MX などで放映された。原作は宇治市に在住する大学生の小説であり，アニメを製作した京都アニメーションも宇治市の企業であったことから，地元色の強い作品となった。作品には，背景として宇治市の風景がふんだんに描かれたため，2015年4月の放映直後から，作品の舞台となった宇治橋周辺や塔の島周辺に多くのファンが訪れるようになり，作品に登場した宇治神社にはキャラクターが描かれた絵馬が並ぶようになった。

　このようなファンの動きに呼応して，この作品を地元として応援し，ファンに楽しみを提供することを目的とした施策も行われた。宇治市と宇治市観光協会は，2015年4月の放映直後にファンのコミュニケーションノート「響け！ みんなの交流楽譜（スコア）」を宇治市観光センター内に設置し，さらに6月には作品のキャラクターの等身大パネルを作成，また9月には作品の舞台をガイドする探訪マップ「『響け！ ユーフォニアム』宇治探訪マップ」を作成した。このパネルや探訪マップは，続編の『響け！ ユーフォニアム2』の放映に合

わせてリニューアルされるなど，その後も行政として作品とファンを応援する
施策は継続されている。

　作品の背景として頻繁に登場する京阪電車は，当初から作品とファンの応援
に積極的な姿勢を見せた。作品放映年の7月に「京阪電車×響け！ ユーフォ
ニアム」企画として，キャラクターのイラストが描かれた記念乗車券の発売，
ヘッドマークの掲出，等身大パネルの展示，ラッピング電車の運転などを行い，
その後もスタンプラリーの実施や作品ゆかりの中学校，高等学校の吹奏楽部が
一堂に会した演奏会の実施，ファンと作品の舞台を探訪するウオークの実施な
ど積極的に作品の応援とファンへの楽しみの提供を行っている。

　作品の継続とこれらの観光関係者の施策を受けて，宇治へは多くのファンが
来訪するようになった。<sup>(4)</sup>もちろんもとよりコンテンツツーリストの当地への来
訪者数を捕捉することは難しい。さらに宇治市では平等院の工事～落慶（2012
年6月～2014年3月）により2014年（作品放映の前年）の観光客数が例年とは比較
できない数値であったこともあり，同作品によるコンテンツツーリストの来訪
者の影響を観光客数全体の増減から単純に論じることはできないだろう。ただ
ここで前述のファン交流ノートの過去の記載冊数は参考になると思われる。宇
治市における同作品のファン交流ノートは31冊目であり（2019年3月1日現在），
全国のアニメ聖地に設置されている同種のノートと比較しても記載冊数が非常
に多く，<sup>(5)</sup>設置期間を考慮すると非常に記載のペースが速いといえる。<sup>(6)</sup>これは作
品の放映以降，他のアニメ聖地と比較しても短期間に多くのファンが来訪する
ようになったことを示す傍証と言うことができるだろう。


## （2）響け！ 元気に応援プロジェクト

　前項で確認したように，宇治市では『響け！ ユーフォニアム』の放映以来
多くのファンが当地を訪れる現象が発生したが，本項で注目するのはそこで展
開されているさまざまなファンの活動についてである。その事例として本項で
は，第1に作品の放映後すぐに活動を開始した京都文教大学の地域連携学生プ
ロジェクトである「響け！ 元気に応援プロジェクト（以下，響けPJ）」，第2に

同作品のファン活動として最も特徴的な「北宇治高校 OB 吹奏楽団」，そして第 3 にその他の同人活動について見ていく。

　響け PJ は，『響け！ ユーフォニアム』の放映に合わせて2015年 4 月に発足し承認された地域連携学生プロジェクトである。設立の目的としては，アニメをきっかけに宇治に来訪したファンの方々に宇治の良さを知ってもらうため「ファンと地域の方々の橋渡しとなって作品の応援活動を展開し，それを通して宇治の町を盛り上げるお手伝いをしたい」（響け！ 元気に応援プロジェクト，2015）と述べられている。2019年 2 月現在約25名のメンバーで構成されており，主に学内並びに京都文教大学が宇治橋通り商店街内に保有するサテライトキャンパスにて活動している。地域の主な連携先としては，宇治市商工観光課，宇治市観光協会のほか京阪ホールディングスと連携活動を行っており，活動によっては宇治橋通商店街振興組合，宇治市文化センター等とも連携している。

　響け PJ の活動としてまず確認できるのが，キャラクターの誕生会の開催である。例えばプロジェクト発足直後の2015年には 5 月から12月までに 5 回の誕生会が実施されており，2019年 9 月までに延べ19回が実施されている。内容としては，当初の誕生会ではケーキセレモニーのほか，作品への愛を語る，作品に登場する楽曲の演奏など，主に作品に直接関わる内容であったが，年次が経つにつれて作品にちなんだ創作ゲームの実施，ファンによるイラストの募集・掲示，コンセプトカフェの開店，作品にちなんだ食品の販売，コスプレファッションショーの実施，痛車の展示，ファンによる手作りグッズの展示などが追加されるようになっており，参加者は100名を超える回もあった。

　また響け PJ はファンの宇治での居場所づくりを目的として，2016年 6 月より月に 2 度「響け！ 休憩所」を開設しており，ファンとの交流を深めている。さらに，宇治橋通り商店街で開催された「わんさかフェスタ」ではパレードへの参加や子ども向けワークショップの開催などを実施，また前述の京阪ホールディングスのイベントにおいて「探訪ウオーク」を企画・担当するなど，ファンと地域をつなぐ活動を積極的に行っている。

## （3）北宇治高校 OB 吹奏楽団

　北宇治高校 OB 吹奏楽団（以下，北宇治 OB）は，2016年に設立されたファンによる吹奏楽団である。北宇治 OB のホームページには「北宇治高校 OB 吹奏楽団は，（中略）『響け！ ユーフォニアム』に関連する楽曲の演奏をもってファンどうしの交流を深めるとともに，京都での開催を通して作品の舞台である宇治の魅力を共有し，地域の人々との交流をはかることを目的に結成された非公式のアマチュア吹奏楽団」と紹介されている。団員数は2018年12月の時点で約65名である。これまでの活動としては，2016年から3年間にわたって作品の舞台である宇治文化センターにおいて単独コンサートを開催し，2016年420名，2017年500名，2018年600名の観客を動員した。また京都駅ビルの大階段で開催される「吹奏楽の日」にも2017年より参加を続けている。

　しかしながらここで注目したいのは，北宇治 OB の作品のファンならではのこだわりをもった活動である。第1には，楽曲「イーストコーストの風景」の演奏である。同曲は，原作の小説において北宇治高校が京都府大会に臨むための自由曲として登場する曲であるが，アニメ版では別の曲に変更されており，演奏されることはなかった。しかし北宇治 OB は原作に登場した同曲をどうしても演奏してみたいと思い，自ら譜面を探し，2018年12月のコンサートにおいて演奏を行ったのである。

　また第2には，演奏以外のファンとしての自由な活動が興っていることである。作品には高さ30cm 近くある巨大なパンケーキや手作りのマカロンが登場するが，北宇治 OB の一部のメンバー（彼らは自らを「北宇治高校フード部」と称している）がこれらを再現した。そしてその画像やレシピなどを題材にした同人誌を作成し，2018年夏のコミックマーケットで頒布した。また他にも，作品に合宿の宿舎として登場した研修施設に繰り返し泊りに行く「合宿部」（2017年〜）や，作品のモチーフを判子にした「はんこ部」（2017年〜）など演奏活動以外にも自由に活動の領域を広げている状況が確認できる。

　このように北宇治高校 OB 吹奏楽団では，当初の作品の忠実な再現という楽しみは保ちつつも，そこから発展し，自分たちで創造した活動を自由に楽しん

でいる姿が確認できる。

## （4）さまざまな同人活動

　次に，作品に関わるその他の同人活動を見てみたい。一般的に同人活動には同人誌製作やコスプレ，痛車などさまざまな活動が確認できるが，本項では特に，舞台探訪・発信（ブログ等），同人誌の製作・頒布，イラスト製作の３点をとり上げてみたい。

　作品に関わる舞台探訪・発信としては，第１期第１話の放送直後から複数の探訪ブログが現れた。内容的には，最速で舞台特定をして紹介するもの，作品の映像と実際の画像の同一精度（カット合わせ）を重視したものなどを確認できた。(8) また年次が進むにつれて，それらのブログはさらに発信者のこだわりを反映したものになっていき，現在では，例えば楽器演奏者の視点で書かれたものや，同作品のラッピング列車と自主製作グッズを話題とするものなどが確認(9)できるようになっている。

　同人誌の製作・頒布については，作品の放映年である2015年の夏のコミックマーケットにおいて早くも出展者が現れた。現在も同作品に関わる同人誌は多数確認することができ，その内容は探訪ブログと同様に製作者のこだわりが反映された多様な内容になっている。(10)

　ファンによるイラスト製作について，その全容を把握することはできないが確認できた活動としては，響けPJのイベント時のイラスト募集への応募にはじまり，コミックマーケットなど同人即売会などでの頒布，また2017年以降は製作したイラストを地域の協力店舗に提供し掲示してもらうという現象も起こっている。またイラストの構図においても特徴的な現象がみられる。図６-５はファンのM氏が地域の同作品を推す洋菓子店に寄贈したイラストの例であるが，このイラストの構図は，作品の主人公である１年生４人が休みの日にこの店に遊びに来た際に，店主が彼女たちを撮影しているという構図になっている。また図６-６では，作品に登場するキャラクターたちが作品にゆかりのベーカリーの商品を紹介するという構図であり，いずれも視聴した映像の再現という

図6-5　M氏のイラスト1
（出所）　筆者撮影。

図6-6　M氏のイラスト2
（出所）　筆者撮影。

よりも，その世界観を継承しつつ自分で場面やストーリーを創造し，それを具現化して楽しんでいるという状況がみられるのである。

### （5）宇治市におけるコンテンツツーリズムが示すもの

以上，本節では京都府宇治市におけるコンテンツツーリズムの事例をみてきた。まず宇治市では『響け！　ユーフォニアム』の放映以来，行政や地域関係者によるさまざまな施策が実施されており，それに伴い多くのファンが当地を訪れる現象が発生したことが確認できた。

次にファン活動の事例をみると，2つの共通した特徴が確認できたと考えられる。第1には，活動の初期段階においては，作品の追体験や再現などを重視する傾向がみられたことである。例えば，響けPJの誕生会のプログラムは主に作品に関わるものであったし，2017年までの北宇治OBのコンサートにおける演奏楽曲はアニメ作品に既出のものだけで構成されていた。また舞台探訪・発信の同人活動においても，初期のうちは最速探訪やカット合わせなど，主に作品の特定や再現を目的とした活動が中心であった。

第2には，初期段階から時間が経過するにつれて，「価値創造志向」の活動

が生まれてきたことである。響けPJの誕生会プログラムに，創作ゲームやコンセプトカフェなどの，必ずしも作品とは直接関わらない楽しみが追加されたことや，放映の翌年から開設された「響け！休憩所」は，作品の消費よりもファンとの交流に重きを置く点において，「価値創造志向」の証左といえるだろう。また北宇治OBにおける「イーストコーストの風景」への取り組みや「フード部」等一連の活動は，作品の楽曲の演奏以外に「価値創造志向」が生まれたことによるものと理解できる。さらにファンによるブログにおいても，前掲の楽器演奏者の視点やラッピングとグッズを中心としたものなど年次が進むにつれて発信者のこだわりを強く反映したものになっており，同様の傾向をみることができる。加えてファンによるイラスト製作についても，年次が進むにつれてM氏のイラスト事例にみるように，もはや作品の追体験とは一線を画した「価値創造志向」的な楽しみ方が興っていることが確認できる。

　以上のように，京都府宇治市におけるコンテンツツーリズムの事例からは，ファン活動の初期段階においてはまず作品の追体験や再現などを重視する傾向がみられ，時間が経過するにつれて「価値創造志向」の活動が生まれてくるということが確認できた。

## 5　旅行者と地域が創造する「ものがたり観光」

### (1)価値創造志向の本質としての「ものがたり創造」「ものがたり観光」

　本章ではここまで，京都文教大学での観光研究の取り組みを事例に，現代観光における旅行者の楽しみ方，質的変化について論じてきた。ここで一度これまでの議論を振り返ることにしよう。

　第1節では「宇治伏見協働研究」をとり上げ，現代の旅行者に対して「『ものがたり』による動機づけ」が有効であることがわかった。次に第2節では旅行者に対するアンケートを事例に，現代観光では「創造・表現の楽しみ」が生まれており，旅行者が「価値創造志向」になりつつあることを指摘した。そのような問題意識のもとで新たに組織した「ものがたり観光研究会」では，第3

節にみたように、『源氏物語』においても、古くから読者による舞台探訪や和歌詠みなど創造的な楽しみが付加されてきたことがわかった。また源氏物語千年紀にみるように、今日においても観光振興への「ものがたり」の活用は有効であり、リピーター化や他の地域文化の振興にもつながっていることがわかった。そして第4節で、宇治のもう一つの「ものがたり」である『響け！ユーフォニアム』に関わるファン活動について見ていったが、響けPJ、北宇治高校OB吹奏楽団、その他のファン活動のいずれにおいても、第1段階として作品の世界観の追体験や再現があり、続いて第2段階として、自分たちで創造した活動を自由に楽しむ創造的な傾向があることがわかった。これは言い換えれば、「価値創造」の形成過程が示されたということであった。

　しかしながら今日において、このように作品の「ものがたり性」を舞台である土地で追体験し、さらに自分自身の創造によって加筆・上書きし、楽しみを発展させていくアプローチを表す言葉は未だ存在していない。そこで本章では、このアプローチを「ものがたり創造」と呼び、それを実現するための観光行動を「ものがたり観光」と呼ぶことにしたのであった。2つの言葉を改めて定義すると、「ものがたり創造」とは、「作品の『ものがたり性』を舞台である土地で追体験し、さらに自分自身の創造によって加筆・上書きし楽しみを発展させていくアプローチ」であり、「ものがたり観光」とは「『ものがたり創造』を実現するための観光行動」である。

　この言葉を用いて言い直すならば、我々が研究の舞台としてきた宇治では、まさにこの「ものがたり観光」が展開されつつあると結論付けられるのである。

## （2）旅行者と地域が創造する「ものがたり観光」

　しかしながら宇治の事例を詳しく見る中で、「ものがたり観光」は、実際にはもうひとつの側面をもって展開しているのではないかと感じるようになった。それは旅行者と地域の関係に関する側面である。本章の締めくくりに当たり、この点を論じていきたい。

　筆者のこの着想の基になったのは、次の3つの事実であった。

第1には，『響け！ ユーフォニアム』のファンが宇治の特定の商店を頻繁に訪れるようになり，リピーターとして定着したことである。第4節で例に挙げた洋菓子店（2018年1月に閉店）やベーカリーをはじめ，京阪三室戸駅近くの和菓子店や豆腐店など同作品を推す特定の商店は複数存在するが，各々の店に複数のファン（多くは他府県からの来訪者で，旅行者と言っても差し支えない人々である）が頻繁に訪れるようになり，今やリピーターとして定着している。筆者のファンへの聞き取り調査によると，彼らは商店を訪れ，ほぼ毎回その店の商品を購入する，あるいは作品にモチーフを得たイラストや手作りグッズを渡すなどの行為を行うのだが，決してそれだけが来訪の目的ではないと言う。彼らはそこで商店主や他のファンたちと交わされるなにげない会話（それは多くの場合，作品にすら関係のない話題である）が楽しく，それを交わすために来訪するというのだ。また店主側に対する聞き取り調査からも，遠方から何度も来てもらえることが嬉しいし，彼らとの会話が実に楽しいという感想が示されており，旅行者と地域住民の濃密なコミュニケーションが発生していることが確認できる。

　第2には，先に例に挙げた北宇治高校OB吹奏楽団が，今なお地域からの客演依頼を受け続けているという事実である。2016年の発足以来，同楽団には響けPJ（17回），宇治橋通り商店街（5回），宇治市商工会議所青年部（1回），宇治市総合野外活動センター「アクトパル宇治」（2回）など地域からの客演依頼が寄せられており，2019年12月の京阪ホールディングス等による「響け！ 吹奏楽祭」にも出演することになった。このように同楽団は地域の吹奏楽団として定着しつつある。また他にも同楽団の一員が，地元商店主のバンドユニットに参加するなどの交流も新たに発生しており，同楽団と地域のつながりはますます強くなっていることが確認できる。

　そして第3には，『響け！ ユーフォニアム』の同人誌を発行するE氏と宇治の文化や観光の関係者とのつながりである。E氏はアニメ作品の舞台探訪者として全国でも名を知られ，これまでも複数の同人誌を製作してきた。ところが近年発行された『響け！ ユーフォニアム』をとり上げた2冊，『宇治を識る。』（2018年），『宇治のたしなみ』（2019）は，それまでの同人誌とはまったく異

なるものであった。これまでの同人誌が作品の舞台探訪に加えて，主に当地の
“観光”に関わる情報を中心に構成されていたのに比べ，上記の2冊は宇治の
“文化”について書かれていたのだ。特に『宇治のたしなみ』では，吹奏楽と
共に宇治茶に対して深く考察した記事に多くの紙面を割いており，宇治茶の老
舗の茶商・茶屋2軒，茶園経営者2軒，茶器窯元1軒へのインタビューと取材
記事が掲載されている。E氏によると，これらの宇治茶関係者には，通常観光
的なインタビューや取材では応じてもらうことは難しいところもあり，同人誌
としての取材に応じてもらえたのは僥倖であったとのことである。記事の内容
を見ると，掲載された宇治茶関係者は誇らしく，いきいきと家業を語っており，
E氏の取材が好意的に受け入れられているように見えた。同誌の中で『響け！
ユーフォニアム』のファンが来店する現状に対して，ある老舗茶屋の店主は次
のように述べている。

　そのような方が旅行で店主に会いたくて来て下さって，お店にいないとい
うのは非常に申し訳ない，という気持ちでいます。お店でそういった方と出
会ってよかったと思っていますが，休んでいたら会えなかったということで
す。できる限りお店には出たいと思っています。

　店主の，旅行者である「ものがたり創造」の実践者たちに対する温かいまな
ざしが感じられる言葉である。
　以上，これら3つの事実から確認できるのは，旅行者である「ものがたり創
造」の実践者たちが，地域住民や商店主，あるいは地域文化の担い手や行政関
係者など地域のさまざまな人たちと親交を深めている姿である。そこでは地域
側のさまざまな人たちは，彼らを地域の観光や文化の理解者として受け入れて
いる。地域側には旅行者の「ものがたり創造」を受け止める度量があり，それ
によって旅行者は通常得られないほどの充実感を手にする。それがゆえに，旅
行者は地域側に対して最大限のリスペクトを払うのである。旅行者が志す「も
のがたり観光」を地域側が受け入れ，共有し，その結果両者の交流という新た

な充実感を生み出している。言い換えれば，旅行者と地域が共に「ものがたり観光」を創造しているのである。

　千年前から「ものがたり」の舞台となり，江戸の好事家たちの遊び心を包んできた宇治。千年の時を超え，この宇治で新しく旅行者と地域が創造する「ものがたり観光」が展開されつつあることは，言下に宇治の文脈の奥深さを物語っているのかもしれない。

### （3）アプローチとしての「ものがたり観光」の定着

　本章で論じた「ものがたり観光」は，決して宇治だけで発生しているわけではない。コンテンツツーリズムの事例をみるだけでも，大谷ら（2019）によると，埼玉県久喜市鷲宮や埼玉県秩父市，さらに茨城県東茨城郡大洗町において，旅行者であるコンテンツのファンが当地を頻繁に訪れるうちに自らの思いに基づいた活動（本章でいう「ものがたり創造」）を進めるようになったが，それが地域の人々に受け入れられるようになり，共に協力して新しい取り組みを進めていくようになったことが記されている。また花房ら（2018）では，富山県南砺市城端を舞台にしたアニメのファン有志が，地域の人たちや行政と協力して観光振興や文化継承を進めていったことを明らかにしている。それらの地域では，その地域の文脈を活かした「ものがたり観光」が興っていると考えられるだろう。

　さらに近年では人々の消費全般に対して「ものがたり創造」的アプローチがみられるようである。前掲したインスタグラムへの注目（抹茶館や父母ヶ浜等）はまさにその好例であるし，近年みられるようになったロックフェスの楽しみ方[11]やユニバーサルスタジオジャパンにおけるホラーナイトの構造[12]などにも「ものがたり創造」的アプローチを感じることができる。このように「ものがたり創造」は，今日の我々の物事に対するアプローチとして定着しつつあると言うことができるだろう。

# 注

⑴　「食べログ　マッチャハウス抹茶館京都河原町店」（https://tabelog.com/kyoto/ A2601/A260202/26025678/dtlrvwlst/）

⑵　亀井（2017）の「抹茶館」における現地調査結果によると，2017年11月6日〜12 日の7日間における「宇治抹茶ティラミス」の1日平均販売個数は325個であり， その間のインスタグラムにおける「宇治抹茶ティラミス」の投稿数は1日平均89件 であった。この数値から「宇治抹茶ティラミス」を注文した人の27％はインスタグ ラムに投稿しているとの推測が導ける。

⑶　ここで「創造・表現の楽しみ」を前出のJTBFのアンケートにどう位置づける かという点について触れると，そもそもこのアンケートの選択肢には旅行者の創造 的な楽しみを問う選択肢はなく，そのため集計結果ではこの楽しみがまったく反映 されていない結果になっている。2017年に実施されたアンケートにおいてもこの楽 しみを問う選択肢がなかったということそのものが，旅行者の「価値創造志向」を 今日の観光ビジネス業界が見過ごしていることの証左になっている。

⑷　一般報道としては，産経WEST「京都・宇治市の27年観光入込客，過去最多の 559万人」（2016年4月28日，https://www.sankei.com/west/news/160428/wst160 4280044-n1.html，最終閲覧日2019年3月17日）などに，公的機関の報告書では宇 治市商工会議所「平成27年度事業報告書」に，同作品の放送が観光客数を押し上げ る要因となったとの記載がある。

⑸　筆者の管見の限りでは，これを超える冊数は滋賀県犬上郡豊郷町（アニメ『けい おん』の舞台：2009年放映）において確認できるのみである。

⑹　片山ら（2016）に，ファン交流ノートの設置から半年後までの書き込み数を，他 の2地区（富山県南砺市城端：アニメ『true tears』の舞台，兵庫県西宮市：アニ メ『涼宮ハルヒの憂鬱』の舞台）と比較した調査がある。それによると宇治市の書 き込み数は約半年間で1266件であったが，城端では2年10カ月で3351件，西宮では 2年間で904件という結果であった。もちろんファン交流ノートの書き込み数は， 舞台となる地域の利便性や設置の場所の公共性などに大きく左右されるので，一概 に比較することはできないが，作品放映後宇治に他のアニメ聖地と比較しても遜色 のない多くのファンが短期間に来訪したことは確認できるだろう。

⑺　一般的にボディーに漫画やアニメ，ゲームなどのキャラクターを描いてドレスア ップした車のことを指す。

⑻　主な例として，「日々是妄想」（管理人：夷氏，最速舞台特定，http://ukatensei. blog50.fc2.com/blog-category-48.html），「ぶらり聖地巡礼の旅」（管理人：セキ氏， カット合わせ重視，http://kbas.ifdef.jp/burari_eupho.html），などがある。

⑼　主な例として，「片岡聲之助のDEBlog」（管理人：片岡聲之助氏，楽器演奏者視 点，http://blog.livedoor.jp/nirubed/archives/52066924.html），「桜高連絡倶楽部連

絡帳」（管理人：セカイ氏，ラッピング列車と自主製作グッズ，http://htt123.blog.jp/archives/1074136325.html）などがある。

⑽　響け！ユーフォニアムオンリー同人即売会「サンフェス」（2019年3月10日，みやこメッセ）では，36サークルが出展した（出典：サンライズクリエイション京都2019全サークル参加一覧 https://sdf-event.sakura.ne.jp/mform/cutfile/c_list_kyo_sc_2019.php）。

⑾　例えば大型野外ロックフェスであるフジロックでは，一部の出演者は当日に発表されることもある。参加者は演奏の視聴だけではなく，ロックフェス会場におけるキャンプなどを楽しみに参加しているようである。

⑿　そこではお客は「こわがらせてもらって」楽しむと同時に，コスプレ等によってキャスト側に回り「こわがらせる」ことを楽しむこともできる。


**参考文献**

夷『宇治を識る。』（同人誌），2018年。

―――――『宇治のたしなみ』（同人誌），2019年。

大谷尚之・松本淳・山村高淑『コンテンツが拓く地域の可能性――コンテンツ製作者・地域社会・ファンの三方良しをかなえるアニメ聖地巡礼』同文館出版，2019年。

片山明久「コンテンツ・ツーリズムに対する観光学的考察」『同志社政策科学研究20周年記念特集号』2016年，19-26頁。

―――――「「ものがたり創造」的アプローチのススメ」第6回宇治「ものがたり観光」連続講座資料，2019年a。

―――――「響け！ユーフォニアム――多彩なファン活動に見る『ものがたり観光』」岡本健編著『コンテンツ・ツーリズム研究〔増補改訂版〕アニメ・マンガ・ゲームと観光・文化・社会』福村出版，2019年b。

片山明久・竹下龍之介・大中茉友子・片山ゼミ「京都府宇治市におけるアニメ『響け！ユーフォニアム』に関わる観光現象について」コンテンツ・ツーリズム学会論文集（3）2016年，23-33頁。

亀井琴恵「インスタグラムによる社会と観光の変化――我々はなぜ「インスタ映え」を求めるのか」京都文教大学2017年度卒業論文集，2017年，1-22頁。

神埼宣武『江戸の旅文化』岩波新書，2004年。

公益財団法人日本交通公社『JTBF 旅行者調査2017年度調査結果『旅行年報2018』第Ⅰ編日本人の旅行市場Ⅰ-4日本人の旅行に対する意識』2018年（最終閲覧日2019年3月26日，https://www.jtb.or.jp/wp-content/uploads/2018/10/nenpo2018_1-4.pdf）。

花房真理子・熊坂賢次「権利侵害を肯定しない旅行者たちのアニメツーリズム――富

山県南砺市を事例に」『文化政策研究』(11)，2018年，41-62頁。
響け！元気に応援プロジェクト「地域連携学生プロジェクト2015申請書——事業計画
　書」資料，2015年。

●● コラム6 ●●

## 演奏で楽しむ宇治のものがたり

いるか
（北宇治高校 OB 吹奏
楽団代表）

　私が初めて宇治を訪れたのは，2015年6月6日，奇しくも現実世界とTVアニメ『響け！ ユーフォニアム（以下，『響け！』）』1期8話の双方で，あがた祭が執り行われた翌日のことだった。春から放映の始まった同作は，京都アニメーションによる宇治の風景の丁寧で繊細なリアリティ満点の描写が第1話から話題だったため，当初から行ってみたいと思っていたのだが，実際に宇治川やその周辺をめぐると，背景美術や音響をはじめとする本作品のクオリティの高さをあらためて実感した次第である。

　以降，放送が進むにつれて何度か宇治を訪ねるうちに，私と同じく聖地巡礼にやってきた楽器奏者と出会う回数が増えていった。もともとアニメが好きでさまざまな作品を見ている人はもちろん，吹奏楽部の青春を描くたいへん魅力的な物語の舞台ということで，あまりアニメを見ない人でも，一度は宇治に行ってみようと感じたようだった。

　『響け！』に魅せられた奏者が，舞台となった宇治で何度も出会うとなると，当然「本格的に大きな編成で作中の楽曲を演奏できたら」という声が生まれてくる。もちろん非常に大変なことで，難しいのではという意見もそれなりにあった。ファンの大半は社会人や大学生で，中高生のように毎日楽器に触れることのできる環境は稀だ。また地元在住のメンバーばかりというわけではなく，練習場所の確保にも負担がかかる（これは今でもそうだが）。

　それでも私がこの楽団を立ち上げようと決意したのは，同年秋に京都四條南座で開催された『響け！』の公式イベントで続編（TVアニメ2期）の製作が発表され，それに感極まるキャスト陣の姿に心打たれたからに他ならない。この物語がもっと続いてほしいという想いは，製作者のみならずファンの方も同じということを，ファンによる作中の楽曲演奏という形で伝えたい。そんな想いを抱きながら水面下で準備を進め，2016年2月，北宇治高校OB吹奏楽団（以下，「北宇治OB」）が発足した。

　以降，2016年から2018年までの3年間，これまた作中にも登場する宇治市文化センターを借りて，毎年12月に『響け！ ファンコンサート』を開催した。上述のような大変さは他にもあって，本当に十分な数の奏者が集まるのかどうかとか（特定のパートが人数が足りないということはどこの楽団でもあることだが），曲数が多くなるにつれやはり練習時間（個人・合奏とも）の確保が難しくなるとか，アニメを見てから楽器を始めた初心者から全国大会クラスのベテランまで，スキルにバラつきのあるメ

184

ンバーの演奏をどうまとめていくかとか，足りないことを挙げればキリがない。

　そんな困難がありつつも活動を続けてこられたのは，『響け！』が好きだという共通項があってこそ。「三日月の舞」をはじめ劇中に登場する作品オリジナルの楽曲を，舞台である宇治で演奏することにより登場人物たちの追体験ができる。また奏者として「より響き合う」音楽を追求しながら何度も合奏を重ねることにより，その体験・醍醐味がさらに深まる。手前味噌ながら，これはこの楽団特有の大きな魅力だと思われる。

　また，活動を続けることで，ありがたくも宇治市やその周辺の地域で行われるさまざまなイベントへの出演依頼やその機会をいただいてきた。宇治橋通り商店街の秋祭り「わんさかフェスタ」にはありがたくも4年連続出演させていただいている。京阪電車の『響け！』ラッピング車両を楽団で貸し切ってのイベントを開いたことをきっかけに，京阪ホールディングス主催の貸切電車イベントにもお声がけいただき，キャ

ラクターたちの通学する電車からの風景に沿って演奏することができた。関西学生吹奏楽連盟による京都駅ビルでの「吹奏楽の日」では，これまた作中に登場する同じ場所での演奏シーンの再現を目指して「宝島」を演奏した。楽団の4年目となる2019年は，メンバーのスケジュールなどの都合からファンコンサートはお休みとなったが，上記以外にもさまざまなイベントに出演する機会を得て，作品を知らない方々にも演奏を聴いていただくことができた。

　ところで，このように『響け！』の楽曲を奏で続けている我々北宇治OBが楽しんでいるのは，音楽だけではない。冒頭にも記したように，アニメの中で非常に緻密に描かれた宇治の景色と同じ場所を実際に訪れることで，二重三重に作品世界を楽しむことができるのも，このコンテンツのファン活動の魅力の1つだ。主人公の久美子が泣きながら走った宇治橋を同じように走ってみたり，親友麗奈との名シーンが重ねられた大吉山の展望台に登ってみたり，京阪電車に乗って黄檗や六地蔵のエリアを通学気分で歩いてみたり（なお作中の通学路は六地蔵から黄檗にワープしているため実際の町とは異なる）……北宇治OBのメンバーにとって，歴史ある町・観光地としての宇治とは異なる「北宇治高校の生徒たちが暮らしている町」としての宇治もまた，この作品の世界観を味わうことのできる魅力ある場所なのだ（もちろん『響け！』の聖地巡礼をきっかけに古くからの町並みやお茶の文化に関心をもつ人もいる）。劇中の合宿会場として登場するアクトパル宇治でも毎年実際に合宿を催している。ちなみにメンバーの大半が成人していることもあり，宇治川周辺やその他のエリアのさまざまなお店で飲み会を開いてきたが，それもまた「OB」らしい作中世界の体験といえるかもしれない（笑）。

　かくして，さまざまな形で『響け！』を楽しむ活動を通して，遠方から宇治の町に何度も訪れたり，市民の方との交流を深めたり（市内在住のメンバーもいる），はては宇治に引っ越したり。物語を楽しむ側のファンもまた，宇治を舞台としたその人の物語を紡いでいると考えられる。

## 第7章
# 「宇治・伏見観光とまちづくり」実践の「地域文化観光論」的考察
—— 「ものがたり」としての「地域との協働」 ——

## 1 「大学・学生との協働」という「ものがたり」

　京都文教大学の学生・教員の宇治・伏見での取り組みは，「地域と学生・教員の協働」という「ものがたり」としてとり上げられ，そのものがたりの枠組みでつねに評価されてきた。教員は授業現場でその「ものがたり」を利用しつつ，学生のがんばりや地域の人びととの会話などの個々の意義深い「ものがたり」がそこからこぼれ落ちる現実にいらだちを感じてもきた。ものがたりは，モノと人が作り上げるネットワークのなかで生成されるが，紡ぎ出される当初からその荒筋が明らかになっている例は少ない。多くの場合，ある程度形が見えはじめたときに他者が名付けをはじめる。「学生との協働」「学生による地域貢献」と名付けられるものがたりは新聞やテレビの報道にとっての格好の見出しとなる。それをメディアの事情に通じた大学や地域のスタッフがリリース用に利用するのである。

　タイトルにある「地域文化観光論」(橋本，2018) は，地域の人びとによる「観光まちづくり」活動を対象にしている。地域の人びとが新たに発見・創造し，場合によっては他地域から借用してきた一見「まがいもの」のように見えるモノを，熱心に育て上げて「ほんもの」にした地域文化を発信するのが「地域文化観光」である。そして拙著『地域文化観光論』の大きな特徴は，伝統文化のみならず，新たに発見・創造された地域文化も地域の人びとの活動の蓄積によって「ほんもの」になるという，「ホットな真正化」のプロセス (Cohen & Cohen,2012) に注目する点にある。

本節では地域の人びとと大学学生・教員による「商店街活性化」活動から「観光まちづくり」活動への変遷というものがたりをとり上げる。全国の商店街の９割以上が衰退化している現状を受けて，宇治地域でも商店街活性化のための連携活動がはじまった。そのものがたりをどう語るかに注目すると，現状への対処法が見えてくる。個々の店の利益や商売に関する語りではなく，「地域の核としての商店街」が果たす役割・機能に注目するという商店街振興組合理事長の語りのなかに，衰退する商店街への的確な対処方法があった。24時間稼働の大きな工場の「城下町」として繁栄した時代が工場の縮小とともに終わり，地域住民用の商店街に変わり，さらに大型店に客を取られて衰退しはじめた。ほとんどの商店街がシャッター通りと化していく状況の中で，本節で取り上げる商店街は新たに地域の核となる活動をはじめ，「地域と学生との協働」というものがたりとともに再活性化に動き出し，「まちづくり」としての一定の成果を得ることができた。そしていまやその成果を「観光まちづくり」のものがたりとして読み直す企業が複数登場し，宇治茶を使ったスイーツや土産物を提供する店舗を新たに出店している。地域住民向けの商店街から観光者にもまなざしを向けた商店街へと変容がはじまっているのである。

　ここで紹介するものがたりは，宇治橋通り商店街と京都文教大学の教員・学生・職員をめぐって展開する。京都文教大学人間学部文化人類学科（現総合社会学科）は「異文化理解」を学科教育の基本として1996年に発足した。１学科に20数名の人類学研究者が所属するのは日本ではじめてであった。ほとんどの教員は海外に調査地をもっていたが，１学年120名の学生すべてがアフリカやアジアなどの海外の国々をフィールド実習の調査地に選ぶわけではなかった。自ずと国内の実習地をいくつか用意する必要にせまられ，「異文化の視点から自文化を見る」ことに強調点を移すことになった。異文化経験のない学生が「自文化を相対化」する視点をもつことには困難が伴ったが，当初は日本国内でも学生にとっては「異文化」と考えられる地域が選ばれた。そして大学の地元での調査をはじめたときには，「見慣れた風景を違った視線で見る」訓練を強調することになった。

　京都文教大学が位置する宇治地域での活動が本格的にはじまったのは，2003年4月の科学研究費助成事業基盤研究B（2）『「（人と人を結ぶ）地域まるごとミュージアム」構築のための研究』（研究代表者橋本）の一環としてであった。人類学的視点から地域で行われる活動はすべて「地域まるごとミュージアム」の対象となると考え，その研究に参加した教員4人は意識的に地域での実習と調査をはじめた。2008年にはそれまで学科で積み重ねてきた100例ほどのフィールドワーク実習の成果をアピールして，文科省特色ある大学教育支援プログラム（以下，特色GP）「現場主義教育充実のための教育実践――地域と結ぶフィールドワーク教育」の助成を獲得し，さらには2014年から大学が「地（知）の拠点事業（COC）」（さらに2016年COC＋）に採択されその助成を受けた。それらの助成のおかげで，筆者のゼミや実習での成果を（地図や宇治検定として）印刷・配布し，またはオリジナルグッズを試作して提案する費用を得ることができた。

　本章では，まず筆者がこれまで各年度の実習・演習で学生とともに実践してきた活動を紹介する。その後の分析においては，2013年からの科学研究費助成事業基盤研究（C）「観光まちづくりと地域振興に寄与する人材育成のための観光学理論の構築」（研究代表者橋本）の成果を出版した『人をつなげる観光戦略――人づくり・地域づくりの理論と実践』の第8章「人づくり・地域づくりのための理論構築に向けて」（橋本，2019）で紹介した理論を使った考察を行う。

## 2　宇治橋通り商店街「まちづくり」プロジェクト

　宇治橋通り商店街は以前ユニチカの工場従業員を顧客として抱え，工場が3交替制で稼働していた頃は夜勤明けの客が朝から買い物に来ていた。工場の縮小とともに商店街から客が消え，その後の大型ショッピングセンターとの価格競争に太刀打ちできずに商売から撤退する店が増え，空き店舗が目立つようになった。全国の商店街の90％以上が衰退しているといわれるが，宇治橋通り商店街も例外ではなく，我々が関わる2003年以前から新たな商店街のあり方を模

索し活性化のためのさまざまな試みを行っていた。この商店街の第一の問題点は自動車の交通量の多さであった。府道で，一方通行ではあるがかなりのスピードで通過する車が多く，歩道もないので安心して買い物ができない。JR宇治駅から宇治橋まで歩道のある2車線の市道があり，当時は平等院への道としてそちらが紹介されていた。そのため商店街には人通りがなく，店舗が閉店しても後継店が出ることもなくシャッターが降りたままになっていた。

　商店街振興組合の理事たちは宇治橋通りを人が歩ける道とするために電線の地中化を望んでいた。振興組合は2000（平成12）年度に京都府の商店街競争力強化推進事業に関わる助成対象事業として「魅力ある商店街づくりのためのマニュアル『笑店街づくり』」を策定し，重要項目として電線の地中化を掲げた。この冊子は，宇治橋通商店街振興組合長の名前で作成されてはいたが，依頼されたコンサルタントが来街者と商店主へのインタビューをまとめた後に，日本のどの商店街にも当てはまるような提言をしていることは一目瞭然であった。しかしながらこの冊子「笑店街づくり」の要点が「地域のための商店街」にあると看破した新理事長のN氏は，それを新たな方針とし，我々にもそのように説明をしていた。それが彼のいう「産学協働のことづくり」として結実していったのである。

　商店街の活性化には，顧客向けの商品販売だけを考えても成果はあがらない。自らも「地域」の一員である商店主が，「地域」で「地域」の人びととともにいかに生きるかをテーマにした取り組みをすることが求められている。「地域」とともにある商店街は地域活動の中心となり，人が寄ってくる。ここでは何かがはじまり，何かが行われ，それぞれの好みや目的に応じて引きつけられて人が寄る。そのような地域の核としての役割が求められているのである。

　その後のさまざまな継続的な取り組みの結果，それまでは宇治抹茶を使ったスイーツを出す店が1軒しかなかったが，他の全国展開をしている有名な茶業者も出店するようになった。また創作料理や豆腐料理の店や土産物店も開店し，閉じた店のあとにはすぐ次の店が出店するようになった。終日地元の買い物客と観光者の往来が見られ，大学のサテライトキャンパスでは連日地域の人びと

を対象にした催し物が開催されている。年に1度の商店街フェスタには2万人から3万人の地域の住民が集まっている。2003年度からはじまった大学との協働について，筆者が関わった事例だけではあるが，見てみよう。

### （1）個性店プロジェクト

2003年4月からスタートした3年次生の演習では，前年度「関西で観光を考える」というフィールドワーク実習に参加したメンバーが中心になって「個性店プロジェクト」を進めた（橋本，2006）。この企画意図は，商店街という空間に少しでも多くの人が長く滞在することを目指していた。学生たちの商店街についての第一印象は，人通りが少ないことであった。客が来ないから，店に売り手が顔を出さない。それゆえますます人が来ないという悪循環を断ち切るためには，通りにひとりでも多くの人が滞留することだと考えた。品物を買うだけでは，ひとり数分で終わってしまう。しかし店の人の趣味や関心を客が知っていれば，店で話が弾みもう数分多く滞在する。そうすればまちには倍の人数を見かけることになる。人のいるところに人は集まる。そのための仕掛けを考えようということであった。なかには取材に応じてもらえない店もあったが，とりあえず40数軒の店を紹介することができた。1年目の成果を10月に開催された商店街の「まるごと文化フェスタ」で展示した。各店舗の紹介記事を大きな地図上に張り出すと，店舗の関係者と地元新聞の記者が関心を示して来場した。

翌2004年は店構えと店主の写真を掲載したホームページを，他の教員の活動も紹介している「まるごとミュージアム」（科研費による）のなかに立ち上げた。またフェスタでは，商店街のオリジナル商品として，源氏物語宇治十帖の「うきふね」の歌と女御の姿を描いた携帯ストラップと，和菓子店から指導を受けて抹茶入りのくずきりとわらび餅を試作して提案した。来場者に携帯ストラップのデザイン案を求めると茶団子の提案があったので，終了後に追加した。

2005年度は振興組合からの要請を受けて，ホームページの内容を短くした店舗紹介を商店街地図に掲載して配布した。フェスタではオリジナル商品として，

商店街にちなんだ「ほっこり椅子」や「茶碗」などの絵を付けた携帯ストラップを100個ほど学生が手作りした。HP 上で紹介した各店舗の前に紹介記事を印刷して置き、3店以上をめぐった参加者に携帯ストラップを提供するウォークラリーを行った。またこの年の夏には大学と協働で、全国でも珍しい商店街での学生向けインターンシップ制度をはじめ、商店街を内部から体験することが可能になった。

　個性店プロジェクトで学生が店主にインタビューすると、これまで振興組合の理事たちには語らなかったような内容が語られるとの発見があった。また店主は自分がいままで行ってきたことが、学生が来て聞くに値し、語るに値するものであったことに改めて気づいたという。宇治市産業振興課が開催した「産官学連携システム」研究会の産業振興部会には宇治市の4つの商店街・商店会が参加したが、この宇治橋通り商店街の取り組みが「産学連携」のモデルケースであるとの評価を受けた。店主をはじめとして地域の人びとは地域に顔を出した学生に自らの知を授け、学生を育てる作業に携わるときに自らの経験を客観化する。自らの店で伝承され、いま自分が工夫していることがそのままで地域の文化資源であることを再確認し、自信となっている。学生の地域での活動を契機に、地域の文化資源（モノ）を媒介にして人と人が結びつく。このモノと人、人と人の混淆的ネットワークのなかで「地域」で生きて活動することの意味が確かなものになっていくのである。

## （2）「ええもん市」協働プロジェクト（2006年3月〜2013年10月）

　2006年3月からは商店街振興組合との協働のプロジェクトとして「ええもん市」をはじめた。まずは3月から6月までの毎月第3日曜日に、あらかじめ学生が各店舗を回って選んだ商品を一堂に集め、テントでの委託販売をした。これは学生の視点から各店舗の隠れた名品にスポットライトを当てる試みであった。その4回の成果を受けて秋にも3回開催することになった。「ええもん市」で商品を知った客が「これこの前ええもん市で売っていたやつやんな」と言って買ってくれ、その後常連になったという話をいくつか聞いた。このプロジェ

クトではこれを機会に新しい商品を開拓し，宇治橋通り商店街の新たな「オリジナル商品」を生み出そうとの目的もあった。なかにはその趣旨を実現すべく，店で新たな季節の商品を創作しはじめた振興組合の理事もいた。

　フェスタの話し合いで「500円コーナー」が提案されたことがあった。来場者に「安い」と感じてもらえ，通常のええもん市の倍の売り上げになった。まちづくり活動に学生が関わることで，地域住民が積極的に地域と関わろうという意識をもつきっかけになる。学生のもつ可能性を地域の人びとが引き出せば，商店街を動かす力となることもある。「ええもん市」がその契機となったとの評価は可能である。2012年度の学生のひとりは，「『学生に任せておけばいい。自分たちには関係ない』と，他人事のように考えることになっては，まちづくりをする意味がなくなる。学生と地域住民がともに刺激し合えるよい関係を構築したとき，まちづくりをする意味がうまれる」と卒業論文で述べている（2012年度『橋本ゼミ卒業論文集』より）。

　「ええもん市」は2013年10月を最後に終了し，翌年からは大学との新たな企画に引き継がれた。当初の「ええもん市」では理事たちが新たな取り組みを盛り上げるべく，夏には氷柱やグリーンティの販売機を都合してきて来場者に涼しさを提供し，また学生の提案を受けて子ども向けに水槽にいれたスーパーボールを掬えるような催しも行った。毎年入れ替わる学生は前年度の内容を継承するだけでも一仕事で，自分たちの新たな企画を考案・提案できる学年は少なくなった。はじめは空き地にテントをはって出店していたが，2007年6月に大学が商店街の店舗を借りてサテライトキャンパスとしたのを機会に，そこに「ええもん市」を移した。商品を室内で管理できるようになったことで安心度は増したが，当初のお祭り騒ぎも一段落した時期で理事たちの関与が少なくなった。何年か経過すると定番の弁当などが売れる店はよいが，出しても売れずに返品を繰り返す店からは「マンネリ化」が指摘されるようになった。しかし，逆説的ではあるが，連携・協働においてはこのマンネリ化が重要なのである。それについては最後に説明することにする。

　2013年6月に担当教員の1週間ほどの入院とええもん市開催日が重なった。

新たに理事長になったS氏の支えを受けて無事に乗り切ったが，まだ2回しか経験を積んでいない学生にはその事態を自力で乗り越えることができず，自信を失って離れていった。2006年度当初の学生は，教員より先に自分たちの企画を考え提案して「ええもん市」を主催し，教員が海外調査で参加できなくてもN理事長の支えのもとで実施し，自信をつけていった。しかし2013年の出来事では，長年同じプロジェクトを継続する難しさを身にしみて感じた。筆者は大学での定年が数年後に控えており，痛めている腰のこともあって，引き時だと考えた。理事や商店の方々の理解を得て「ええもん市」から「定年退職」することにした。その年の10月のフェスタが最後のええもん市になったが，前年度の学生や卒業生が助けにかけつけ，これまでにない盛況のうちに終了した。商店街と大学との連携はそれ以後も形を変えて継続している。

　宇治橋通り商店街の「まちづくり」は学生・教員・職員も含めた地域住民を中心に行われている。歩道を確保することはまだできなくても，2012年には電柱・電線の地中化が実現し，歩く場所が広がり，地域の人びとがより買い物をしやすい商店街となった。それは観光者にとっても歩きやすい環境を提供することになった。2003年からの取り組み以降，商店街ではケーキ店や仕出しの店がイートインスペースを設け業態を変えたのをはじめ，いまでは観光者に食事を出す店が新たに8軒ほど開店し，中国語を話す店員のいる土産物店も現れた。宇治橋通り商店街は地域住民向けの「まちづくり」の核となっているだけではなく，いまや平等院や宇治上神社などを訪れる観光者にも目を向けた「観光まちづくり」への転換がはじまっているのである。

### （3）観光振興プロジェクト

　3年次ゼミの学生には別の課題があった。2008年度には8名のゼミ員が3種の「宇治検定」と2種の「オリジナルグッズ」を作成し，10月のフェスタで披露した（橋本ゼミ，2008）。前年にも「歩いて分かる宇治検定」を作成したが，2008年度の学生からは「歩かなくても分かる」宇治検定であったとの批判を受けた。2008年には特色GP「現場主義教育充実のための教育実践——地域と結

ぶフィールドワーク教育」における学生プロジェクト活動の取り組みとして助成を受け，「歩いて分かる宇治検定　宇治橋通り商店街編」と「考えて分かる宇治検定　源氏物語宇治十帖編」・「宇治茶編」の3種を作成し，カラーで各300部ずつを予算内の15万円で印刷することができた。フェスタ当日にそれを配布すると同時に，その場で解答してもらった。94名の回答者には別に作成した「源氏物語千年紀」の携帯ストラップを進呈した。前年度より回答者が倍以上になり，用意した座席が足りなくなった。

　オリジナルグッズとしては，宇治市の「源氏物語千年紀」委員会からロゴの使用許可をもらい，100個の携帯ストラップを11万円弱という予算内で作成した。フェスタ当日は新聞などで紹介されたこともあり，宇治検定とともに好評のうちに終了した。もう1つのオリジナルグッズとして前年度同様にポストカードを提案した。前年は宇治のなにげないあまり知られていない風景を写したポストカードであったが，今回は10種類作りフェスタ当日にアンケート調査をし，人気になったカードをセットで販売する提案をすることにした。ひとりに3つ選択してもらい367の回答を得た。平等院裏の土手に咲く桜（64票），喜撰橋と朧月（60票），提灯の明かりと宇治川（53票）などに票が集まった。好評だろうと考えた出番を待つ船（8票）とJR宇治駅前のお茶壺ポスト（13票）は，期待に反して票が少なかった（橋本ゼミ，2008）。

　2011年度の3年ゼミでは，存在は知っていたが詳しくは知らなかった名所に注目し，「宇治のパワースポット」となる神社・寺を学生が調査し，クイズ形式の「宇治検定」という冊子にまとめた。宇治に住む人びとが地元に興味をもち，よく知ってもらうことを目的にした（橋本ゼミ2012年度卒論集）。知ることで自分たちのまちに愛着をもち，よその人びとにもアピールできれば，宇治をより興味深い観光地にすることが可能だろうとの考えであった。宇治上神社，橋姫神社，許波多神社，萬福寺の4カ所を取り上げた。世界文化遺産の宇治上神社では菟道稚郎子を導いたウサギに注目し，橋姫神社では縁切りのご利益，そして競馬の神様としても知られる許波多神社では，狛犬の足に赤い糸を巻くと不明者が見つかるという言い伝えや，身体の悪い部分をさすってから木の瘤

を触ると病気が治るという信仰を紹介した。そして萬福寺では建物全体の造り
が龍の姿に模して建てられていることなどをクイズ形式で紹介した。すると一
度訪れたことのある場所でも，新たな見方を知ってもう一度訪ねてみたいとい
う人も出てきた。このような検定は，地域の人びとが地域について積極的な意
識をもつきっかけになると考えられる。

## 3 宇治・伏見の観光

　宇治では，3年次演習として以上のような商店街活性化活動に関わってきた
が，2年次生を対象としたフィールドワーク実習では宇治と伏見を結ぶ観光に
ついての提案を行ってきた。観光資源が多いこの両地域をサイクリングで結べ
ば行動範囲が広がり，これまでにない魅力を発見する豊かな観光経験を提供す
ることが可能となる。これが実現すれば，平等院を中心とした圧倒的な数の半
日観光者を「1泊観光者」に変える契機となるだろうとの提案であった。

### （1）宇治サイクルマップ

　実習では以前ディスカバージャパンとして紹介された山口県萩市のサイクリ
ング観光，そして石川県金沢市のレンタル自転車「まちのり」を使った観光な
どを調査し，「宇治・伏見サイクリング観光」の参考にした。
　2012年度実習（2年次生対象）では萩市での調査を活かして宇治でのサイク
リング観光のための地図と見所紹介を作成した（図7‐1）。この地図を商店街
の自転車店で利用者に提供した。JR宇治駅前から宇治橋通りへ行き，H自転
車店でレンタサイクルを借りる。宇治橋を渡り，左折してすぐ土手道に入り宇
治川を下る。右下に茶畑を見て，2007年に発見された護岸施設「太閤堤」の発
掘現場に行き，その向かいにある宮内庁管理の菟道稚郎子皇子の墓を訪ねた後，
隠元禅師上陸の碑のある隠元橋に向かう。橋を右折して自衛隊の敷地沿いにあ
る許波多神社，その先の信号を左に入り岡本小学校近くにある二子塚古墳，
JR奈良線の踏切を渡って隠元禅師が開いた中国風建築の萬福寺，さらに山沿

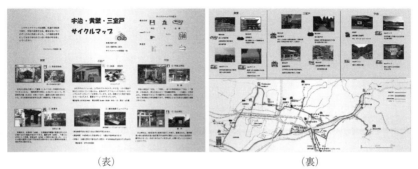

（表）　　　　　　　　　　　　　　　　　（裏）

図7-1　宇治・黄檗・三室戸サイクルマップ

いを走って隼上り瓦窯跡で休憩し，下方一面に広がる宇治川対岸の景色を眺める。そこから京滋バイパスの上を横切る橋を渡り，車一台がようやく通れる路地に入ると，安養寺の隣には近所の人が守る閑静な厳島神社がある。その先の三室戸寺を訪れた後，前日に回った京阪宇治駅周辺の源氏物語ミュージアム，宇治上神社，宇治神社を経て，興聖寺前の道を上流に向かう。

　宇治川左岸の道は緑も多くウォーキングにも適している。やがて右手下に歩行者専用の天ヶ瀬吊り橋があり，白虹橋からは天ヶ瀬ダムを見上げることができる。橋を渡り，川を下り，先の吊り橋を過ぎると，左手にかなり急な坂が見える。自転車を押しながらその長い坂を登り切り，藤原頼通の娘で後冷泉天皇の皇后寛子が建立した金色院（1102年）の鎮守社となった白山神社に向かう。そこではほとんど観光者の姿を見ることはないが，時代を経た大きな惣門が道を横切り，それをくぐって右手に行くと鬱蒼とした木々に覆われた長い階段の上に白山神社がある。他の神社とは趣が異なり，一見の価値がある。その後もとの急坂を下り，川沿いを下れば平等院に至り着く。

　自転車をゆっくりと漕いで各所を通過するだけなら，2時間から3時間ほどで回ることができる。そこで写真を撮って見学をしたりすると倍以上の時間が必要となり，喫茶店での休憩や昼食も含まれることになる。このサイクルマップ作成のねらいは，世界遺産の宇治上神社・平等院中心の半日観光の翌日に，近隣の魅力あるスポットをめぐる「1泊観光」を提案することであった。2日

図7-2　サイクリングマップ（2013）

目の午前中に自転車を借りて出発し，午後3時か4時に自転車を返す1日の行
程である。

### （2）宇治・伏見サイクリング観光の提案

　翌2013年度実習では金沢での調査を活かして宇治・伏見サイクリング観光の
ための地図を作成した（図7-2）。伏見には幕末の歴史にちなんだ場所と酒造
所があり，宇治にはお茶や源氏物語にちなんだ場所がある。その両地域を結ぶ

のが宇治川であり，共通するのが「名水」であった。そこで副題を「水をめぐる旅」とし，宇治と伏見を結ぶ宇治川の景色や鵜飼いなどを紹介し，道の途中の見所・過ごし方を提案した（2013年度フィールドワーク実習報告書）。

伏見の名水巡りとしてこの地図では伏水（黄桜記念館）と白菊水（鳥せい本店前），御香水（御香宮神社），菊水若水（城南宮）巡りを提案している。7名水のうち飲用に適さないとされているものと入場料が発生するものを除外した。宇治川派流沿いでは月桂冠大蔵記念館裏から発着する十石舟を追い，寺田屋や伏見港を巡る。

伏見から宇治川の土手を通って宇治を目指すが，残念ながら山科川と合流する場所にまだ橋がなく，住宅街の中を通って土手に戻るときに戸惑う。そこを過ぎ隠元橋までたどり着けば快適な土手道が待っている。

5月には土手の左下に強い日差しから茶葉を守るために藁を被せた珍しい「覆下茶園」を見ることができる。季節ごとに河原では鴨や川鵜，鷺などの姿を見かける。また喜撰橋を渡った宇治川中州の塔の島にはウミウ（海鵜）を十数羽飼育している小屋があり，鵜飼いも行われている。宇治の名水として唯一残っている桐原水は宇治上神社境内にあるが飲用には適さない。最後に宇治市の施設「対鳳庵」での抹茶，福寿園での甜茶を石臼で挽いて飲む体験を提案し，ゼミ学生が推薦する抹茶ソフトクリームや抹茶パフェの店を紹介している。

この地図は，半日観光の対象でしかない宇治と伏見という点と点を結ぶ線としての「宇治・伏見観光」を提案することを目的にしていた。そのためには，線上を移動する手段とその線上にある魅力を発見しアピールする必要があった。観光者にその魅力が伝わり，点と点を結ぶこの線上の観光を実践する者が増えれば，リピーターも増える。そのときには宿泊可能な施設の増設を考える業者も出現するだろうと考えた。地図作成の最終段階では，京阪電車の企画担当と宇治市の地域振興課，宇治観光協会の人びとの前で発表し，コメントをもらって訂正し，印刷後に観光協会を通して主要な場所に置かせてもらった。

# 4　「地域文化観光論」的分析

　以上は大学の学生と担当教員の地域の人びととの協働実践の一部である。本節では最初に紹介した「地域文化観光論」的視点から，学生・教員・職員も含む地域の人びとが新たに発見・創造し「ほんもの」に育てあげた地域文化となっているのかについて検証する。そして『人をつなげる観光戦略　人づくり・地域づくりの理論と実践』第Ⅷ章（橋本，2019）において紹介した「産官学民の連携・協働」実践の分析に有効だと考えられる理論から，先の事例を分析・考察していく。

　産官学民連携の過程を「萌芽段階」「新規加入者参画段階」「他者との連携段階」の3段階に分け，各段階を分析するために適切と思われる理論を文化人類学の領域から参照する。萌芽段階では，連携の場が公に設定されるまでの生成過程に注目し，関与するあらゆるモノと人を「対称的」にかつ広範囲に見ることができるアクターネットワーク理論（ANT）的な視点が必要となる。「問題が問題になる過程」を「問題が問題となる以前」にも視野を広げ，モノと人がそれぞれエージェンシーを発揮し，そのレシピアント（受容者）となったモノや人が結びつき，ネットワークを形成しはじめる過程を明らかにすることがANTでは可能となる（橋本，2019，172頁）。次の「新規加入者参画段階」では，萌芽段階のコンテクストを知らない新規参入者に，なぜそれが取り上げられ，自分たちの問題として醸成されてきたのかという経緯を，それぞれの地域で共有される価値観とともに提示・解説することが必要になる。それはひとつの集団や組織への加入儀礼，すなわち世界全般で執行されている「イニシエーション儀礼」と考えることができる。「イニシエーション儀礼」分析により，ある集団への参入段階でなにが必要とされるかが明らかになる。

　そして3段階目の「他者との連携段階」では「産官学民」相互間の連携・協働が開始する。官と民，産と学，学と民とのさまざまな交渉が行われるときには，これまでのメンバー内だけに通用する限定コード（仲間内でのコミュニケー

ションのあり方)とは異なる他の限定コードとのコミュニケーションを可能と する新たなコード(精密コード)が必要となり，その新たな精密コードに基づ く「翻訳作業」がはじまる。学生はよく「ノリ」という言葉をつかうが，「ノ リ」で考えた製品提案のなかで学生なりのこだわり(価値観)が，企業・工場 や役所などでは非効率・非常識的であり排除されるべきものと考えられるため に，共有されないことがよくある。その状況をはじめに述べた「語り」の側面 から説明すると，学生の「仲間内の語り」と社会人(他者)の「語り」との間 では，主要な価値観が異なるために相互理解が困難になるというコミュニケー ションギャップが生じていたのである。「産官学民の連携」では，それぞれの 語り(=限定コード)の間に生じるギャップを埋める「翻訳」作業，すなわち 新たな「精密コード」の作成が求められるのである(橋本，2019，176頁)。詳し くは本節第5項で事例とともに検討する。

### (1)地域文化観光論的視点から

　拙著『地域文化観光論』(橋本，2018)は，地域の人びとによる「観光まちづ くり」活動の研究であり，本章第2節で紹介した宇治橋通り商店街における活 動はなによりもまず地域の人びとによる地域活性化活動であった。そこに2003 年から大学教員と学生が加わり，2007年に大学のサテライトキャンパスが設置 されてからは職員も継続的に関わっている。通常の地域連携ではひとつのプロ ジェクトが3年を目処に実施され，終了する。しかし本取り組みの大きな特徴 は，複数の教員・職員が複数の企画やプロジェクトをこの宇治橋通り商店街と 近隣地域で継続的に展開し，関係が途切れない点にある。筆者の場合だけでも 個性店プロジェクト，ええもん市，そして個性店プロジェクトの内容の再利用 として学生と商店街が協働でガイド冊子「ujibashi-dori」を作成し配布した。 2010年10月にも「商店街スイーツマップ」の制作で振興組合と協働し，また 「歩いて分かる宇治検定」として「宇治橋通り商店街編」も作成した。

　これまで築き上げた信頼関係をたよりに1年次演習では商店街フィールド ワークを取り入れている。また，小・中学校や高校の教員研修を担当したとき

も商店街での1日フィールドワークを行った。地域活性化の実践に参画してきた人びとは自分たちの活動を楽しみ，他者に説明し語ることに習熟してきた。学生を相手に店や商品，さらには自らについて語り，時には学生を指導する中で，自らの活動に自信をもつようになったのである。それが研修に訪れた小・中学校の教員を迎えても堂々とした説明を可能にしていたのである。地域の人びとが積み上げてきた活動によって育て上げた「地域文化」とそれに対する誇りがここにはある。

### （2）萌芽段階の分析──連携の始まり

　商店街と大学教員との協働企画が始まる前の「萌芽段階」では，全国の商店街と同様に宇治橋通り商店街も衰退傾向にあるという認識は一致していたが，具体的にどう取り組むかは不明であった。これが企画先行型プロジェクトとは異なる「社会関係構築型」実践の特徴である。商店街振興組合はそれまでもいろいろと対策を考え実行していた。2000（平成12）年度京都府商店街競争力強化推進事業に関わる助成対象事業として，宇治橋通商店街振興組合は「魅力ある商店街づくりのためのマニュアル『笑店街づくり』」を策定した。2002年の最初の出会いはさまざまな悩みを共有することからはじまり，その後4人の教員のそれぞれの関心に合った具体的な企画が進行していった。

　1）地域との協働──大学教員が可能なこと
　まず大学教員ができることとしては「地域との協働」をテーマにした科学研究費助成事業への申請であった。それと同時に各教員が地域で学生とともに取り組む内容を，「（人と人をむすぶ）地域まるごとミュージアム構想」として考えた。宇治地域の地蔵盆に興味をもった教員は学生とともに調査をはじめた。宇治市歴史資料館との連携では，通常は公費ではできない個人の収集品の燻蒸・分類・整理を，科研費を使った協働プロジェクトとして行った。市に寄贈された昔の教科書や和本などの燻蒸や行灯などの整理を資料館が行い，それらを学芸員課程担当の教員が大学での授業や展示実習の資料として利用した。ま

たエチオピアで小学校を建てるプロジェクトに参画していた教員は宇治の小学校と連携した企画を進め，筆者は商店街で「個性店プロジェクト」をはじめた。

それらの活動と同時に，2003年10月の「商店街まるごとフェスタ」では学生たちの企画を反映した展示を行った。商店街の南西の端に第2の舞台を新設し，中央に設置された第1舞台との間を行き来する観衆の滞在時間を長くして，フェスタ全体のにぎわいを演出しようとした。第2舞台の企画・運営はゼミ学生が担当し，大学のサークルやクラブに呼びかけて演奏や踊りの発表の場とした。振興組合の理事たちは，地域の幼稚園・小学校や芸術高校に呼びかけて，児童・生徒の絵を集めて道の中央に展示し，出展した子どもたちだけでなくその父母や祖父母たちの来場を促した。また地域で活動するボランティア団体や小学校・高校の児童・生徒やPTAも積極的に参加し，さまざまなブースを展開した。理事たちのねらい通り，商店街を核とした地域の人びとのフェスタとなり，当初は1万5000人が参集して大盛況だったと評価されたが，いまでは3万人近くの来場者を集めるイベントとなっている。

## 2）社会関係構築型プロジェクト——萌芽段階にもどって

異分野連携の研究でこのような地域と教員・学生との連携の性質を分析する場合には，両者の関係の萌芽段階に遡る必要がある。さまざまな人間的かつ非人間的な要素が偶然にも重なり合い，相互に結びつきながら混淆的なネットワークが形成されていったのである。

まずは平等院と宇治上神社の世界文化遺産登録という出来事があり，その登録過程について聞き取り調査を宇治市歴史資料館で筆者が行ったのが関係のはじまりであった。それと時を同じくして，教員のひとりが商店街理事の所有する家宅に移住し，商店街との関係ができた。さらには学科内でカリキュラムの見直しが行われ，この4人の教員で「文化開発領域」を形成したのを機会に「地域まるごとミュージアム」構築のための研究プロジェクトを発足させるという偶然の要素が重なった。また当時，文化人類学の領域では調査・研究の成果をどのように地域に還元するかが課題となっていた。参与観察以上の関与・

干渉が可能か，自分も地域の一員として「関与」「協働」する実践に関わった場合，学問的客観性や中立性をどう考えるのかという問題を抱えつつ，我々の関わりを「課題発見・実現型」で，かつ「社会関係構築型」の実践であると考えるようになっていった。

　従来型の地域おこしやまちづくりとの大きな違いは，何よりも地域における「社会的信頼関係」（ラポール）の育成を前提とし，かつ目標にもしている点にある。提案した企画の成果がその有効性や効率性によって短期間で評価を受ける「成果主義」とは一線を画したものであった。プロジェクト企画を固める前の段階なので，どこからの資金的援助もない状況ではじまった。その意味で当初は公的予算への申請にはなじまない試みであった。地域をなんとか活気づけようとの熱い思いを抱く数名のリーダーたちと，そのリーダーたちの思いに遭遇したフィールドワーカーたちの間で形成された信頼関係が，このプロジェクトの基盤となっていったのである（橋本，2007，11-13頁）。

　「シャッター通り」化し，他県ナンバーの車が高速で走り抜ける歩道も人通りもない商店街，そして店舗には店員の姿が見えないなど，課題は山積みであった。人とモノとが複雑に絡み合う課題のネットワークのなかで，何を何と結びつけて考えればよいのか不明な状態からはじまったのである。アクターネットワーク理論（ANT）的視点から見ると，そのなかでまずエージェンシーを発揮したのは「地域と大学学生・教員との連携」という「ものがたり」であった。そのものがたりに地域の新聞が反応し，記事となった。ものがたりはモノと人がつくりあげる混淆的なネットワークにおいて生成するものである。そのなかで地域と学生が結びつくことにエージェンシーを読み取る受け手がいたのである。それは新聞記者だけではなく，商店街の理事や店主であり，彼らはその結びつきに何らかのエージェンシーを感じ取り，連携活動へと促されていったのである。

　信頼関係（ラポール）は人と人の結びつきの質を規定し，参加者にこれで終わりではなくつねに継続する過程のなかにあることを意識させた。従来の企画先行型のプロジェクトにおける連携は一定の期間（3年ほど）で終了し，関係

204

も解消する。しかしながら信頼関係に基盤を置く社会関係構築型の連携は，フィールドワーカーとフィールドとの人類学的関係と同様に生涯継続する覚悟をもってはじめられる。ひとつの企画が成果をあげられずに終了しても，関係が終わることはない。そこでの失敗を地域の一員として引き受け，地域の人びととともに反省し，次の企画に活かすように工夫して再度実行に移す。それは持ちつ持たれつの，ある意味で共犯関係ということができる。商店街の理事も京都文教大学の教員・学生も何か楽しいことができそうだとわくわくしていた。それぞれの立場からモノと時間と知識と技術を駆使して参加していたのである。

### （3）イニシエーション儀礼分析——新規加入と分離

　大学・学生との連携で何か新しい提案をしてもらおうと安易な期待をしても，1度だけの連携で成果を上げることはほとんどない。また，学生を単なる労働力と考え，学生を育てる覚悟をもたずに受け入れようとする地域コミュニティも多い。そこに大学が安易に学生を送り出しても，両者ともに成果を得られぬままに連携は終了する。実りあるものとするには，この連携が新規参入者のイニシエーション儀礼，すなわち新たなグループへの「加入儀礼」であることを認識し，儀礼的な手続きを整備する必要がある。学生を送り出す大学は「分離儀礼」を，受け入れる地域は「統合儀礼」を執行し，その儀礼の過程において指導者はこの連携のもつ意味を新規参入者が体得できるようにしなければならない。そしてプロジェクト終了に伴う分離儀礼も注目すべき重要項目となる。

1）「ええもん市」——「馴化」する新規加入儀礼
　「ええもん市」に参加する学生は前年度のゼミ説明会を聞いて選択し，新規参入者となる。学生を地域に送り出す教員はこれまでの経過や成果を紹介し，心構えや詳細を伝える。最初の試練となるのが4月の「お店まわり」である。学生は担当の店が決まると，先輩や教員に付き添われて各店主に挨拶にいく。2006年の最初の学生たちは，開催の意図を自ら店主に説明して回り，協力を依頼していた。何年か経つと，学生が推奨する商品を提供するというええもん市

の趣旨をよく理解する店主が「品物をよく見て選んで」と学生に任せても，戸惑う学生が多くなり，店主の助けが必要となってきた。やがて多くの店は「馴化」してこのような対応もなくなり，学生の顔を見ると今回はこれを出したいと店主導の商品選択が普通になった。毎年新規参入する学生にとってははじめての経験であるが，受け入れる地域の側には長年の開催で学生への対応の「馴化」が見られ，学生を指導し育てるという当初の目的意識が薄らいでいった。

　当日は朝9時から準備を始め，商品陳列用の机を出し釣り銭のチェックをしていると，品物が各店から届く。すぐに納品書と品数をチェックし，商品を配置し，用意した商品説明用のポップを机に貼る。早い客が定番の弁当を買いに顔を出す。まだ値段を把握していない学生が，納品書の値段を確認しながら応対する。こうして毎年4月のええもん市は混乱のうちにはじまる。学生は商品説明もままならず，呼びかけの声も出ず，多くの反省事項を抱えたまま1日を終える。残った商品を数え，売り上げを確認し，各店舗に返却する。そして5月を迎えると，少しずつ改良が加わっていく。商品説明ができなかったとの反省から，まずは商品を自分たちの昼食代で購入して味見をし，自分なりの説明ができるようにし，呼びかけの声も出すように意識をする。またチェック体制を反省し，納品を確認する者と売上金を管理する者を決めていった。

　2012年には7年間続いているという慣れがあり，事前の店まわりでは出店品を聞くだけで店の人との会話も少なくなっていた。それを反省したこの年の学生は秋学期に理事長をゼミに招いて話し合い，この学年最後の11月のええもん市に備えて「かわいいコーナー」「イケメンコーナー」「紅葉・秋のコーナー」と3つのコーナーの設置を企画した。テーマを決めて店舗を回ると，豆腐店は「秋のコーナー」用に豆腐ハンバーグを紅葉型に成形して，総菜店はゴボウのから揚げに「苦み走ったイケメンの味」とのポップをつけて，仕出し店はまつたけご飯を紅葉柄の包装紙で包んで提供してくれた。薬品店からは絵柄の付いたキズバンを「かわいいコーナー」用に，さらには店で使っていない飾りを秋の雰囲気を出すために提供してもらった（橋本ゼミ2012年度3回生ゼミ活動報告）。時にはこのように学生自身が反省をして「慣れ」を乗り越え，最後にはより深

化したこの儀礼の第2段階目に到達することもあった。

### 2)分離儀礼——ひとつの終了

　事情のわからぬ新規参入者は，導き手となる年長者からの教えを受けて新たな役割を遂行できるようになる。学生は商店街での店まわり，店主との交渉，商品選択，販売用店舗設定，納品，商品説明，販売促進の呼びかけ，客とのやりとり，売り上げチェック，返品作業，そして店舗の片付けを初めて経験する。導き手は商店街の人びとであり，最初の手ほどきを担当する。しかし，それ以上の進展（儀礼の第2段階目）を実現するには，成長した学生からの働きかけが必要であった。ええもん市を開拓した最初の学生は自ら企画を進め，商店街にも教員にも働きかけをしてプロジェクトを具体化していった。働きかけた分だけ商店街からの反応を引き出すことができた。しかし回数を重ね，年を経るにつれて「馴化・マンネリ化」し，店まわりでの会話も少なくなり，新たな局面を切り拓くことがなくなっていった。ええもん市そのものがルーティン化し，商店街に新たな活力を注ぎ込む催しものとは受け取られなくなった。

　それは毎年繰り返される過程でもあった。4月には戸惑いながら一所懸命に取り組んでも，夏が近づき秋になると特別な感動を受けることもなく一日を無事に終えて満足する。年度末を迎えてもっとこうすればよかったと反省する学年も多いが，なかには途中で自ら反省し対応を考えはじめた学年もあった。先に紹介した2012年の秋はイニシエーション儀礼の第2段階目に到達できた事例であった。また2013年度のように担当教員の不慮の入院を機会に自信を失い，離れていった例もあった。そして10月の最後のええもん市は前年度の学生と卒業生の協力でこれまでにない盛況のうちに終了し，商店街との「分離の儀礼」となった。

　商店街との連携は2003年の「個性店プロジェクト」から始まり，形を変えて「ええもん市」の取り組みとなった。2012年に筆者より1年早く，「地域の商店街づくり」に共に取り組んできたN理事長が「退職」し，翌2013年に筆者も体力的衰えを理由に「定年退職」することとなった。N前理事長も筆者も以前

とは立場や形は異なるがそれぞれの関わりを継続している。

イニシエーション儀礼分析としては，11年という移行過程の期間が終了し，最後のええもん市が次の段階のための分離儀礼として執行されたといえよう。筆者にとっては最後の年度の苦い経験と体力的限界が「分離」へと導いたのである。しかし分離儀礼は，次の新たな段階への統合儀礼でもある。次の段階では商店街も含む宇治の「観光まちづくり」の提案に集中することになった。

## （4）モノと人の「アクターネットワーク」── ANT 的分析

2012年からはええもん市と並行して，宇治および宇治・伏見のサイクリング観光用地図の制作をフィールドワーク実習として行った。ディスカバージャパンで紹介された山口県萩市のサイクリング観光，2012年からはじまった石川県金沢市のレンタル自転車「まちのり」を使った観光を調査し，それを「宇治・伏見サイクリング観光」の参考にした。

### 1）サイクリング地図制作──モノと人の「部分的つながり」

宇治と伏見をサイクリングで結ぶ観光の提案を実習で行った。伏見といっても，外国人観光者でにぎわう伏見稲荷とは離れている伏見桃山とその隣の宇治は，観光資源は多くあるが「宇治の平等院」と「伏見の酒」の2つの点が突出しており，線としてまたは面として楽しむ観光を提示できないでいる。そこで1年目の実習では平等院周辺・黄檗・天ヶ瀬ダムの範囲で，翌年には宇治と伏見を結ぶ範囲でのサイクリング観光を提案した。自転車は徒歩に比べ行動範囲を4倍から5倍に拡げ，新たな魅力の発見とこれまでにない観光経験を提供する。この企画が実現すれば，平等院だけにまなざしを向けていた圧倒的多数の半日観光者が，翌日も近隣の魅力を楽しむ1泊観光者に変わる契機となるとの提案であった。

身体の延長上にある自転車（モノ）は，人に新たな感覚・新たな視点を提供する。サイクリング地図は通常の歩行とは異なる身体感覚をもとに作成され，日常とは異なる世界のあり様を提示する。少しの傾斜も敏感に感じとり，正面

から受ける風の強さは坂道を登る困難と同質のモノとなる。サイクリング地図
は「サイクリングの言語」に翻訳されて作成される。スピードの違いは距離感
を変え，遠くに認識していたものを手の届く身近なものにする。規模は異なる
が飛行機の頻繁な利用者が遠い国境を隔てた距離を日常の距離に感じるように，
自転車利用者に世界観の変容をもたらすのである。また，モノと部分的につな
がった身体は異なる感覚をもつ。自転車とつながる「身体」は，地面の少しの
傾斜や向かい風もペダルの重さとして感じとる。とくにレンタサイクルを利用
する観光者には，通常の観光案内地図では表記されない土手にあがる坂なども
かなりの負荷がかかる難所となる。そこで無駄な力を使いすぎると疲れが回復
せず，その後の緩い傾斜の登りにも力が入らなくなりつらいものとなる。快適
なサイクリングのためには道の傾斜についての情報は重要で，歩いても息が切
れるような急な坂は壁となって旅程を中断させることになる。

　川沿いの土手を走る場合は季節によっては大変な思いをし，それが原因で自
転車を拒絶する者も現れる。5月から6月のサイクリング日和に宇治川土手を
走ると，体長5mmほどのトビゲラが群れて柱になっているなかに何度も突入
する。蛾のような鱗粉はなく清流に棲む幼虫が羽化して飛び立ったものではあ
るが，とくに女子からはこの時期のサイクリングは嫌われ，せっかくの河原の
景色も評価が下がることになる。歩きなら避けることも可能だが，自転車では
必ず何度もその柱に突入し，目や口・鼻にトビゲラが張り付き難儀をする。そ
れさえ注意すれば，急な高低差のない川の土手の歩行者・自転車専用道では，
ゆっくりと川中に立つ鷺や川鵜，季節によっては鴨の泳ぐ姿を見ながら走るこ
とができる。このようなサイクリングはモノと人との境界を溶かし，自転車を
漕いでいることさえも意識させない境地に導く。どこまでが自転車というモノ
の感覚で，どこからが自らの身体の感覚であるのかを見分けることもできなく
なる，一種のフロー経験に導く。

2)モノとモノのつながりに新たな意味を考える
　先のサイクリング地図は別々の観光地であった宇治と伏見桃山をモノ（自転

車）によって結びつけるだけでなく，モノと人とのつながりによって新たな世界のあり様に気づくきっかけともなる。そのつながりは，商店街のモノ（商品）を中心にした活動では，商品・製品がモノと人と機械，そして技術が絡み合った混淆的なネットワークの中で作成され，他のネットワークと結びつくときに「翻訳」を介して新たな意味が付与され，消費されることが明らかになる。

　製品制作と消費とは異なる文脈にあり，それぞれのネットワークにおけるモノと人とが関わる過程において，それぞれの意味が形成されるのである。ええもん市の最初の段階では，これまで一緒に展示されることのなかった別々の店の品物が，ええもん市の机の上で弁当やお菓子，その他の商品として新たに分類され隣り合わせに並べられたときに，「地域商店街の銘品」に変わるのである。地域住民は馴染みの仕出し店の透明パック入りの鯖寿司にまなざしを向けるが，観光者は竹の皮できれいに包装された総菜店の鯖寿司にまなざしを向け，それぞれの宇治の味を楽しむのである。総菜店は地元客向けの販売をしていたため鯖寿司に切れ目を入れていなかったが，観光者が昼食用に購入しているのを知り切れ目を入れ食べやすくした。同じ商品でも家庭への持ち帰りと野外での昼食用とでは消費の仕方が異なり，切れ目を入れるという一手間が必要とされ，仕様も異なってきたのである。

　モノとモノとのつながりに注目したのが，2012年度のテーマ設定であった。ANT的視点から見ると，それまで人（学生と商店主たち）とそれを取り巻くモノ（商品）との間に特別な関係が認識されることはなかったが，テーマを設定し視点の変化を促すことによってモノとモノとの別の結びつき方が見えるようになったと考えられる。女子のかわいいに対抗して，男子がイケメンをテーマにしたときに，それまで総菜店にあってもええもん市の対象にされることのなかったゴボウの空揚げにまなざしが向けられた。ゴボウの苦みと「苦み走った男」のイメージが交差し，「苦み走ったイケメンの味」というポップの作成に至ったのである。このイケメンやかわいいは，従来の商品説明の文脈からは離れた評価基準であった。これまでとは異なる文脈が導入されたことによって，従来の味の説明にはないような新たなイメージと意味が商品に付与されること

になったのである。

## （5）コミュニケーションコード間の「翻訳」——他者との連携

それぞれのモノと人のネットワークにはそれ独自のつながり方が存在する。それはそれぞれの内部におけるモノとモノ，モノと人，人と人のコミュニケーションのあり様の違いを表現してもいる。そして複数のネットワークが連携するときには内部で共有されていたつながり方とは異なる，新たに両者に共通するつながり方が必要となる。そのつながり方を分析する理論的ツールとして参考となるのが，複数の異なる文化・言語グループ間に見られる2種類のコミュニケーションコードである。仲間内の限定コード（restricted code）だけでは他の限定コードとの間のコミュニケーションは困難であるが，両グループの限定コードを理解する媒介者（通訳）が介在すればコミュニケーションは可能となる。交流が繰り返され積み重なると，両限定コード間に共通する新たなコードが生成する。それが精密コード（elaborated code）である（橋本，2019，175頁）。

地域の商店主が外国人客に英語と日本語をまぜて，さらには身振り手振りも加えて何とか会話を成立させている光景を見かけるが，それは両者の間に一種の精密コードが生成する過程であると考えられる。産官学民の連携においても，別々の限定コードをもつ複数の社会集団が相互のコミュニケーションを可能にする新たな「精密コード」を何らかの形で構築できるかどうかが重要となる。

地域の活性化やまちづくりの現場では新規参入の「よそ者・若者」の参加が求められているが，それはモノやコトを理解・解釈するコードが地域の人びととは異なっているからである。「異なる」コードでの読み取り・解釈が，地域にとって「新たな意味」や「より普遍的な価値」を開示してくれることになるからである（橋本，2019，178頁）。先のええもん市の例では，商店街の人たちにとっては当たり前で特に注目する対象でもない商品（モノ）でも，コードを異にする「他者」（若者や顧客）にとっては重要な意味・価値をもつ商品（モノ）となることを開示することが，「よそ者・若者」には期待されていたのである。しかしコードを異にする「他者」にとっての価値あるモノが発見されたからと

211

いって何らかの成果がすぐ得られるわけではない。それを地域の人びとが商店街のコンテクストの中に置き換えて，例えば「ええもん市」という地域と学生との連携という形態に具体化し，「学生が選んだ商店街のええもん」という地域のことばに翻訳する作業が必要であった。学生の限定コード内で考案された「かわいいコーナー」「イケメンコーナー」は，商店街の人びとのこれまでの限定コード内では商売とは結びつかないものであった。しかし学生のフィルターを通してなら成立する試みかもしれないと受け入れた店主が何人かいたのである。総菜店での日常的販売（商店の限定コード）の対象となっているゴボウの空揚げは，学生の考案（学生の限定コード）とつなげられ，ええもん市で「苦み走ったイケメンの味」（両者間の精密コード）となって販売されたのである。そこには一時的・暫定的であるが，新たな精密コードの成立をみることができたのである。

　近年は「アニメ聖地巡礼」が注目されているが，その具体的な事例となるプロジェクトが京都文教大学ではじまっている。アニメ『響け！ ユーフォニアム』を応援する大学教員・学生が宇治市・地域と連携した「響け！ 元気に応援プロジェクト」を2015年4月から展開している。このプロジェクトは，①アニメ巡礼者と「響け！」スタッフの交流，②「響け！」スタッフと地域の人々との交流，③アニメ巡礼者と地域の人々の交流を目的としていた（2016年度卒業論文，大井）。アニメ研究者でもあるひとりの教員がこのプロジェクトを通して，「アニメ聖地巡礼」なるものに馴染みのなかった宇治市や観光協会，商店街の人びとに，新たに到来するアニメファンの「巡礼者」にどのような対応をすべきかについての説明会を開催し，対応策をともに練り上げていった。いわゆる「アニメおたく」といわれる人びとの世界で共有されている特殊で繊細な限定コードに対応するには，その限定コードに習熟する必要がある。アニメファンによる「巡礼」がはじまる前に歓迎イベントなどを行えば，ファンは「しらけ」て寄りつかなくなる。これまでの活動で宇治地域の人びとの限定コードにも通じた教員が，ファンが動き出すまで抑制した活動をするように示唆したのである。アニメファンとプロジェクトの学生，そして地域の人びととの接触

を注意深く仲介しながら，両者に共通する精密コードの生成を促すようにプロジェクトは進められていったのである。このプロジェクトでの緻密な活動が，互いに通じ合うことが難しい限定コード同士の接触を可能にし，両者に共通の精密コードの生成を促したのである。

このような異なるコミュニケーションコード間の結びつきは，本論のはじめに述べたように異なる「ものがたり」間の翻訳に置き換えることができる。限定コードは一定の範囲内で価値観が共有される（学生同士，店主同士の）「仲間内の語り」であり，精密コードは他の集団と共通する価値観が必要とされる「公の語り」となる。20歳前後の学生の語りは50歳・60歳の商店主の語りとは価値観を異にし，通じ合うことは難しい。産官学民の連携はその異なる語りを結び合わせるプロジェクトである。まずは両者が互いに結びつく意志を確認し合い，異なる価値観が存在することを「おもしろい」と感じ交流を楽しむなかで信頼関係が生成する。交流を積み重ね時を経て両者が一体化するにしたがって，新たに生成した精密コードは「仲間内」に特有な新たな限定コードへとさらに変容していくのである。地域連携では，そのような結びつきの変遷に注目する必要がある。

## 5　活動で得たもの

本章を執筆するにあたって大学開学当初からの，とくに2003年以後の取り組みを振り返ってみた。主に参考にしたのは，筆者が研究代表者となった2つの科研研究の中間報告書・最終報告書と『人をつなげる観光戦略』（橋本編，2019），そして学生とともに作成した実習・演習の活動報告書や卒業論文集である。そこには地域の一員として取り組んできた教員と学生の活動の詳細が記され，地域連携について反省・考察するための資料があふれていた。先に述べたように「ええもん市」では「マンネリ化」との批判も受けたが，それはひとつの側面からの評価に過ぎない。もっと重要な側面がある。学生によるええもん市が「いつもそこにある存在」であったという事実である。新規の存在では

なくマンネリと感じるほどいつもそこにあり，あって当然と考えられるほどに馴染んだ存在になっていた。地域にはいつも大学教員・職員と学生がおり，なにか新たな企画を考えるときにはいつもみな地域の一員として参画していた。共に現状に悩み，対処法を考え，企画を立ち上げ，実践し，失敗か成功をし，共に反省をして次の対処法を考え，また新たな取り組みに挑んできたのである。一度だけの企画のための結びつきではない，地域の一員としてのあり方がここにあったのである。

**参考文献**

Cohen, E., & Cohen, S. A., "Authentication: Hot and cool". *Annals of Tourism Research*, 39(3), 2012, pp.1295-1314,

橋本和也「宇治橋通り商店街個性店プロジェクトの試み」『「(人と人を結ぶ) 地域まるごとミュージアム」構築のための研究』中間報告書，2006年，62-64頁。

―――――「課題発見・実現型，社会関係構築型の取り組みについて」『「(人と人を結ぶ) 地域まるごとミュージアム」構築のための研究』最終報告書，2007年，7-16頁。

―――――『地域文化観光論』ナカニシヤ出版，2018年。

―――――「人づくり・地域作りのための理論の構築に向けて」『人をつなげる観光戦略』(橋本和也編) ナカニシヤ出版，2019年，168-188頁。

(橋本ゼミ演習・実習報告書，卒業論文集)

・2008年度「宇治検定とオリジナルグッズ――「We ♡ にぎわい宇治」プロジェクト報告」。

・2012年度『橋本ゼミ卒業論文集』。

・2012年度「2012年度　3回生ゼミ活動報告――「ええもん市」と「チラシ・ゆるキャラ作成」」。

・2013年度「フィールドワーク実習報告書 (レンタサイクルで宇治伏見を楽しむ) 新たな「宇治・伏見観光」の提案」。

・2016年度卒業論文「アニメ聖地巡礼と地域振興」(大井康平)。

# おわりに

　本書は，観光地である宇治・伏見の「地域の知」を集成し，社会に開いていくことを目指して編まれたものである。大学にはさまざまな知が集まる。研究者がそれぞれにもつ専門分野は実にさまざまであるし，知の生み出し方においても，文献研究・事例研究はもとより，シンポジウムや公開講座，プロジェクトなどいくつもの方法がある。大学は，知の生み出しに対しては常に積極的である。しかし大学は，「知の積み重ね方」や「知の相互参照」について，どれだけ意識的であっただろうか。特に地域との連携の下で得られた知に対しては，その積み重ねや相互参照が大きく期待され，相互の信頼を支えている。この点が，今問われているように感じる。

　研究や実践が「知」として蓄積されていくこと。それは言い換えれば，研究や実践が世に理解されるということである。文芸評論家の谷沢永一は，人間が最終的に求めるものは「それは世に理解されることであり，世に認められることである」とする。そして「理解され認められれば，その心ゆたかな自覚を梃子として，誰もが勇躍して励む。それによって社会の活力が増進し，誰もがその恵みにあずかる。」と述べている（谷沢永一『人間通』新潮社，2008年より）。

　この小さな書籍が，地域の連携者の方々に「心ゆたかな自覚」を生み出せるならば，こんなに嬉しいことはない。

　本書の編纂にあたっては，実にさまざまな方々にご協力いただいた。まず日頃お世話になっている地域の皆さんに何より先に御礼を述べたい。宇治・伏見の観光に関わる行政関係の方々や商業関係者の方々，その他本学の研究に関わってくださった方々との協働が，この「知」を生み出した。また地域連携学生プロジェクトをはじめとする本学学生の皆さん，出版を支えてくださった大学関係者の皆さん，そして進まぬ執筆を温かく見守ってくれたミネルヴァ書房の神谷透様，柿山真紀様にも厚く御礼申し上げたい。

本書が，そして本書が積み重ねた小さな「知」の蓄積が，地域の観光振興や住みやすいまちづくりにつながれば本望である。


編著者

# 索 引

## あ 行

天ヶ瀬ダム　100, 127
荒茶　3
１泊観光　197
　　——者　196
アクターネットワーク理論（ANT）
　　200, 204
アグリ・ツーリズム　2
域際収支　144
イニシエーション儀礼　200, 205, 207,
　　208
宇治上神社　125, 148
宇治川　32-35, 39, 42, 45, 47
　　——の鵜飼　126
宇治検定　194, 195, 201
宇治十帖　32, 37-39, 42, 45, 49
　　——の古蹟　32, 45, 47
宇治茶　1, 12
宇治☆茶レンジャー　8, 10
菟道稚郎子　37
宇治橋　33, 36, 38, 41, 45, 46
宇治・伏見観光　199
宇治・伏見サイクリング観光　196, 208
うみうのウッティー　126
影響力係数　142
ええもん市　192-194, 205, 207, 212, 213
エコ・ツーリズム　2
扇の芝　41
黄檗山萬福寺　125
奥能登国際芸術祭　113
お茶の京都　14
　　——DMO　14, 15

## か 行

学生との協働　187
学生による地域貢献　187
課題発見・実現型　204
価値創造志向　159, 162-164, 175, 176
加入儀礼　205
感応度係数　142
観光インフラ　97
観光公害　145, 146
観光消費額　136, 137, 147
聞き茶巡り　9-11
北宇治OB（北宇治高校OB吹奏楽団）
　　173, 175, 177, 178
玉露　3, 13
グローバル　2, 7
『源氏物語』　31-33, 37-39, 42, 43, 45,
　　47, 49-51
源氏物語ミュージアム　127
源氏物語千年紀　128
限定コード　200, 201, 211-213
合組（ごうぐみ）　3
『古今和歌集』　33, 34, 36-38, 43, 44
御酒印さんぽ　103
個性店プロジェクト　191, 192, 201, 203,
　　207
コト消費　146
コミュニケーションコード　211, 213
コンテンツツーリズム　166, 170

## さ 行

サイクリング　209
　　——地図（マップ）　198, 208, 209
『更級日記』　31, 32

産業別特化係数　142
産業連関表　140, 142
シビックプライド　148
自文化を相対化　188
社会関係構築型　204, 205
　——実践　202
社会的信頼関係（ラポール）　204
使用価値　148
　受動的——　148
新規加入者参画段階　200
スペシャル・インタレスト・ツーリズム
　19
生産波及効果　142
聖地巡礼　125
　アニメ——　212
精密コード　201, 211-213
世界遺産　15
煎茶　3, 5, 6
創造型観光　85-87
創造・表現の楽しみ　162, 176
早朝観光　103

### た・な行

ダイバーシティー（価値多様化社会）
　106
宝の再発見　93
宝の商品化　93
他者との連携段階　200
地域　190, 192
地域志向協働研究　154, 155
地域と学生・教員の協働（地域と大学学
　生・教員との連携）　187, 204
地域と学生との協働　188
地域の一員　190, 214
地域の文化資源　192
地域文化　202
　——観光論　187, 200
　『地域文化観光論』　201
地域まるごとミュージアム　189, 202,

203
地域連携学生プロジェクト　58, 60
着地型旅行商品造成　105
ティー・ツーリズム　19, 20, 25
碾茶　3, 5, 6, 13
東海道五十七次　97
統合儀礼　205, 208
同人活動　174
ともいき　119
ニューツーリズム　124
能登学舎　114
能登里山里海　創業塾　115
能登里山里海マイスター　115

### は　行

働かない労働力　117
発地型ツアー　105
響け PJ（響け！元気に応援プロジェクト）
　169, 171, 172, 174-177
『響け！ ユーフォニアム』　32, 154, 163,
　165, 167, 170-173, 175, 177, 178,
『響け！ ユーフォニアム2』　170
平等院　34, 41, 47, 125, 148
プチロゲ（プチロゲイニング）　76-79,
　84
プラットフォーム産業　94
ブランド化　13
　地域——　1
文化遺産　2
文化的景観　25
分離儀礼　205, 207, 208
『平家物語』　42, 50
ペットボトル　7
ヘリテージ・ツーリズム（［文化］遺産観
　光）　15
萌芽段階　200, 202
ホットな真正化　187
ほんもの　187, 200
翻訳（翻訳作業）　201, 210, 212

**ま　行**

まちカレ（全国まちづくりカレッジ）
　63, 64
まち旅（久留米まち旅博覧会）　107
まちづくり　188, 194
　観光──　187-189, 194, 201
抹茶　3, 5, 6
　──スイーツ　3, 6, 7, 12
マネジメント　24
まるごとミュージアム　191
マンネリ化（馴化）　193, 206, 207, 213,
　214
『万葉集』　32-34
水をめぐる旅　199
源頼政　40
三室戸寺　125
紫式部文学賞・紫式部市民文化賞　127
名水　199
ものがたり　187, 188, 204, 213
　──観光　165-167, 177, 179, 180
　──観光研究会　165, 176
　──創造　177, 179, 180
「ものがたり観光」シンポジウム　165

モノ消費　146

**や・ら・わ行**

やらされ労働選択型　118
輸移出　144
輸移入　144
横串（プラットフォーム）　106
よそ者・若者　211
《頼政》　40, 42-44, 50
量の観光　118
旅行者主導　83
連携　111
ローカル　2
六次産業化　1
ロゲイニング　62-69, 71, 73, 75, 76, 78-
　80, 83-85, 87, 88

**アルファベット**

CanVas（商店街活性化隊　しあわせ工房
　CanVas）　59, 61-66, 68, 69, 71, 73,
　74, 76-80, 87, 88
EBPM（証拠に基づく政策立案）　140,
　144, 149

# 執筆者紹介

＊片山明久（かたやま・あきひさ）はじめに，第3章，第6章，おわりに

　編著者紹介欄参照


　森　　正美（もり・まさみ）第1章

　　筑波大学大学院歴史人類学研究科博士課程単位取得満期退学
　　現在，京都文教大学副学長，地域協働教育センター長，総合社会学部総合社会学科教授
　　『人をつなげる観光戦略』（共著，ナカニシヤ出版，2019）
　　『よくわかる文化人類学第2版』（共著，ミネルヴァ書房，2010）


　家塚智子（いえつか・ともこ）第2章

　　奈良女子大学大学院人間文化研究科博士後期課程修了，博士（文学）
　　現在，宇治市源氏物語ミュージアム学芸員
　　『はじめての源氏物語 宇治へようこそ』（一般財団法人宇治市文化財愛護協会，2015）
　　「室町時代における唐物の受容――同朋衆と唐物」『アジア遊学』134（論文，2010）


　宮本茂樹（みやもと・しげき）第4章

　　大阪経済大学経済学部卒業
　　現在，クラブツーリズム株式会社京の旅デザインセンター常勤顧問，
　　京都生活協同組合有識理事，京都文教大学非常勤講師
　　『100万人の人間力1――パルシステム急成長の舞台裏』（共著，彩雲出版，2007）
　　『100万人の人間力3――大切な人と本当の幸せを手に入れるメッセージ』（共著，彩雲出版，2009）


　松田敏幸（まつだ・としゆき）第5章

　　同志社大学大学院総合政策科学研究科博士後期課程修了，博士（政策科学）
　　現在，宇治市産業地域振興部部長
　　『政策評価と予算編成――新たな予算配分方法』（晃洋書房，2004）
　　『公共政策のための政策評価手法』（共著，中央経済社，2009）

橋本和也（はしもと・かずや）第7章

　大阪大学人間科学研究科博士課程満期退学，博士（人間科学）

　現在，京都文教大学名誉教授，立命館アジア太平洋大学客員教授

　『地域文化観光論』（ナカニシヤ出版，2018）

　『ホスト・アンド・ゲスト——観光人類学とはなにか』（ヴァレン・L・スミス編，市野澤潤平／東賢太郎／橋本和也監訳，ミネルヴァ書房，2018）

　『人をつなげる観光戦略』（編著，ナカニシヤ出版，2019）

《編著者紹介》

片山明久（かたやま・あきひさ）

同志社大学総合政策科学研究科博士後期課程修了，博士（政策科学）。
現　在　京都文教大学総合社会学部准教授。
専　門　コンテンツツーリズム研究，文化政策，観光ビジネス
主　著　『人をつなげる観光戦略』（分担執筆，ナカニシヤ出版，2019）
　　　　『コンテンツツーリズム研究（増補版）』（分担執筆，福村出版，2017）
　　　　『観光教育への招待——社会科から地域人材育成まで』（分担執筆，ミネルヴァ書房，2019）
　　　　『観光学事始め』（分担執筆，法律文化社，2015）
　　　　『観光文化と地元学』（分担執筆，古今書院，2011）

京都文教大学地域協働研究シリーズ③
旅行者と地域が創造する「ものがたり観光」
——宇治・伏見観光のいまとこれから——

2021年3月20日　初版第1刷発行　　　　　　　〈検印省略〉

定価はカバーに
表示しています

|  |  |
|---|---|
| 編 著 者 | 片　山　明　久 |
| 発 行 者 | 杉　田　啓　三 |
| 印 刷 者 | 中　村　勝　弘 |

発行所　株式会社　ミネルヴァ書房
607-8494　京都市山科区日ノ岡堤谷町1
電話代表　(075)581-5191
振替口座　01020-0-8076

© 片山明久，2021　　　　　　　中村印刷・清水製本

ISBN978-4-623-09088-4
Printed in Japan

〈京都文教大学地域協働研究シリーズ　全4巻〉

① 京都・宇治発 地域協働の総合的な学習
──「宇治学」副読本による教育実践──

橋本祥夫 編著
A5判／232頁／本体2400円


② 多様な私たちがともに暮らす地域
──障がい者・高齢者・子ども・大学──

松田美枝 編著
A5判／240頁／本体2400円


③ 旅行者と地域が創造する
「ものがたり観光」
──宇治・伏見観光のいまとこれから──

片山明久 編著
A5判／232頁／本体2400円


④ 実践！ 防災と協働のまちづくり
──住民・企業・行政・大学で地域をつなぐ──

森　正美 編著
A5判／216頁／本体2400円

─────── ミネルヴァ書房 ───────
https://www.minervashobo.co.jp/